UN LEGADO

A SEGUIR

MYLES MUNROE

Domingo 18 de Enero 2015
Que Dios able a tu vida
atravez de este libro y
declaro que ❧ sera de vendición
para ti neami: **CASA** como dice en
CREACIÓN
Jeremias: 29.11

José A. Perez

La mayoría de los productos de Casa Creación están disponibles a un precio con descuento en cantidades de mayoreo para promociones de ventas, ofertas especiales, levantar fondos y atender necesidades educativas. Para más información, escriba a Casa Creación, 600 Rinehart Road, Lake Mary, Florida, 32746; o llame al teléfono (407) 333-7117 en Estados Unidos.

Un legado a seguir por Myles Munroe
Publicado por Casa Creación
Una compañía de Charisma Media
600 Rinehart Road
Lake Mary, Florida 32746
www.casacreacion.com

A menos que se indique lo contrario el texto bíblico ha sido tomado de la *Santa Biblia*, Nueva Versión Internacional (nvi). Copyright ©1999 por la International Bible Society. Usada con permiso.

Originally published in the U.S.A under the title: *Pass it on*; published by FaithWords
Copyright © 2011 by Myles Munroe
All rights reserved

This edition published by arrangement with FaithWords, New York, New York, USA.
All rights reserved.

Traducido por: Carolina Laura Graciosi, María Mercedes Pérez y María del C. Fabbri Rojas.
Coordinación, revisión de la traducción y edición: María del C. Fabbri Rojas
Diseño por: Jody Waldrop
Foto tomada por: Andy Adderley
Director de diseño: Bill Johnson

Visite la página web del autor: www.bfmmm.com

Copyright © 2012 por Casa Creación
Todos los derechos reservados
Library of Congress Control Number: 2012933916
ISBN: 978-1-61638-757-0

12 13 14 15 16 * 5 4 3 2 1
Impreso en los Estados Unidos de América

Contenido

Introducción

Los leones

DIEZ MIL PERSONAS se pusieron de pie, llenando el centro de convenciones en la pintoresca ciudad sudafricana de Bloemfontein con un estruendoso aplauso una hermosa tarde de domingo. Yo acababa de finalizar tres días de sesiones de capacitación motivacional e inspiracional para una de las mayores compañías distribuidoras de mercadeo multinivel del continente africano. Mi anfitrión, Charlie, el presidente de la compañía, me abrazó con una profunda expresión de aprecio mientras preguntaba: "Dr. Munroe, ¿le gustaría pasar unos días más aquí en África e ir a un safari?". No tenía idea de lo que quería decir, pero estaba listo para hacer un receso y experimentar una aventura.

"Por supuesto que sí", respondí. Así comenzaron unas de las vacaciones más memorables que jamás hubiera podido imaginar. A la mañana siguiente un chofer nos recogió y nos llevó a un puerto deportivo donde abordamos un yate de cuarenta pies. A bordo, un hombre agradable de mediana edad nos saludó y se presentó como nuestro capitán y cocinero. Solo mi esposa, dos parejas más y yo realizaríamos la travesía por un río a través de cinco estados sudafricanos, incluyendo Zambia, Zimbabwe, y Sudáfrica en un safari de cinco días por un país salvaje. Estaba entusiasmado al pensar en todos los episodios de la *National Geographic* que había visto en televisión. Estaba a punto de embarcarme en una experiencia similar en la realidad.

Después de instalarnos, comenzamos a navegar río arriba, asombrados por la belleza intacta de la naturaleza y la selva virgen llena de aves, reptiles, y otros animales en su hábitat natural. El capitán, encaramado en su asiento sobre la cabina, señalaba las numerosas especies de animales y plantas, advirtiéndonos de los peligros que nos rodeaban y enfatizando que no debíamos dejar el barco en ningún momento durante el viaje. Me entusiasmaba toda la escena, despertando al niño adormecido dentro de mí. Era un sueño de niño hecho realidad.

De pronto, oí un espeluznante sonido que venía desde el monte en la ribera derecha del río. Era algo como nunca había oído. Los animales y las aves se agitaron y comenzaron a moverse nerviosamente, respondiendo con sus propios sonidos. También nosotros estábamos alarmados y preguntamos al tranquilo capitán qué sonido era ese. Sencillamente respondió: "Van a cazar presas esta noche". Luego explicó que el sonido provenía de una manada de leones que organizaban una cacería.

Mi corazón se aceleró y me sudaban las manos mientras sentía la descarga de adrenalina en mi cuerpo. Era como si fuera a unirme a los leones en la cacería. Le pregunté al capitán si podíamos observar la acción, e indicó que trataría de ubicar el barco para que pudiéramos mirar seguros el desarrollo del drama de la naturaleza. Para entonces el niño que dormía en mí ¡estaba completamente despierto! ¿Se puede imaginar lo que es tener asientos en primera fila para ver a un león de cacería?

El sol estaba a punto de esconderse cuando una manada de elefantes que obviamente eran el objetivo de los leones emergió del monte. Estos gigantes del reino animal comenzaron a barritarse advertencias unos a otros mientras se movían como tractores entre los árboles y la maleza, que caían como ramitas a su paso. Como fantasmas, los amos de la selva aparecieron de la nada: los leones, los majestuosos felinos que gobiernan el mundo animal. Los había visto en imágenes estáticas, en películas, y en documentales de televisión, pero allí estaban en la vida real, en tiempo real, con poder real, a punto de probar su realeza.

Todos a bordo tomaron sus cámaras y se concentraron en los leones y los elefantes, pero yo noté algo: una leona que sostenía a dos cachorros en la boca, los llevaba suavemente a un pequeño montículo, y los colocaba allí debajo de un árbol no lejos de la acción. Uno por uno, los colocó a plena vista de los elefantes y del resto de la manada. Mi primera reacción fue pensar: "¿Qué está haciendo? Los pone en peligro exponiéndolos a la fuerza y la autoridad de unas de las criaturas más poderosas de la tierra".

Sin embargo, estaba a punto de observar una de las lecciones más valiosas que he aprendido mientras le preguntaba en voz alta al capitán: "¿Por qué está haciendo eso?"

El capitán respondió con tranquilidad: "Quiere asegurarse de que ellos vean todo".

Yo estaba confundido. En medio de todo ese peligro y ese poder, ¿por qué quería asegurarse de que vieran todo? El capitán notando mi asombro, calmó mi mente confundida mostrándome no solo por qué el león es el rey y regente del reino animal, sino también por qué es un líder exitoso desde hace tanto tiempo. En realidad, el secreto de la longevidad de ese legado de liderazgo del rey de las bestias se hallaba en esa acción de la leona de colocar esos delicados cachorritos en el montículo bajo el árbol para que miraran. El propósito de esa acción era enseñarles a los cachorros cómo cazar permitiéndoles que observaran a quienes habían dominado ese arte. La leona enseña con el ejemplo. Esta era la lección que los líderes de la humanidad no lograban aprender o siquiera considerar. Esta era la lección de mentoría y el arte de prepararse para la sucesión. Los leones no dejaban al azar la continuidad de la supremacía del liderazgo de su manada, sino más bien, llevaban a cabo un programa intencional, planeado y con propósito para transferir el poder y las habilidades a la siguiente generación de líderes.

Sentado allí en la selva africana contemplando la solución para la mayoría de los desafíos del liderazgo de ese continente y del mundo: mentorizar y capacitar a los sucesores deliberadamente. Pensé en todos los golpes de estado, dictaduras, luchas intestinas, la sospecha y la desconfianza entre líderes, especialmente en los países en desarrollo. Vi sobre ese montículo debajo del árbol la solución para los gobiernos inestables y las economías en bancarrota. Allí, mirándome a la cara, estaba el arte menos practicado del liderazgo. Allí, en las selvas de ese gran continente, estaba la lección de liderazgo que inspiró la investigación que resultó en el nacimiento de este libro.

El acto más grande de liderazgo es ser mentor. No importa cuánto usted pueda aprender, alcanzar, acumular o lograr; si todo eso muere con usted, usted es un fracaso generacional. El acto y el arte de ser mentor son las manifestaciones del mayor nivel de madurez y confianza en sí mismo. El espíritu de inseguridad, la baja autoestima, un pobre concepto de sí, y una devaluada valoración propia siempre se concentrarán en la autopreservación y la autoprotección: una concepción de la vida a la defensiva. Este espíritu de inseguridad genera una actitud de temor, sospecha y desconfianza. Estas palabras describen la mentalidad de muchos de los líderes que sirven en nuestros gobiernos, partidos políticos, corporaciones, departamentos, organizaciones religiosas, iglesias, familias y organizaciones civiles.

En nuestra sociedad, cuando muchas personas se elevan a posiciones de poder, influencia, notoriedad y celebridad, como carecen del carácter y la madurez necesarios para manejar eficazmente el poder, su primera medida es asegurarse el puesto, extinguir toda oposición, y erigir un mecanismo de defensa que otros no osen violar. Ven a sus colegas como enemigos y a sus compañeros como competidores. Esto crea una atmósfera de cisma, fricción, sospecha, desconfianza y baja productividad. Los individuos con esta actitud hacia el poder y la posición nunca serán mentores de otros, y realmente verán la posibilidad de hacerlo como personalmente insensato y amenazante para su propia supervivencia.

Esta falta de buena disposición, deseo, comprensión, e interés en ser mentores es la mayor maldición y debilidad de nuestros líderes del siglo veintiuno. La mayor parte de los líderes que controlan nuestra maquinaria política, los imperios económicos, los medios masivos o las estructuras religiosas, todos parecen estar preocupados por proteger sus vidas ocupacionales en vez de sus legados transgeneracionales. Necesitamos líderes que piensen más en la próxima generación y no meramente en su próxima posición en la organización. Necesitamos líderes que sientan que tienen una deuda con el futuro y estén comprometidos y dispuestos a asegurarlo preparando deliberadamente a los futuros dirigentes de nuestro mundo. Necesitamos líderes que estén más entregados a la historia que al dinero. Necesitamos líderes más interesados en invertir en la gente que en perseguir su ambición personal.

La más alta manifestación del verdadero liderazgo es identificar el propio reemplazo y comenzar a ser su mentor. La vida es realmente un relevo de postas en que cada generación triunfante se responsabiliza de pasar el mando a la siguiente con todos los conocimientos, experiencias y sabiduría adquiridos, intactos. Todos los líderes deberían esforzarse por ejecutar sus tareas, alcanzar sus objetivos importantes, obtener un mayor progreso, y cumplir la visión para sus familias, negocios, corporaciones, ministerios y naciones. Sin embargo, también deberían trabajar para producir la siguiente generación de líderes que valorarán, protegerán, preservarán y edificarán esos logros.

Demasiadas veces hemos visto grandes obras y victorias obtenidas con sacrificios y mucho esfuerzo desperdiciadas y no valoradas por los actos irresponsables, insensibles y abusivos de una siguiente generación de líderes que tienen poco o ningún aprecio por la sangre, el sudor y las lágrimas de la generación anterior. ¿Deberían los nuevos líderes cargar con la culpa de este abuso de la historia, o deberíamos poner la culpa a los pies de los líderes anteriores que fallaron en preparar, sensibilizar y mentorizar a los futuros líderes? ¿Deberíamos considerar como suicidio generacional el fracaso en mentorizar a la nueva generación de líderes? ¿Será acaso una paradoja divina que la propia palabra *sucesión* provenga de la misma raíz que *suceso*?

La responsabilidad más importante del liderazgo es preparar la sucesión. El objetivo más valioso del liderazgo no es triunfar en el presente, sino asegurar el futuro. Usted solo es verdaderamente exitoso en el liderazgo si sus logros y conquistas se preservan y se perpetúan para la posteridad. Lo que cuenta no es lo que los líderes alcanzan. Es lo que transfieren. Edificar a la gente para que proteja y preserve nuestras instituciones es más importante que edificar las instituciones.

Guiar más allá de su liderazgo es el logro máximo del verdadero liderazgo. No importa cuán grandes puedan ser sus logros, si mueren con usted, usted es un fracaso.

Por lo tanto, la mayor obligación del verdadero liderazgo es transferir su depósito a la siguiente generación. El éxito del liderazgo se mide por el éxito de su sucesión. Cuesta una vida acumular el conocimiento, la sabiduría, las capacidades, las percepciones y la experiencia que hacen de usted un líder destacado. Sería una tragedia ver la riqueza de esa vida depositada en un cementerio y marcada solo por una lápida, que no le puede hablar a nadie.

Los verdaderos líderes deben concentrarse en invertir en las personas más que en los edificios. Su prioridad debería ser hacer depósitos en los bancos del espíritu y el alma humana, no solo en las instituciones financieras de Wall Street y Suiza. Ser mentor de un sucesor es la inversión más valiosa que un líder puede realizar porque podría garantizar la preservación de todas las otras inversiones. Perder una vida de logros en el liderazgo en una generación que no está preparada es la mayor violación a la responsabilidad del liderazgo. Es imperativo que el ser mentor de los sucesores se convierta en una prioridad tanto como el cumplimiento de la visión. En esencia, una visión solo es exitosa si es duradera.

Sea siempre consciente de que usted es un enlace en una larga cadena de propósitos que fue diseñada para cumplir el deseo divino del Creador. De ese modo, la vida no es un asunto solamente suyo, sino que también concierne a la preparación para la fase siguiente.

La historia está repleta de lamentables historias de grandes líderes que lograron destacadas hazañas sociales, económicas, militares, políticas o espirituales solo para presenciar que los sucede un liderazgo no preparado que desmantela la mayor parte de lo que ellos trabajaron toda una vida para crear. Es una verdadera tragedia ver el trabajo de una generación destruido, ignorado o devaluado por la siguiente.

Estoy seguro de que todo líder a lo largo de la historia deseó tener una visión, una obra, programas, proyectos, una misión y pasión que continuara más allá de su propia permanencia. Ninguna generación desea que el éxito arduamente obtenido por un liderazgo sea consumido por un torbellino de negligencia, insensibilidad y falta de valoración por el sacrificio realizado para lograrlo.

¡Debemos ser mentores! No existe una mayor medida del éxito en el liderazgo que la capacidad de proteger, preservar y transferir los logros del liderazgo presente a la próxima generación. Esta es la esencia del principio de sucesión y debe ser una prioridad en nuestro desafío del liderazgo del siglo veintiuno. Este libro trata de ese desafío, y lo invito a que se una a la aventura y al viaje. Es mi esperanza que este libro lo inspire y lo capacite para pensar más allá de su propio liderazgo y lo motive a dejar un legado, no en instituciones o en lápidas, sino en personas. Que usted siempre recuerde que su éxito depende de sus sucesores.

Dr. Myles Munroe

Parte 1

Los principios: El éxito es perpetuar el propósito para la posteridad

Capítulo 1

La mayor obligación del liderazgo es preparar su sucesión

LOS OBSERVADORES HUMANOS han designado al león como "rey de la selva" o "rey de los animales". Los leones son las criaturas más grandes de la familia de los felinos y de todos los carnívoros de África. Estas grandes y poderosas criaturas tienen el rugido más potente y son los depredadores más importantes de su ecosistema. El león es feroz, valiente y astuto. Sin embargo, hasta el león sabe que no será "rey" para siempre. Trabaja continuamente para preparar a su sucesor que regirá el reino. Los leones son los únicos felinos que viven en grupos. Viajan en manadas. Una manada es esencialmente una familia de leones y leonas que viven y trabajan juntos para crear un entorno en el cual ser "mentores" de los cachorros, la próxima generación de "reyes" y "reinas". Antes de que el cachorro tenga un año, la leona comienza meticulosamente a entrenar a su cría para cazar y sobrevivir.

Los leones son líderes con visión.

Primero, prepárese para irse

Si usted es cabeza de una familia, capitán de un equipo de fútbol, presidenta de una organización de mujeres, presidente de una compañía, CEO de una corporación, pastor de una iglesia, o piloto de un avión, usted es el líder responsable. En su dominio, usted es un rey. Usted es un líder visionario. Su don lo ha llevado a la cima. ¡Felicitaciones! Usted ha llegado. Ahora, encuentre a su reemplazante. La primera medida de un verdadero líder, un líder visionario como usted, debería ser identificar a su reemplazante y comenzar a ser el mentor de esa persona para que finalmente lo suceda. Incluso podría identificar a varios individuos y preparar a cada uno de ellos para el liderazgo.

Usted podría preguntar: "¿Por qué? Primero tengo otras cosas que hacer. Acabo de llegar aquí, y tengo todos estos planes. Eso puede esperar".

No debería esperar para eso. Tal vez si usted supiera exactamente cuánto tiempo podrá mantenerse saludable, activo, y efectivo, o cuánto

2

podría vivir, esto podría esperar. Ninguno de nosotros sabe esas cosas. Debemos preparar a alguien para que nos suceda. Habremos sido mentores de este *líder en espera* y lo habremos entrenado de manera tan cuidadosa y a conciencia que en un instante él o ella podrían tomar cartas y hacerse cargo de nuestro lugar y manejarse sin tropiezos. Esa persona preservaría lo que construimos y lo llevaría a nuevas alturas.

Nuestros sucesores solo podrán hacer eso si los hemos preparado y entrenado con lo mejor de nuestras capacidades para el día en que ellos asuman el mando. Era nuestro deber traerlos a nuestro círculo íntimo, presentarles a nuestros contactos, e infundirles toda la sabiduría que podamos.

La mayor obligación del verdadero liderazgo es transferir su depósito de conocimientos, riqueza, experiencia, influencia, relaciones, y entendimiento a la próxima generación. La palabra *obligación* significa una responsabilidad que usted tiene hacia el futuro.

> *"La primera medida de un líder visionario como usted, debería ser identificar y comenzar a ser mentor de su reemplazante".*

Tal vez usted estuvo midiendo su éxito por todo lo que él conlleva, como lo hacía. Usted ve en términos del tamaño de la construcción que edificó, su salario, su casa, o el auto. Recuerde que esas cosas se deterioran día a día, y si usted edifica su éxito en ellas, se está erosionado diariamente.

No es lo suficientemente bueno transferir un cargo, una institución o un edificio a la próxima generación. Es más importante transferirle su conocimiento, su experiencia, y sus valores: las cosas que a usted lo ayudaron a triunfar. Dar eso a la próxima generación es más importante que darle dinero y riquezas. El liderazgo incluye tomar lo que a usted lo hizo ser quien es y darlo a otro. Eso no puede ocurrir si no hay una mentoría.

Todo líder quiere ser exitoso, pero rara vez pensamos en la sucesión como prueba del éxito, la medida última de nuestro propio éxito; pensamos en términos de proyectos, productos, el balance final y las ganancias. No pensamos en términos de personas. Los edificios no van a sucederlo. El equipamiento tampoco lo va a suceder. Solamente las personas pueden tomar su lugar y llevar adelante su visión. Las personas recordarán su nombre y perpetuarán su legado. A medida que envejecemos y consideramos nuestras flaquezas y mortalidad, es tiempo de que empecemos a duplicar el tiempo que dedicamos a mentorizar y preparar una sucesión sin problemas.

La primera medida de un verdadero liderazgo es identificar, entrenar y desarrollar a su reemplazante. Para decirlo de otra manera, la primera medida es comenzar a ser mentor de ese nuevo líder. Si puedo lograr que se capte esta idea, podría ayudar a salvar muchas organizaciones, departamentos, ministerios y países.

Lo primero que muchos líderes hacen cuando asumen una posición de poder es deshacerse de la oposición. Tratan de aniquilar las amenazas. Usted ve esto en países del Tercer Mundo y en naciones industriales líderes. Es el espíritu de "matar o morir". Se ve esto en los negocios, donde los que son amenazas para el poder corporativo son despedidos. Yo recomiendo lo opuesto. Su primera medida debería ser escudriñar el horizonte, buscar a su alrededor para identificar el potencial reemplazante/sucesor y ser mentor de ese candidato.

¿Qué es un líder?

Antes de continuar, podría ser útil que compartiera con usted (o reviera, con quienes han leído mis libros anteriores) mi filosofía respecto del liderazgo. Usted debe comprender y valorar lo que tiene, antes de poder transmitirlo. Usted debe ser la clase correcta de líder para producir líderes para el futuro.

He pasado décadas estudiando el tema del liderazgo desde la época en que era estudiante universitario en la Universidad Oral Roberts y estudiante de posgrado en administración de liderazgo en la Universidad de Tulsa. He estudiado las teorías de muchos líderes empresariales, economistas y especialistas en liderazgo. Las numerosas teorías y perspectivas ofrecidas por los gurúes del liderazgo, iniciales y contemporáneos, abordaban múltiples tópicos y principios sobre el tema de liderazgo. Sin embargo, seguía estando insatisfecho en mi búsqueda de entendimiento de la esencia del verdadero liderazgo, y continué mi búsqueda e investigación. No fue sino cuando descubrí la filosofía del liderazgo y escuela de pensamiento del joven rabino judío Jesucristo que sentí que había hallado la respuesta al dilema del liderazgo. Fue su presentación y demostración de la filosofía del "liderazgo

---

del siervo" lo que proveyó el contexto para el tipo y el estilo de liderazgo que brinda valor, aprecio y dignidad a toda la humanidad. Después de muchos años de estudio e implementación de esta filosofía de liderazgo en mi vida y en mi organización, he visto sus ventajas y beneficios superiores para el esfuerzo tanto individual como corporativo. Esta filosofía del "liderazgo de siervo" constituye el fundamento de todos los contenidos de los programas, seminarios y proyectos de consulta para la capacitación en el liderazgo que he realizado en todo el mundo. He escrito numeroso libros y he hablado cientos de veces de esta filosofía de liderazgo y de este modelo ejemplificado por Jesucristo.

Su estándar para el liderazgo fue servir con su don y su energía a los seguidores para beneficio de ellos. Dio el modelo para la conducta de un líder siervo e instó a sus protegidos a hacer lo mismo. En su última "cena de trabajo" con ellos, les demostró y después explicó el concepto.

> **Mateo 20:25-27:** Jesús los llamó y les dijo: —Como ustedes saben, los gobernantes de las naciones oprimen a los súbditos, y los altos oficiales abusan de su autoridad. Pero entre ustedes no debe ser así. Al contrario, el que quiera hacerse grande entre ustedes deberá ser su servidor, y el que quiera ser el primero deberá ser esclavo de los demás.

Luego sigue diciendo:

> **Mateo 20:28:** "así como el Hijo del hombre no vino para que le sirvan, sino para servir y para dar su vida en rescate por muchos."

El concepto de Jesús del líder como siervo y no como uno que es servido fue ilustrado por Él mismo, y animó a sus estudiantes (los discípulos) a obtener la grandeza por el mismo espíritu de liderar mediante el servicio, no controlando ni oprimiendo a los demás. El liderazgo de siervo, como yo lo defino, es el descubrimiento del propósito, de los dones y los talentos de uno mismo, con el compromiso de ofrecerlos al servicio de la humanidad. En otras palabras, el liderazgo de siervo es el descubrimiento de lo que se supone que usted deba servir al mundo.

El liderazgo de siervo es estar preparado para servir con el don de uno en cada oportunidad que se presente. Ahora, quiero enfatizar la última parte de esta afirmación: *en cada oportunidad que se presente.* Para convertirse en un líder eficaz, usted debe aprovechar cada oportunidad para servir. No espere a ser grande para ser grande, o nunca lo será.

Si el baño necesita limpieza, esa es una oportunidad para ejercitar su don de atención a los detalles y para elevar los estándares de los de su organización. Si necesitan ayuda con la organización de los jóvenes, esa es una oportunidad de mostrar su don empalizando con las personas jóvenes y suscitando su respeto. Si los líderes necesitan alguien para limpiar el edificio después de cada reunión, ofrézcase de voluntario y muestre su don de organización, reclutando y supervisando un equipo para hacerlo con rapidez y eficiencia. Esa es una oportunidad para servir. Si la organización necesita a alguien para tipear y usted puede hacerlo, vaya y postúlese. Mientras sirve, puede mostrar su velocidad, su devoción por la precisión, y su dominio de técnicas informáticas.

Tal vez su visión sea convertirse en un gran orador, maestro, pastor o CEO. Esa oportunidad no ha llegado aún, pero se ha presentado la oportunidad de estacionar autos. Estacione autos. Si no hay otra cosa, puede demostrar su lealtad y habilidad en relaciones humanas tratando con los dueños. El liderazgo de servicio es servir en toda oportunidad.

En un libro anterior *In Charge: Finding the Leader Within You* (Al mando: Encuentre al líder que hay dentro de usted), resumí mi pensamiento sobre el liderazgo de siervo. Estos son los puntos clave:

- **Todo ser humano fue creado para liderar.** Su deseo y su disposición para liderar son innatos.

- **Todo ser humano posee un liderazgo potencial.** Usted tiene la capacidad de liderar en un área del don.

- **En todo seguidor hay un líder oculto atrapado.** Si usted acepta las falsas ideas acerca de quien puede o no convertirse en un líder, eso puede sofocar su potencial.

- **Aunque todos nacimos para liderar, la mayoría morirá como seguidores**. Si usted no identifica y no aprovecha su calidad de dotado, ella morirá y será sepultada con usted.

- **El liderazgo es su historia y su destino**. Usted fue creado para ser líder y diseñado para cumplir su misión.

- **El mundo necesita su liderazgo**. Usted está en la tierra para satisfacer una necesidad específica que nadie más puede satisfacer.

¿Qué es la sucesión?

Sucesión es una palabra asombrosa. Comienza con el concepto mismo de suceso, éxito. El suceso tiene que ver con el movimiento. Tiene que ver con la continuidad. **La sucesión exitosa garantiza la continuidad**. Sucesión significa "seguir a, a continuación de", pero las definiciones de "suceder" de algunos diccionarios incluyen la acepción "seguir" antes que la idea de hacerlo bien. Los etimólogos nos dicen que la palabra *suceder* proviene de términos antiguos que significan "seguir" o "ir tras".

El suceso, o éxito, en sí mismo, tiene que ver con avanzar hacia algo, y la mayoría de las personas piensan en el éxito como: "Yo establezco un objetivo. Me muevo hacia el objetivo, y logro el objetivo. Terminé". En un sentido muy simplista, es verdad; usted decide que quiere construir una casa, y comienza a diseñarla, la construye y, ahora que está terminada, recibe las llaves. Usted podría llamar a eso tener suceso, pero la sucesión preserva el suceso.

Normalmente pensamos en el éxito relacionándolo con la búsqueda, el logro y la conclusión de algo, pero el éxito implica moverse, avanzar, continuar. La sucesión es la perpetuación del propósito. El propósito es la misión que usted tiene. La sucesión significa proteger su misión más allá del tiempo de su vida. La sucesión preserva todo su arduo trabajo después de que usted se retire o muera. La sucesión es el traspaso del propósito, el contenido, el carácter, los estándares, los valores, la moral y las cualidades del líder, a las generaciones siguientes. La sucesión implica ante todo transferir su visión a otra generación de líderes. Eso es algo difícil de hacer. Significa que usted debe transferir su manera de pensar a otra persona. Eso requiere compartir mucho tiempo de intimidad. Para efectuar la transferencia de la visión, el mentor debe dedicar tiempo al potencial sucesor.

La visión debe seguir viva aunque usted muera. Si su visión muere con usted, usted fracasó. He visto iglesias sin terminar cubiertas de malezas. ¿Por qué? Porque el líder fracasó. Las multitudes venían a sus reuniones y la gente aclamaba sus sermones pero nadie continuó ni completó su tabernáculo. Las malezas que ahogan los sueños inconclusos siempre pondrán en evidencia el fracaso. Los monumentos sin terminar son una señal de fracaso, signos reveladores de que usted no fue un mentor y no invirtió en lo correcto, las personas por quienes era responsable.

El éxito no es lo que ocurre mientras usted vive. El éxito es lo que ocurre después de que usted se va. Por esa razón la palabra *sucesivo* es tan importante. Los términos generaciones *sucesivas*, o *subsiguientes* sugieren continuidad. Queremos ser exitosos, así que llevamos a cabo un proyecto. Estamos orgullosos de hacerlo y queremos que todos recuerden lo que aportamos en nuestra vida. Eso no es éxito. El éxito es saber que alguien continuará la obra después que usted se vaya.

Usted es exitoso si su visión lo sobrevive a través de otra persona. Si nos olvidamos de usted después de que muera, no importa cuán grandes hayan sido sus logros, usted es un fracaso. Su éxito se mide por la gente que deja detrás. Alguien que viene después de usted puede destruir cada uno de los objetivos que había alcanzado. Si usted tiene sesenta, setenta, u ochenta años y ha hecho cosas maravillosas, ¿lo sobrevivirán? La única manera de garantizarlo es por medio de la sucesión. **El verdadero liderazgo es una cuestión de continuidad.**

La sucesión no es solo tener éxito. La sucesión es preservar el éxito. Usted necesita a alguien que preserve lo que haya logrado. ¿Puede imaginarse construir su negocio familiar durante toda su vida y que después que usted muera unos hijos no capacitados lo vendan a mitad de precio para poder comprarse unos palos de golf? Toda su vida usted trabajó mucho, invirtió y construyó un edificio, edificó un negocio, o construyó ese enorme imperio. Después un hijo, una hija, un primo, o el próximo esposo de su esposa lo venden en el mercado a mitad de precio para comprar algo que provee una gratificación inmediata. Hemos visto suceder esto muy a menudo.

Cuando es el tiempo de la transición de los líderes, muchos no han preparado un sucesor, así que hay conflicto, peleas o un enfrentamiento por el liderazgo. Cuando un nuevo líder emerge de eso, el ganador puede dedicarse a destruir todo lo que usted había edificado para probar que él es diferente o mejor. Este ha sido el modus operandi de la mayoría de los líderes. Si ha estudiado los países en desarrollo, usted sabe que en la mayoría de los casos cuando ocurre una transición de liderazgo estalla un golpe de estado. Frecuentemente la gente es asesinada y el país experimenta una tremenda agitación. Algo similar ocurre en las salas de directorio de las corporaciones, los partidos políticos y las organizaciones eclesiásticas cuando es hora de esas transiciones, aunque por lo general sin violencia.

Es por eso que la transición es tan crítica. Ella preserva el triunfo. La grandeza del liderazgo se mide por su continuidad. No se trata de usted. Se trata de la próxima generación. Usted no desea que alguien destruya, emplee mal, o desvíe su organización de su propósito original. Quiere que progrese y se desarrolle más allá de lo que usted ha hecho. Usted mantiene vivo su propósito por medio de un sucesor. No desea meter todos sus sueños, planes, e ideas en un ataúd consigo. Manténgalos vivos en alguien de quien sea mentor.

Mi definición de sucesión es la efectiva transferencia, traspaso y transición de la visión, la pasión, el propósito, los intentos, los sueños, el carácter, los estándares, los valores, la moralidad y las cualidades del líder a la siguiente generación de líderes.

La sucesión perpetúa el propósito.

Capítulo 2

Preserve su legado

LA MAYOR PARTE de las experiencias que la mayoría de nosotros hemos tenido con la transferencia del liderazgo surgieron después de que alguien murió. Lo que sigue por lo general no es una tranquila transferencia, sino un conflicto, una pelea, una lucha. Muchas veces el quebrantamiento, la frustración y lo peor de todo, un cisma, inutilizará o destruirá la organización que el líder construyó. ¿Cuántos de nosotros hemos visto esto en nuestras familias, iglesias, gobiernos o empresas?

Cuando el "presidente vitalicio" de la nación africana de Gabón murió recientemente, después de más de cuarenta años en el cargo, los líderes gubernamentales primero negaron que estuviera siquiera enfermo y siguieron rechazando los informes de que no estaba bien de salud hasta solo horas antes de anunciarse su deceso. Debido al temor a un golpe de estado al difundirse las noticias de su muerte, los funcionarios nacionales inmediatamente cerraron los aeropuertos, las fronteras, bloquearon el servicio de la Internet, y establecieron guardias en los edificios gubernamentales y en las empresas de servicios públicos. El tránsito estaba paralizado ya que la gente se apresuraba a sus hogares desde el trabajo y corría para comprar provisiones, temiendo que los negocios cerraran.

Eso puede haber sido algo extremo, pero el caos es muy común cuando un líder muere. Cualquiera que haya vivido lo suficiente para experimentar la transición del liderazgo estará de acuerdo conmigo en que la confusión, el temor, la incertidumbre y la inseguridad acompañaron el cambio. Todo eso puede ser realmente extenuante, paralizante, y peligroso para la organización, el país, la familia o la empresa. Son un resultado directo del fracaso del líder en preparar la transición, producto de la incapacidad o la de falta de disposición para ser mentor y preparar a otros para que lo sucedan.

Cuando la cabeza de familia muere, los hijos pelean entre sí por el botín. Los celos y el odio destruyen el amor que pueden haber compartido en el pasado. Mire la lucha interna por la custodia de los hijos de Michael Jackson y la disposición de sus bienes. Para algunos, él era un artista exitoso, para otros una rareza, pero también era cabeza de una familia y líder de una empresa de espectáculos de un millardo de dólares generada por su música y los derechos de la música de los Beatles y otros. Las batallas legales podrían continuar por años y destruir todo lo que él dejó. Aun en familias comunes, los hijos, los hijastros, las esposas, las exesposas y concubinas pueden luchar tan implacablemente por cuestiones mezquinas y cosas de poco valor que los parientes no asocian con las respectivas generaciones siguientes.

He visto el caos de la transición en corporaciones, iglesias, y también otras organizaciones. Cuando fallece un líder fuerte sobreviene una lucha. Los seguidores recurren al engaño, la mentira y la destrucción. Estos son indicadores del fracaso en preparar y

"Mida el éxito del liderazgo por el éxito del sucesor".

mentorizar a los sucesores. ¿Cómo hace un líder para transferir el liderazgo al próximo sin destruir la organización y sin perderlo todo?

Más allá del horizonte

El mayor acto de liderazgo es el ser mentor. Me llevó cuarenta años escribir esta sola oración. Yo creía que un gran líder es quien construyó un gran edificio, u organizó campañas masivas. Pensaba que el liderazgo consistía en construir una corporación que valiera millones. Esa no es la medida de la grandeza. La grandeza debe medirse por la transferencia del éxito a las generaciones futuras. En este libro quiero hablar de cómo transferir el liderazgo de una generación a otra, de un líder a otro.

Encuentro muy interesante que en el primer siglo el joven rabino Jesucristo, a los treinta años, hubiera edificado una organización que ahora tiene más de dos mil años. Es la compañía más grande de la tierra con más de dos mil millones de clientes. Da la casualidad de que yo trabajo para la compañía. Él inició la compañía con solamente once inversores, a quienes les dio acciones. Ellos no tuvieron que comprarlas. El mayor líder de todos los tiempos les distribuyó esas acciones a los socios pasándoles conocimiento, siendo su mentor. Les dijo que ya no eran siervos porque un siervo no sabe lo que está haciendo su señor. Él compartió todo con ellos, así que eran sus "amigos".

Juan 15:15: "Ya no los llamo siervos, porque el siervo no está al tanto de lo que hace su amo; los he llamado amigos, porque todo lo que a mi Padre le oí decir se lo he dado a conocer a ustedes".

Jesús era un líder seguro. "Voy a darles todo", les dijo en esencia. "¿Por qué? Porque no planeo quedarme".

Esa no es una actitud que solamos ver en los líderes de hoy. Jesús nunca construyó un edificio, nunca abrió una cuenta bancaria y nunca estableció una institución física, pero su compañía se sigue expandiendo después de dos mil años. Eso significa que la grandeza y el liderazgo no están en las construcciones. Está en edificar a las personas. Estamos tan estancados en querer que nuestros nombres estén en los edificios, que pueden deteriorarse y derrumbarse, que olvidamos que la mayor inversión que un líder puede hacer es en las personas.

Algunos líderes tienen sus nombres grabados en las sillas de su oficina. Tienen su asiento encadenado al piso y un cinturón de seguridad en la silla. Cada día, le dan un toquecito y dicen: "Nadie se llevará esto. Este es mi puesto, mi compañía, mi iglesia…"

Los verdaderos líderes no se aferran al conocimiento, la experiencia, los logros, las oportunidades o las relaciones que les han conferido su posición. Los verdaderos líderes transfieren el conocimiento. Cultivan en sus mentorizados que sean inquisitivos. Como la leona, alientan a los mentorizados para que los observen en acción. El líder los anima a hacer preguntas. "Pregúntenme cómo hice esto y por qué lo hice, Quiero que ustedes sepan lo que yo sé. Porque cuanto más rápido aprendan esto, más rápido podrán moverse a la siguiente posición". **El mayor logro del liderazgo es la sucesión.** El fracaso en ser mentor de un sucesor resulta en la anulación del legado del liderazgo. El fracaso en ser mentor de un sucesor resulta en la anulación de su propio legado.

Transferencia de propiedad

Su influencia no continuará en edificios o cuentas bancarias. Su influencia continuará en personas. Por esa razón el mayor líder de todos los tiempos invirtió tres años y medio en gente: en un programa de capacitación para personas. Él tenía esa idea de vivir para siempre a través de ellos. Los edificios son perecederos. Las personas siguen viviendo. Usted perdura en quienes recuerdan su nombre. Usted perdura en aquellos a quienes mentoriza. Usted perdura en los líderes que deja en su lugar, y en los líderes que ellos capacitan para que los reemplacen, y así sucesivamente.

No quiero que mi nombre esté en un edificio porque un huracán, un atentado terrorista o un terremoto podrían borrarlo. Quiero que las personas recuerden mi nombre por el continuo liderazgo de aquellos a quienes mentoricé y por el sucesor que formé.

De modo que debemos considerar: ¿Cuáles son nuestras prioridades? Cuatro principios resumen mi concepto de la sucesión en el liderazgo:

1. El liderazgo visionario es transgeneracional.

2. La visión es mayor que el visionario.

3. Ser mentor es la mayor responsabilidad del liderazgo.

4. La sucesión es la mayor medida de éxito del liderazgo.

Los líderes deben concentrarse no tanto en cumplir su visión como en preparar nuevos líderes que la lleven adelante. Muchos líderes tienen gran visión, pero creen que deben cumplirla en su vida. No piensan mucho en la posteridad. Cuando un líder no prepara el sucesor, el resultado siempre es caos y destrucción. Dos grandes errores que los líderes cometen son creer ser los únicos que podrían y deberían cumplir la visión, y pensar que deberían llevarla a cabo durante su vida.

Los líderes visionarios siempre poseen un sentido de destino. El destino lo fuerza a uno a pensar más allá de su propia vida. El destino es mayor que todos nosotros. Es esa enorme, inflexible eternidad de vida. Los líderes con visión siempre piensan en su mortalidad. No le tienen temor. Interpretan el destino como el privilegio de pintar una pequeña parte de la historia. Por esa razón los líderes visionarios comunican eficazmente la visión del futuro. Son capaces de pintar cuadros y dar una visión conceptual para el futuro de otros. Los líderes visionarios transfieren la propiedad de la visión a la siguiente generación. Los líderes visionarios se concentran en capacitar a otros para que lleven a cabo la visión aun más allá de sus propias vidas. Los líderes guían más allá de su propio liderazgo. Van más allá de lo que se supone que vayan. Piensan constantemente en lo que queda después que mueran. Esos son verdaderos líderes.

Miden el éxito del liderazgo por el éxito del sucesor. Esto significa que el liderazgo auténtico no usa los logros o metas, programas y proyectos como medidas del éxito, sino que mira la calidad, el carácter, la competencia, y la pasión de las personas que rodean al líder, quienes pueden cumplir la visión. A los líderes no les compete concentrarse en los proyectos. Para un verdadero líder, las personas son más importantes que los proyectos. Las personas son más importantes que los trabajos, las ambiciones personales o el orgullo. Los líderes no manejan a la gente. Los líderes hacen que se desarrolle. Ser mentor es la responsabilidad mayor y más sublime del liderazgo. No es solo una necesidad para operar. Es una obligación. Sin embargo, en general los líderes no tienen muy presente la responsabilidad de ser mentores. La mayor parte de las personas a quienes consideramos líderes se concentran principalmente en ellas mismas, en sus propios logros y éxitos. Se concentran en lo que quieren hacer, en aquello por lo cual quieren ser conocido y en lo que quieren construir como legado. La mayoría de los líderes hacen que su legado sea su trabajo y no las personas. Le animo a cambiar ese paradigma. Su mayor legado no es un producto o una institución que usted deje, sino una persona o personas. Este enfoque es diferente de cualquier otro que haya leído sobre sucesión y liderazgo.

Dejarle a su hijo un edificio o una casa no es sucesión. Eso es herencia. Lo que una persona hereda lo puede perder, pero si usted es mentor de una persona, ella no puede perder lo que usted le dio. La mentoría es una transferencia de cosas perdurables: visión, pasión, propósito y carácter.

El líder promedio de hoy no tiene interés en ser mentor. Él o ella está preocupado por defender su puesto y proteger su territorio. Son inseguros, falsos líderes con cargos.

Usted conoce personas de su compañía que llevan allí cuarenta años, y todavía no puede deshacerse de ellos. Ni siquiera desean ascensos. Solo quieren ese puesto. ¿Cómo se quiebra ese espíritu? Enseñándoles a ser mentores. Enseñe esto a su personal, a quienes está mentoreando, porque si lo entienden tempranamente no se aferrarán demasiado a sus trabajos. No desarrollarán el espíritu de tener un derecho adquirido. Ese espíritu de "este lugar es mío" será quebrado si estudian y aceptan la mentoría,

Mentorizar para liderar

La mentoría implica alentar a otro a servir en el área en que esa persona está dotada. Por medio de las oportunidades de servir que usted le provee, el mentorizado puede descubrir, practicar, y perfeccionar el don. Al servir con su don a otros, el mentorizado discierne el propósito y lo cumple. Al mismo tiempo, verlo a usted servir con buena disposición y con gozo influye en quien es mentorizado. Él lo ayuda a usted a transmitir su visión y cumplir su propósito.

He llegado a definir el verdadero liderazgo como **la capacidad de influir sobre otros por medio de la inspiración, generada por una pasión, motivada por una visión, traída por una convicción, producida por un propósito.**

Para guiar a las personas a alguna parte usted tiene que influir sobre ellas. Su influencia inspira al mentorizado para que cumpla su visión. Nadie participará de su visión si usted no tiene pasión por ella. Esa pasión surge de la convicción de que vale la pena seguir su visión. Esa convicción nace de encontrar su propósito. El mentorizado encuentra propósito en la pasión que usted tiene por su visión. Él o ella captan la visión.

El secreto del liderazgo no es la búsqueda del poder. El liderazgo es la búsqueda de sí mismo. Aunque puede delegarle cierta autoridad y concederle un puesto usted le demuestra a su mentorizado que el liderazgo no es la búsqueda de esas cosas. Le muestra que cuando uno descubre aquello que nació para hacer, nace su liderazgo. Así, el liderazgo en realidad tiene muy poco que ver con la gente. Se trata de un autodescubrimiento. Es encontrar su pasión y seguirla, y luego la gente lo encontrará a usted. Por esa razón el liderazgo en realidad no se puede enseñar. Solo se puede mentorizar. Usted puede enseñar a las personas los principios para que se descubran a sí mismas y cuando encuentran su propósito, nace el líder.

El propósito es el comienzo. El propósito es tener un sentido de destino. Su propósito, entonces, alimenta su convicción. Su convicción es un sentido de trascendencia. En otras palabras, un líder es alguien que descubrió que él o ella es importante para el mundo. Su mentoría debe dotar al mentorizado de un sentido de propósito.

Eso me ocurrió a mí. Tuve una discusión con mi Creador.

Le dije: "Yo no puedo ser tan importante".

Me dijo: "Sí, lo eres".

Le dije: "No, no puedo ser tan importante. ¿No sabes dónde nací? ¿Y quiénes son mis familiares?"

Me dijo: "Mira, tú eres muy importante".

¿Sabe que la actitud que yo tuve es común a todos los líderes que he estudiado? Cuando Dios le habló a Abraham, tuvieron una discusión (vea Génesis 17:17). Cuando Dios le habló a Moisés, discutieron (vea Éxodo 3:11-14). La primera vez que Dios le habló a Gedeón, tuvo que discutir con él para hacer que creyera (vea Jueces 6:13-24). En otras palabras, nunca creemos la verdad acerca de nosotros mismos.

Usted debe ayudar a sus mentorizados para que vean que son muy importantes, y cuanto más pronto lo acepten, más pronto se desarrollará el tercer paso, que es la visión. Ellos comienzan a ver cómo realizar su propósito. La visión es un concepto del futuro, y cuando viene la visión, viene la pasión. La pasión es un profundo deseo y compromiso para cumplir la visión. Esa pasión inspira a otras personas. En otras palabras, la pasión se convierte en lo que yo llamo una "energía contagiosa", y eso infunde aliento a las personas.

Cuando sus mentorizados llegan a estar apasionados por algo al punto de estar dispuestos a luchar por ello, eso les infunde vida. Usted se ha vuelto contagioso. Piense en los grandes líderes. Muchos de ellos fueron presos o demostraron de otras maneras que estaban dispuestos a morir por su pasión: Jesús, el apóstol Pablo, Martin Luther King, Jr. y Mahatma Ghandi. Ellos inspiraron a la gente. Una vez que usted inspira a las personas, puede influenciarlas y atraer su apoyo. Usted no lo demanda. Lo atrae. La gente es atraída por la pasión.

Por lo tanto, si usted quiere que la gente lo siga, encuentre su pasión, y si la pasión toma control de su vida, la gente irá detrás de usted. Un líder no busca seguidores. Los seguidores son atraídos por la pasión del líder. Si usted dice que es un líder pero nadie lo sigue, sencillamente está dando un paseo.

Su mentorizado debe ver por su ejemplo que seguirlo es un privilegio que la gente no tiene que darle. Puede dejar su iglesia o renunciar a su compañía en cualquier momento. Para que la gente siga atraída por su pasión, nunca deje que vean que ella disminuye. Mantenga su pasión. Compártala con su mentorizado. Usted puede llegar a cansarse, pero debe mantener y renovar su pasión.

¡Nuevo y mejorado!

Si usted va a tener éxito en producir un sucesor, debe tomar como su prioridad el proceso de mentoría. Ser mentor es una tarea ardua. Usted sirve como un modelo, un asesor, un consejero, un guía, un tutor, un ejemplo para otro. Su meta es formar a alguien más grande que usted mismo. Eso puede resultar impactante. Cuando usted mentoriza a alguien, no está tratando de producir una persona que sea *como usted.* La mentoría es para desarrollar a alguien *mejor que usted.* La mentoría es para reemplazarlo a usted con un producto mejor. Siempre deje en funciones a alguien que sea mejor que lo que usted fue. Un verdadero líder siempre está adiestrando a un reemplazante, y el objetivo es hacer que esa persona sea mejor de lo que el mentor es.

El mayor desafío del liderazgo es establecer la prioridad del propio reemplazo. Los líderes no clonan a otros a su propia imagen. Ellos ayudan a otros a descubrirse, a hacer uso de sus propias habilidades, a alcanzar el tope de sus propias capacidades y a mejorar sus personalidades únicas. La mentoría no consiste en hacer que otra persona sea como usted: hacer que alguien hable como usted, actúe como usted, o use un traje como usted. Eso no es liderazgo. Eso es culto a la personalidad.

El mayor líder de todos los tiempos me enseñó mucho con su actitud. Dijo algo como esto: "Si yo no los dejo, no podrán hacer obras mayores. Pero si los dejo, sabiendo lo bien que los he entrenado, entonces harán obras mayores que las que yo he hecho". En otras palabras, un sucesor debería obtener mayores logros.

Juan 14:12: "Ciertamente les aseguro que el que cree en mí las obras que yo hago también él las hará, **y aun las hará mayores**, porque yo vuelvo al Padre". (Énfasis añadido.)

La sucesión es la mayor medida del verdadero liderazgo. Muchos líderes definen el éxito en el liderazgo como lo que ellos logran, pero si todo muere con ellos, son un fracaso. Si todo lo que usted logra se detiene cuando usted se detiene, usted es un fracaso. Tenemos muchos ejemplos en el mundo donde podemos visitar ruinas de antiguas organizaciones, proyectos de construcción que murieron con el líder. De modo que el desafío del auténtico éxito del liderazgo es preguntar: "¿Qué morirá con usted?" El objetivo del liderazgo debería ser responder confiadamente la pregunta: "¿Qué vivirá después de que yo muera?"

La sucesión protege el valor de la historia. La sucesión usa el fundamento de la historia para hacer historia. La sucesión garantiza el valor del esfuerzo. Por ejemplo, usted trabaja durante veinte años construyendo algo. Si tiene un buen sucesor, protegerá toda la obra que usted realizó. En ausencia de la adecuada planificación de la sucesión, alguno puede destrozar en veinte minutos lo que usted edificó en veinte años. Su sucesor puede sencillamente eliminarlo. La sucesión eficaz es la única manera de evitar que mueran los deseos. ¿Qué deseaba esa persona muerta? Solamente la sucesión puede asegurarlo. La sucesión es la única manera de que un líder viva más allá del cementerio. Lo primordial es que no importa cuán grande fue su liderazgo mientras vivió. La gran pregunta es si sobrevivirá más allá de su vida. La respuesta yace en cuán bien haya preparado a los herederos de su dominio.

Capítulo 3

Los secretos de la sucesión exitosa

TREINTA AÑOS ATRÁS inicié la organización global por medio de la cual ahora disfruto el placer de ayudar a mejorar la vida de millones de personas de todo el mundo. Sabía desde su inicio, sin embargo, que atarme a cualquier posición, título o privilegio dificultaría mi capacidad para moverme más allá de los límites de la organización original y el ministerio. Tenía que estar dispuesto a usar de forma flexible los títulos, el poder, los beneficios y los privilegios de mi posición. Tenía que recordarme a diario que esa posición podría convertirse en una trampa, atándome al pasado, o en un trampolín, llevándome hacia un futuro mejor. Soy consciente de que mi peregrinaje por este planeta constituye una serie de roles, misiones, y responsabilidades transitorios y que nunca hay que apropiarse de ellos sino transmitirlos.

Este sentido de responsabilidad transitoria me motivó a designar a mi equipo de liderazgo al inicio de esta visión global en 1980, y a comenzar a identificar a la persona de la cual podría ser mentor para que se convirtiera en mi sucesor. Desde el comienzo, enfaticé que todos tenían un liderazgo potencial y que estábamos construyendo para la próxima generación. Constantemente mantenía el futuro ante mi equipo y los miembros de la organización. Sabía que para llevar a cabo mi visión de alcance global por medio de la organización que tuve el privilegio de crear y desarrollar, necesitaba establecer un proceso de sucesión deliberada. Esto me liberaría para continuar edificando nuestra estructura internacional. Quince años después de comenzar con la organización y después de asegurar el fundamento, la misión, y la visión, supe que había llegado el momento de que cediera el poder, el privilegio y la autoridad que disfrutaba y lo compartiera con mi mentorizado. En 1995, tomé oficialmente la decisión de designar de entre el equipo al líder que entendió mi corazón y visión, aquel que estaría dispuesto al sacrificio. Hoy en día, ese líder tiene la principal responsabilidad por el núcleo de la organización y está haciendo un trabajo extraordinario. Este movimiento crítico de poner un sucesor en mi lugar me ha permitido la capacidad de expandir la organización a nivel mundial. No podría haberlo hecho si hubiera permanecido atado al primer puesto de poder. Mi conclusión es que la mentoría y la sucesión son la única manera en que usted puede extenderse más allá de su limitada posición.

Los verdaderos líderes deben:

- Encontrar la valentía para ser mentores.
- Asegurar un legado para la próxima generación.
- Transferir su depósito para la próxima generación.
- Medir su éxito por el éxito de sus sucesores.

Jesús formó un equipo de transición

Jesucristo, el líder histórico, comenzó a conformar y edificar su organización a la edad de treinta años, y designó a los primeros y pocos miembros de su equipo de liderazgo de entre individuos comunes y pueblerinos que, además, eran propietarios de negocios relacionados con la industria pesquera. Tan pronto como reunió a sus primeros estudiantes de liderazgo, Él comenzó a hablarles de su inevitable destino: ser arrestado, juzgado, torturado, crucificado y resucitar de entre los muertos. Constantemente les recordaba su necesidad de dejarlos y los instaba a prepararse para ese destino inevitable. Al comienzo de su ministerio, un día en que sus mentorizados habían fallado al echar fuera un demonio de un muchachito, Él les hizo una pregunta reveladora:

Mateo 17:17: ¡Ah, generación incrédula y perversa! —respondió Jesús—. ¿Hasta cuándo tendré que estar con ustedes? ¿Hasta cuándo tendré que soportarlos?

Las implicancias de estas preguntas son profundas. Sus palabras revelan la frustración de un maestro o mentor que esperaba que sus estudiantes aprendieran lo suficiente como para permitirle pasarles su obra con confianza. También indica su profundo deseo de que aprendieran lo que Él sabía y se desempeñaran su mismo nivel.

Aquí tenemos las consideraciones más importantes para la planificación de la sucesión, usando el estilo de mentoría de Jesucristo, el líder más grande que haya vivido jamás, como nuestro modelo y estándar:

Planifique su partida el día en que comience. Usted es

prescindible, mortal y transitorio. Comience con la actitud de: "Soy transitorio, y mi mayor trabajo es dejar a alguien mayor que yo mismo en este puesto". Comience inmediatamente a planificar dejar ese puesto. El secreto para la sucesión comienza con la aceptación de la propia mortalidad de parte del líder. Comienza con una toma de conciencia —"Soy transitorio"— que permite que los líderes confiables comiencen a planificar su partida. "Soy consciente de que debo hallar de inmediato un reemplazo, capacitarlo y preparar rápidamente a alguien para el caso de que mi partida sea pronta". Usted debe "comenzar con el fin en mente", como dijo el autor de éxitos de ventas e instructor empresarial Stephen R. Covey en su guía clásica *Los siete hábitos de la gente altamente efectiva*. Ese era el Hábito 2. Se refería a las tareas y proyectos diarios normales. En este caso, el lógico "fin" es el final de su titularidad, su vida laboral, o el fin de su vida misma. Traiga a memoria cómo Jesús le recordaba a su equipo que su partida era inevitable y debería ser un incentivo para que ellos mismos aplicaran las lecciones que tenían a mano:

> *"El secreto para la sucesión comienza con la aceptación de la propia mortalidad por parte del líder".*

Mateo 17:22-24: Estando reunidos en Galilea, Jesús les dijo: El Hijo del hombre va a ser entregado en manos de los hombres. Lo matarán, pero al tercer día resucitará. Y los discípulos se entristecieron mucho.

Los verdaderos líderes siempre deberían guiar teniendo en vista su partida, estando siempre conscientes de que su prioridad es que ellos mismos dejen esa tarea.

Como líder, usted no puede ponerse el cinturón y amarrarse al asiento del poder con la esperanza de que nadie pueda o intente moverlo. Hacerlo resulta una desventaja para usted porque evita que progrese más allá de su posición actual.

Terminar bien es más importante que comenzar bien. Se trata de cómo un líder completa su labor. Terminar bien depende de qué y a quién deja usted en su lugar. Muchos líderes comienzan con gran impulso, pasión y objetivos nobles. Después dejan que todo eso muera con ellos. Uno de los mayores secretos para finalizar no es hacerlo con un proyecto sino con una persona; terminar, pero no con suceso sino con un sucesor.

El ministerio organizativo de Jesucristo después de dos mil años de continuo crecimiento, expansión y movimientos progresivos es un excelente ejemplo, y prototipo de un líder que acabó bien. Cuando llegó el momento de la transición, Él pasó los últimos meses de su vida concentrado en perfeccionar y refinar a sus sucesores, como se revela en muchas de sus instrucciones, oraciones, y sesiones de mentoría con sus estudiantes. Estaba constantemente consciente de que todo el trabajo que había hecho no era tan importante como terminar bien su misión. En su aspiración por completar y transferir su obra y su visión a su sucesor, hizo las siguientes declaraciones:

> **Lucas 14:28-30**: Supongamos que alguno de ustedes quiere construir una torre. ¿Acaso no se sienta primero a calcular el costo, para ver si tiene suficiente dinero para terminarla? Si echa los cimientos y no puede terminarla, todos los que la vean comenzarán a burlarse de él, y dirán: Este hombre ya no pudo terminar lo que comenzó a construir.

En nuestra época un ejemplo de alguien que finalizó bien fue John Osteen, el pastor carismático que fundó la iglesia Lakewood Church. Comenzó su ministerio en un depósito de alimentos abandonado en Houston, Texas, en 1959 y edificó una congregación multirracial interdenominacional de seis mil personas o más. Tenía un ministerio televisivo mundial y una floreciente obra misionera cuando murió casi sin advertencia cuarenta años después. Joel, el hijo de Osteen, había trabajado con su padre durante diecisiete años produciendo su programa de televisión, pero nunca había predicado hasta la semana anterior a la muerte de Osteen. El joven lo hizo ante la insistencia de su padre enfermo y, él cree, ante la insistencia de Dios para que aceptara la misión. Para darse valor, dijo Joel, usó en el púlpito los zapatos de su padre. Hasta ese momento se esperaba que su padre sobreviviera a su enfermedad, pero murió a los pocos días. Reticente y sintiendo que no estaba preparado, el joven Osteen aceptó, y no solo mantuvo vivo el legado de su padre sino que lo perfeccionó hasta ser un ministerio que se reúne en lo que había sido un campo de deportes, y llena estadios en todo el mundo.

Actualmente la iglesia Lakewood Church cuenta con la congregación más grande de los Estados Unidos, con más de 43 000 adoradores por semana, según su sitio web. El ministerio televisivo de Joel Osteen alcanza a oyentes en cien países, y sus libros son éxitos de ventas del *New York Times*, alcanzando a millones de lectores. Los medios de comunicación lo llaman una de las personas más fascinantes y uno de los cristianos más influyentes de los Estados Unidos. Su padre terminó bien porque había previsto elegir un sucesor. John Osteen vio a su hijo como quien ocuparía su puesto, y antes de morir, había querido que otros vieran a Joel en ese rol.

Mentorizar a un sucesor no es negociable. El líder acepta la responsabilidad de identificar y mentorizar a su sucesor. No es cuestión de "¿Debería?" sino de "¿Cuándo comienzo?". No es una cuestión de si debería hacerlo o no. Es una aceptación del "Debo hacer esto". Un estudio de la filosofía de liderazgo de Jesucristo revela su compromiso consciente para identificar y mentorizar a su estudiante y sucesor, Simón Pedro, hijo de Juan. Considere sus palabras:

> **Juan 16:4-7:** "Y les digo esto para que cuando llegue ese día se acuerden de que ya se lo había advertido. Sin embargo, no les dije esto al principio porque yo estaba con ustedes. Ahora vuelvo al que me envió, pero ninguno de ustedes me pregunta: ¿A dónde vas? Al contrario, como les he dicho estas cosas, se han entristecido mucho. Pero les digo la verdad: Les conviene que me vaya porque, si no lo hago, el Consolador no vendrá a ustedes; en cambio, si me voy, se lo enviaré a ustedes".

Estas palabras revelan no solo que Jesús estaba muy consciente de la naturaleza transitoria de su misión terrenal, y del compromiso con sus discípulos y con la preparación necesaria para ellos a fin de que lo sucedieran. Él también veía su partida como un disparador de un mayor t éxito y un mayor progreso para sus discípulos, y estaba determinado a dejarlos por el éxito de la organización.

Este espíritu de sacrificio está ejemplificado en el relato del padre de Pablo Picasso, que aceptó su destino para nutrir al muchachito que se convertiría en uno de los artistas más reconocidos de su tiempo. Picasso fue mentorizado para la grandeza por su padre, Don José Ruiz y Blasco. Conservador y maestro de arte, Don José reconoció el genio de su hijito, dándole lecciones en su casa y en las academias de bellas artes donde el padre enseñaba. Mientras el joven crecía y florecía bajo esa cuidadosa tutela del padre, el mentor se dio cuenta que el talento de su protegido eclipsaba tanto el suyo propio que ya no tenía nada más que enseñarle. Cuenta la leyenda que el padre de Picasso estaba tan asombrado con el talento de su hijo que le dio al muchacho sus propios pinceles y su propia paleta, jurando que él mismo nunca más volvería a pintar. Don José envió a su hijo a estudiar con los más grandes maestros pero a menudo usó su influencia con periodistas y magistrados en los concursos para promover la obra de Pablo.

Él reconoció la necesidad de ser mentor intencionalmente, para preparar y promover a un sucesor. Es esencial que los líderes no dejen al azar la futura estabilidad, permanencia, y longevidad de sus organizaciones o familias. Los líderes deben ver el proceso de mentoría como una necesidad y un requisito. Ser mentor de un sucesor debe ser tan natural como liderar, y debe convertirse en la motivación para liderar.

Sepa cuándo es el momento de dejar su puesto. Los líderes no quieren pensar en moverse a otra vida más allá de su posición actual. El retiro o la muerte no deberían ser las razones para dejar un puesto. Los líderes deberían irse porque se están moviendo a la próxima fase de su vida. Uno de los secretos de la transición exitosa es preparar a un sucesor mientras prepara su propia sucesión. ¿A qué sucede usted? Eso es tan importante como quién lo sucede a usted. Algunos líderes han analizado esto detalladamente. A la edad de 71 años, Howard Dodson Jr., el director del Centro Schomburg para la Investigación de la Cultura Negra, de la Biblioteca Pública de la ciudad de Nueva York, miraba hacia la siguiente fase. Dodson, a quien se le había atribuido el liderazgo visionario en la preservación histórica, anunció casi con un año de anticipación que había planeado retirarse en 2011 para que se pudiera comenzar la búsqueda de un sucesor. Mientras otros se enfocaban en su extensa lista de logros después de un cuarto de siglo al mando de una prestigiosa institución a la que condujo a la grandeza, él ya tenía una agenda para los futuros descubrimientos y las expediciones de aprendizaje. En una entrevista para la revista *The New Yorker*, dijo que pronto se estaría dirigiendo hacia Xi'an-China, Machu Pichu —Perú— y Etiopía para ver por sí mismo algunos de los tesoros del mundo. Ese era su tiempo, no solo para irse sino también para hacer otras cosas.

Tal vez, como historiador era consciente de que la historia antigua y contemporánea está repleta de líderes que llegaron a estar tan poseídos por su propio sentido de importancia, poder, e influencia que querían que los sepultaran en sus oficinas, tener sus puestos como tumbas, y los elogios de sus admiradores como coronas fúnebres. Nada es tan adictivo y nocivo como el poder, la autoridad y la influencia. Una de las decisiones más difíciles que la mayoría de los líderes debe tomar es entregar las riendas del poder a otro. Los verdaderos líderes deben ser lo suficientemente seguros como para irse, y lo suficientemente intrépidos como para afrontar su propio futuro.

Saber cuándo dejar un puesto es esencial y crítico para el liderazgo, y cualquier desacierto en el manejo del delicado proceso puede desmantelar y destruir años de ardua labor y de inversiones de recursos y capital humano. Este principio es tan vital para el éxito de la organización que es mejor que el líder se vaya demasiado pronto en vez de que permanezca demasiado.

¿Podría imaginarse usted a un jugador de campeonato de básquet o fútbol que siguiera jugando en el equipo hasta mucho después de la edad de retirarse, intentando correr por la cancha con los jugadores jóvenes ansiosos de fama y gloria? Ese campeón se convertiría en el ridículo y la desgracia de toda la organización. Por eso los grandes jugadores se retiran cuando están en la cima de su juego. Los grandes CEO se retiran en la cúspide de su éxito. Los grandes líderes espirituales se retiran cuando son célebres y no cuando meramente se los tolera. Los verdaderos líderes no ven la última señal para dejar su puesto en la muerte, sino más bien en el sentido de cumplimiento de su fase y contribución al continuo avance de una visión mayor y más noble que su propia existencia.

Uno de los mejores ejemplos que tenemos del saber cuándo salir es el ex presidente de Sudáfrica, Nelson Mandela. Después de haber logrado la más alta posición en su nación y de alcanzar un objetivo que deseó por décadas —uno que demandó el sacrificio de su libertad personal—, decidió dejarlo ir después de cumplir un solo período. Su sentido del liderazgo de transición y de la necesidad de ser mentor de un sucesor fue más fuerte que su deseo de poder, influencia y control. Mandela es el prototipo del verdadero espíritu de liderazgo. Él entregó a su sucesor, Thabo Mbeki, todo el poder y la influencia de treinta años de luchas en una ceremonia de treinta minutos.

No abuse de su tiempo. Los líderes que permanecen demasiado tiempo en su puesto, causan más daño que quienes se van demasiado pronto. Es mejor irse antes que quedarse demasiado y retrasar el desarrollo de la próxima generación de líderes. Cuando Fidel Castro se hizo a un lado como líder de Cuba en 2008, a los 82 años, era el centro de muchas críticas y burlas, incluso por miembros de su propia familia, además de acusaciones de corrupción. Sus raras apariciones en público parecían servir meramente como recordatorios de que su debilitado aspecto tenía poca similitud con la figura asombrosa y extrovertida que se recordaba desde sus primeras proezas como líder de una revolución.

Ese es un fuerte contraste con Jesús, que supo cuando había llegado su tiempo y estuvo preparado para entregar el mando. Considere su oración al Padre:

> **Juan 17:1-18:** "Padre, ha llegado la hora. Glorifica a tu Hijo, para que tu Hijo te glorifique a ti, ya que le has conferido autoridad sobre todo mortal para que él les conceda vida eterna a todos los que le has dado. Y ésta es la vida eterna: que te conozcan a ti, el único Dios verdadero, y a Jesucristo, a quien tú has enviado. Yo te he glorificado en la tierra, y he llevado a cabo la obra que me encomendaste. Y ahora, Padre, glorifícame en tu presencia con la gloria que tuve contigo antes de que el mundo existiera. A los que me diste del mundo les he revelado quién eres. Eran tuyos; tú me los diste y ellos han obedecido tu palabra. Ahora saben que todo lo que me has dado viene de ti, porque les he entregado las palabras que me diste, y ellos las aceptaron; saben con certeza que salí de ti, y han creído que tú me enviaste. Ruego por ellos. No ruego por el mundo, sino por los que me has dado, porque son tuyos. Todo lo que yo tengo es tuyo, y todo lo que tú tienes es mío; y por medio de ellos he sido glorificado. Ya no voy a estar por más tiempo en el mundo, pero ellos están todavía en el mundo, y yo vuelvo a ti. Padre santo, protégelos con el poder de tu nombre, el nombre que me diste, para que sean uno, lo mismo que nosotros. Mientras estaba con ellos, los protegía y los preservaba mediante el nombre que me diste, y ninguno se perdió sino aquel que nació para perderse, a fin de que se cumpliera la Escritura. Ahora vuelvo a ti, pero digo estas cosas mientras todavía estoy en el mundo, para que tengan mi alegría en plenitud. Yo les he entregado tu palabra, y el mundo los ha odiado porque no son del mundo, como tampoco yo soy del mundo. No te pido que los quites del mundo, sino que los protejas del maligno. Ellos no son del mundo, como tampoco lo soy yo. Santifícalos en la verdad;

tu palabra es la verdad. Como tú me enviaste al mundo, yo los envío también al mundo".

Estas palabras expresan el estado emocional y psicológico de Jesucristo durante los últimos días de su vida en la tierra así como cuán consciente era de la naturaleza transitoria de su misión. No solo comunica su inevitable partida sino también su confianza en la capacidad de los discípulos para continuar su obra por medio de la relación personal que tenían con su Padre celestial. En esencia, les delegó no solo la visión y la misión de su tarea, sino además su relación con su Padre. **Comprenda que su mayor contribución al futuro es su sucesor.** La gente suele pasar por alto este gran secreto. Estoy convencido de que su sucesor debería sucederlo mientras usted vive. No espere a tomar las decisiones de su sucesión en su lecho de muerte, ni deje a otros sin haberlos mentorizado, preparado o designado su reemplazante. El secreto está en comprender que cuando su sucesor tenga éxito, usted habrá realizado su mayor contribución.

Jesús estableció una prioridad para el liderazgo y se mantuvo concentrado conscientemente no solo en comenzar un proyecto sino también en completarlo eficazmente, expresando una profunda dedicación a cumplir su fase como líder visionario. Observe las siguientes afirmaciones:

> **Juan 4:34:** "Mi alimento es hacer la voluntad del que me envió y terminar su obra —les dijo Jesús—".

> **Juan 4:37-38:** "Porque como dice el refrán: Uno es el que siembra y otro el que cosecha. Yo los he enviado a ustedes a cosechar lo que no les costó ningún trabajo. Otros se han fatigado trabajando, y ustedes han cosechado el fruto de ese trabajo".

El principio de que uno siembra y otro cosecha implica que los verdaderos líderes siempre son conscientes de que no fueron llamados para terminar la carrera solos sino para preparar a los sucesores a fin de que recojan su porción de historia y completen su fase. Es obvio que el sucesor elegido por Jesucristo, Simón Pedro, no tuvo que crear la visión del reino de Dios. Fue preparada por su líder. Él cosechó los beneficios de la ardua labor de Jesús incluso hasta la muerte.

> **Juan 17:4**: "Yo te he glorificado en la tierra, y he llevado a cabo la obra que me encomendaste".

Un ejemplo de nuestros días, el Dalai Lama, considerado el líder espiritual y temporal de los budistas tibetanos, impactó a algunos de sus seguidores cuando comenzó a hablar de un plan de sucesión, porque la tradición sostiene que la sucesión del Dalai Lama es por reencarnación de una extensa línea de predecesores. En años recientes, sin embargo, el Dalai Lama reinante ha hablado públicamente de la posibilidad de hacer un referéndum antes de su muerte, permitiendo al pueblo tibetano tener voz en la elección de un sucesor.

"Cuando mi condición física se debilite, y haya serios preparativos para mi muerte, entonces debería realizarse (el referéndum)", le dijo a una multitud de líderes religiosos mundiales reunidos en la India, según se citó en freeTibet.com.

Algunas personas atacaron esta idea como una herejía, pero el Dalai Lama insistió en que estaba de acuerdo con la tradición budista y que la reencarnación o sucesión de la institución del Dalai Lama no era necesariamente automática sino que estaba sujeta a la aprobación del pueblo. Este líder sumamente admirado se refirió a sí mismo en su sitio web, www.dalailama.com, como un simple "monje budista" y en una entrevista de su sitio web, hasta bromeó que ya estaba en un "semiretiro" después de la selección de un administrador para que manejara los asuntos temporales del Tibet en 2011.

Él hizo su mayor contribución al futuro preparando el camino para la sucesión y eligiendo a alguien que manejara las operaciones cotidianas mientras él seguía estando allí para mostrar el camino, tal como Jesús comenzó a preparar a Pedro.

Como líder inspirador con pasión, visión y propósito, usted es único. El mundo se ha beneficiado con su don. Usted ha alcanzado el pináculo del éxito. Pero es mortal. Si está pensando en la sucesión, probablemente mantiene una posición de responsabilidad. Sabe que es necesario moverse hacia cosas mayores.

Mire a su alrededor. Evalúe a sus colegas. ¿Quién podría reemplazarlo a usted?

Punto para recordar:
Mida el éxito por el suceso de los sucesores.

Capítulo 4

Visión y sucesión

Yo ESTABA DE pie entre cientos de asombrados visitantes, jóvenes y ancianos, de muchas naciones, en el centro de un salón repleto de imponentes estatuas de hombres y mujeres que fueron artífices de una nación que ha influenciado al mundo como ninguna otra desde que el Imperio romano gobernó el mundo conocido. Muchas de estas imágenes eran muy conocidas, y otras eran nuevas para mí como turista de las Bahamas de pie entre las estatuas de la rotonda del Capitolio de los Estados Unidos. Las esculturas tenían una cosa en común. Eran la evidencia de un legado de la preservación, el mantenimiento, la protección, y, lo más importante, la transferencia exitosa de la visión de una nación y una ideología de gobierno que todavía permanece como un testimonio de la realidad de la sucesión.

Colgada de una de las paredes había una imagen que me llevaba a lo que, como indicaba la inscripción en la placa inferior, era una pintura de los "Padres Fundadores" de los Estados Unidos de América. Mientras estaba de pie asombrado con la sobrecogedora impresión de lo que esos pocos hombres habían hecho, casi podía oír las voces silenciosas surgiendo de las obras de arte intercambiando palabras, debatiendo, y poniéndose de acuerdo sobre una visión que constituiría los fundamentos de una nación que superaría a todas las naciones modernas y establecería un estándar a seguir para muchas otras. Esos hombres engendraron la visión y aprobaron el curso de una democracia que rivalizaría con cualquier gran imperio de la historia. Sin embargo, el mayor impacto que todo esto tuvo en mi mente inquisidora fue al darme cuenta de que después de casi doscientos cincuenta años, los fundamentos del gran documento que escribieron los Fundadores sigue estando tan vigente como cuando recién lo redactaron y agregaron sus firmas para validarlo. Esto, para mí, era uno de los mayores actos de sucesión exitosa.

La capacidad de concebir y documentar una visión no es tan difícil como pasar esa visión a las generaciones siguientes. En este capítulo, quiero tratar este aspecto sumamente importante de la mentoría y de sucesión: pasar la visión para el futuro.

A los niños muy pequeños suele costarles comprender que en un tiempo ellos no existían. A tan tierna edad, no tienen visión del pasado, y las fotografías o relatos familiares que no los incluyen pueden confundirlos. "¿Dónde estaba yo?", puede preguntar un preescolar.

"Para comprender la necesidad de la sucesión, un líder debe tener una visión del futuro".

De manera similar, las personas mayores tienen dificultad para visualizar el futuro que sin ellos estén allí: un tiempo en el que estarán ausentes del álbum familiar.

Pero deben saber que vendrá el tiempo en que estarán fuera del cuadro, y la vida continuará para otros. Nunca es demasiado pronto para pensar qué le sucederá a su familia, su organización y su legado cuando usted sea meramente un recuerdo y una imagen de fotografía en el lugar.

En el reino del león, la madre tiene la visión de saber que los cachorros crecerán y un día tendrán que alimentarse por sí mismos. La leona sabe esto mucho antes de que sus bebés capten el concepto de un tiempo en que ella no estará allí para cazarles su comida mientras ellos descansan y observan desde un lugar seguro.

El aspecto más importante de la conducta de las leonas es que permiten que los cachorritos *observen* la acción. Esto es crítico, ya que va más allá de la comunicación por medio del sonido, o del habla en el caso de los humanos, para proveer a los leoncitos *imágenes visuales del futuro*. En esencia, los leones adultos transfieren la *visión de futuro* a su posteridad. Ser mentor consiste en entrenar y preparar para el futuro; la sucesión trata de la transferencia y la transición hacia el futuro. Si su visión muere con usted, usted es un fracaso. Como compartí anteriormente, el éxito está relacionado con la sucesión. Usted es verdaderamente exitoso cuando la próxima generación y las subsiguientes preservan y comprenden el futuro.

El papel de la visión en la sucesión

Donde no hay visión, la mentoría y la sucesión son innecesarias. La visión *es* el propósito para mentorizar y la motivación para la sucesión. Todo intento de discutir el tema de la visión es como meter una taza en el océano en un esfuerzo por explicar la extensión del agua. Sin embargo, tratemos de comprender el principio básico de la visión y el papel vital que cumple en el proceso de mentoría y en la sucesión. Durante treinta años he estudiado y explorado este amplio tema de la visión, y sus múltiples facetas y perspectivas me siguen intrigando. Sin embargo, para los fines de este libro, simplificaré la definición de esta manera:

* La verdadera visión es una causa humana digna del propio sacrificio
* La verdadera visión es una concepción del futuro más noble que la autopreservación.
* La verdadera visión es el destino en imágenes.
* La verdadera visión es el propósito divino en Technicolor.
* La verdadera visión es un concepto de un futuro preferible al pasado y el presente.
* La verdadera visión siempre beneficia a las generaciones siguientes.

Lo que no es la visión

En los pasados treinta años he hablado a millones de líderes y aspirantes a líderes sobre el tema de la visión y su vital papel en el liderazgo. Cuando les pregunto a los líderes si tienen una visión y si pueden describirla o definirla, me asombra que muchos no pasen la prueba. La manera en que algunos líderes describen la visión explica por qué no pueden alcanzar los resultados deseados. Me transmiten una afirmación de una misión general con vagos conceptos de cambiar al mundo entero, pero sin una percepción específica del futuro.

Los siguientes son algunos criterios para demarcar lo que no es una genuina visión:

* La visión no es una invención humana del futuro.
* La visión no es una concepción de su perspectiva privada del futuro.
* La visión no es una ambición personal, privada o egoísta.
* La visión no es un objetivo, sino que genera objetivos.
* La visión no es una complicada lista de programas, sino que genera programas.

- La visión no es una mera visión física, sino una percepción del futuro invisible.
- La visión no es ambición, sino que inspira en uno mismo el servicio.
- La verdadera visión no es para autopromoverse, sino para promover a otros.
- La genuina visión nunca destruye la humanidad, sino que edifica y preserva el valor y la dignidad humanos.
- La verdadera visión no puede ser completada durante su vida, sino que se extiende a otras generaciones.

Este último punto es lo que hace necesarios a la mentoría y la sucesión. La verdadera visión atraviesa las generaciones. Para comprender la necesidad de la sucesión, un líder debe tener una visión del futuro —un futuro en el que ese líder no tendrá un rol activo. Para algunas personas eso es difícil de imaginar, pero tal visión es crucial para planificar la sucesión. ¿Quién quedará después de usted? ¿Quién proveerá para otros? ¿Quién perpetuará el legado?

La visión es la esencia del liderazgo y el propósito por el cual mentorizar para la sucesión. Por lo tanto, un líder visionario es uno que ve más allá de su fase y percibe la necesidad de incorporar a otros al proceso de su recorrido. Los líderes deben ver más, ver más lejos, y ver antes de que los demás vean. Este espíritu visionario separa a los verdaderos líderes y estadistas que tienen un espíritu de mentores de los simples políticos y directores enfocados en las necesidades y deseos actuales. Esto es lo que los separa:

- Los políticos se enfocan en programas. El líder se enfoca en la visión.
- La prioridad del político es asegurarse la próxima elección. La prioridad del líder es asegurar a la próxima generación.
- El político se preocupa por las *promesas*. El líder se preocupa por perseguir el *propósito*.
- El político piensa en proteger su sillón político. El líder, en preparar un reemplazo que ocupe su sillón.
- El político busca tener poder sobre su generación. El líder busca conferir poder a la próxima generación.

La visión y el visionario

Un líder nace cuando un individuo se despierta ante una necesidad humana que se convierte en una obsesión personal y una pasión motivadora, encendiendo un compromiso y una dedicación que se vuelven más importantes que la autopreservación, cultivando una disposición al sacrificio personal. Esta obsesión termina por manifestarse en percepciones e imágenes que nosotros llamamos visión. La verdadera visión siempre producirá sacrificio y requerirá sacrificio. Sin embargo, la verdadera visión también tiene una magnitud que traspasa los límites de nuestra corta existencia en el planeta Tierra.

Usted como líder de cualquier categoría debe comprender esta naturaleza expansiva de la visión si va a obtener verdadero éxito. Observe unos pocos principios importantes de la visión y el visionario que se requieren para abrazar los principios de mentoría y sucesión:

La visión siempre es mayor que el visionario. Este principio subraya el hecho de que la verdadera visión siempre será más amplia que quien la concibió. El visionario debe aceptar la realidad de que él o ella no cumplirán o completarán la visión —ni deberían esperar hacerlo— en el término de su servicio de liderazgo o de su vida en la tierra.

El visionario es el catalizador de la visión. La visión es mayor que el catalizador. El visionario es el canal para transmitir la misión transgeneracional. Es el responsable de recibir, definir, aclarar, simplificar, comunicar y transferir la visión a otros y de atraerlos e inspirarlos a la causa del esfuerzo corporativo. Este principio implica que el visionario nunca debe creer que él *es* la visión o el centro o fuente de la visión.

La visión es transgeneracional. Es importante que todos los líderes comprendan este principio, y debería convertirse en el fundamento de la obligación del líder de preparar futuros líderes. La visión nunca es dada para una sola generación, sino que se transfiere como fideicomiso del liderazgo de la época. La verdadera visión es dinámica, fluida y flexible. Cada generación de líderes tiene una deuda de visión con la siguiente generación. Ignorar estos principios ha sido la causa del gran fracaso de los líderes a lo largo de la historia.

La visión es transferible. Este principio significa que la verdadera visión puede servir a cualquier generación de la historia y por lo tanto debe ser capaz de moverse de una generación, cultura, contexto social y grupo etario, a otro. En esencia, la verdadera visión puede ser tomada y continuada por una nueva generación.

La visión se cumple en fases. Este principio enfatiza que toda verdadera visión es transgeneracional y se extiende más allá del lapso de vida del visionario. Este precepto libera al visionario de la presión de completar la visión en su vida o en su tiempo de servicio en el liderazgo. Este concepto lo hace responsable de identificar la *fase* específica para la cual a él o ella le toca ser el relevo, y de estar dispuesto a entregar la siguiente fase a su sucesor mentorizado.

La visión es personal pero nunca privada. Este principio resalta la realidad de que los verdaderos visionarios reciben la visión personalmente pero siempre son conscientes de que esa visión es un fideicomiso para entregar a su comunidad, a su nación o a la próxima generación. El visionario es un administrador. La visión nunca es para uso privado sino para el servicio público. Una verdadera visión es una deuda que tenemos con el mundo presente y futuro.

La visión tiene su tiempo. Este concepto subraya el principio de que toda verdadera visión está diseñada para cumplirse en el marco de tiempo del calendario de Dios. Toda visión y propósito divinos tienen adjunto un tiempo divino. ("Todo tiene su momento oportuno; hay un tiempo para todo lo que se hace bajo el cielo". Eclesiastés 3:1). El visionario debe ser sensible no solo a su *fase* sino también a los *tiempos* de la visión. Por lo tanto, es posible intentar realizar una visión prematuramente y sabotear su potencial.

Otro aspecto crucial de la visión es que es más importante que el visionario. Esta afirmación puede sonar sencilla, pero muchos líderes han cometido el error de creer que la visión era asunto de *ellos* y que ellos eran la fuente y el fundamento de dicha visión. Viven según el concepto de que la visión no puede existir o no puede realizarse sin ellos. Este grave y peligroso error o engaño, puede ocasionar multitud de errores y resultados negativos, incluyendo depresión, agotamiento, frustración, impaciencia y conflicto interno. Muchos líderes se han encontrado destituidos, acusados, censurados, despedidos o excluidos por causa de tal concepto. Las palabras del rey Salomón traen mucha claridad sobre este peligro y podrían protegernos de un sentido equivocado de autosuficiencia. "Donde no hay visión, el pueblo se desenfrena, pero bienaventurado es el que guarda la ley" (Proverbios 29:18, LBLA).

Estas palabras de Salomón probadas por el tiempo están llenas de sabio consejo para los líderes visionarios. Nos recuerdan lo siguiente: **La visión es la fuente de disciplina personal y corporativa.** La palabra traducida por LBLA como "se desenfrena", usada en este contexto, se deriva de un concepto de "sacar de control" o perder el dominio propio. La visión crea un espíritu de disciplina personal y corporativa que mantiene centrado a un grupo u organización.

La visión es más importante que el líder. Por favor observe que en la anterior afirmación el rey Salomón no dice: "Donde no hay un líder el pueblo se desenfrena", sino "Donde no hay *visión, el* pueblo se desenfrena", pierde la disciplina. El principio que se resalta aquí es que el líder visionario puede presentar y compartir la visión, pero esta se vuelve más importante que el líder. El líder no es prescindible pero la visión es imprescindible. El líder es temporal, pero la visión es permanente. El líder es para su generación. La visión es transgeneracional. El líder es para una fase. La visión es para siempre.

La gente no sigue a los líderes; sigue a la *visión*. La afirmación enseña además el principio de que las personas pueden ser atraídas por el visionario, pero deben estar y estarán comprometidas con la visión. La mayor responsabilidad de un líder no es atraer seguidores, sino transferir la lealtad a la visión. El liderazgo genuino mueve a las personas de la personalidad al propósito.

Cuando el líder muere, la *visión* debe seguir viviendo. Este principio es inherente a la sabia declaración del rey Salomón y dirige la atención al principio de que la visión debe perdurar y perdurará más allá del visionario y se extenderá más allá de su influencia. Mi conclusión es que el mayor regalo que un líder puede dar a sus seguidores es una visión (del futuro).

Estos importantes principios conforman la motivación y el fundamento de este libro. Solo cuando un líder comprende, aprecia y acepta la realidad de que el verdadero liderazgo siempre es transicional y progresivo él o ella se comprometerán voluntariamente a la crucial tarea de ser mentor de los sucesores.

Primero, los verdaderos líderes deben ver en las personas de su ruedo de lo que pueden ver en sí mismos. Como líder, usted debe ser consciente de las personas a quienes vale la pena mentorizar, de entre quienes lo rodean, aun cuando ellas mismas no lo vean así. Segundo, los líderes ven más lejos que otros. Como líder, vea la vida después de su muerte y proyéctela. Al ser mentor, usted dar forma a su futuro más allá de la tumba. Tercero, los líderes son capaces de ver las cosas mucho antes de que otros las vean.

Los líderes son conscientes de y sensibles a todo lo que afecta su misión y su visión. Son rápidos para interpretar señales y eventos y para discernir sus efectos sobre las prioridades de los líderes. Siempre están pensando en cómo el presente afectará el futuro. Piensan, "Ah, mejor pongo eso en su lugar para el caso de que yo no esté aquí. Debería arreglar esto antes de irme. Es necesario que provea para esto antes de irme".

Hay un tremendo ejemplo de mentoría y sucesión exitosos en el registro del Antiguo Testamento, el del gran rey David y su evidente compromiso de mentorizar y transferir su visión y sus planes para el futuro templo de adoración para su pueblo. ¡Qué personaje tan interesante!

El rey David, que fue tal vez el rey más grande de Israel, tenía la visión de una nación pacífica y próspera, libre de guerras y conflictos. Además llevaba en su corazón la visión de construir un lugar permanente de adoración a Dios, de modo que el pueblo pudiera establecerse y tener una sede central. Lo asombroso es que David cumplió su fase de esta gran visión. Sometió a todos los enemigos de la nación y lo confirmó edificando la capital del reino, llamada Jerusalén, que significa "ciudad de paz".

Sin embargo, como era un verdadero líder, y tal vez recordando el fracaso de su predecesor, el rey Saúl, el rey David era sumamente consciente de que o era imprescindible, y de que no podía completar la visión que mantenía en su corazón. Fue esa conciencia lo que motivó a David a comenzar a mentorizar a su hijo Salomón. David no dejó al azar la mentoría de su hijo. La realizó intencionalmente, pasando horas y días enseñando, instruyendo, y dándole un modelo de liderazgo —sabiduría— para su posteridad. Prueba de su programa de mentoría es el contenido de uno de los libros más importantes del texto bíblico, el libro de los Proverbios. Note como inicia Salomón su libro:

Proverbios 1:1-5

Proverbios de Salomón hijo de David, rey de Israel:
para adquirir sabiduría y disciplina;
para discernir palabras de inteligencia;

para recibir la corrección que dan la prudencia,

la rectitud, la justicia y la equidad;

para infundir sagacidad en los inexpertos,
conocimiento y discreción en los jóvenes.
Escuche esto el sabio, y aumente su saber;
reciba dirección el entendido.

El rey Salomón enfatiza repetidamente la necesidad de escuchar las instrucciones de su padre y los mandamientos de su madre:

Proverbios 1:8-10

Hijo mío, escucha las correcciones de tu padre
y no abandones las enseñanzas de tu madre.

Adornarán tu cabeza como una diadema;
adornarán tu cuello como un collar.

Hijo mío, si los pecadores quieren engañarte,
no vayas con ellos.

Proverbios 3:1-3

Hijo mío, no te olvides de mis enseñanzas; más bien, guarda en tu corazón mis mandamientos.

Porque prolongarán tu vida muchos años y te traerán prosperidad. Que nunca te abandonen el amor y la verdad: llévalos siempre alrededor de tu cuello y escríbelos en el libro de tu corazón.

Estas palabras indican que el rey David fue mentor de Salomón y que el hijo entendió el valor de la mentoría para la sucesión.

Una mentoría exitosa y un ejemplo de sucesión

La visión del rey David de construir el templo de adoración al Dios de Israel fue un proyecto que una vez pensó que tenía que cumplir él mismo. Sin embargo, como dije, aprendió que la visión siempre es mayor, más grande, y más prolongada que la vida útil del visionario. El rey David es uno de los ejemplos de liderazgo, mentoría y sucesión más exitosos de la historia. Veamos un registro del éxito de su proceso:

> **1 Crónicas 28:10-13**: "Ten presente que el Señor te ha escogido para que le edifiques un templo como santuario suyo. Así que ¡anímate y pon manos a la obra! Luego David le

entregó a Salomón el diseño del pórtico del templo, de sus edificios, de los almacenes, de las habitaciones superiores, de los cuartos interiores y del lugar del propiciatorio. También le entregó el diseño de todo lo que había planeado para los atrios del templo del Señor, para los cuartos de alrededor, para los tesoros del templo de Dios y para los depósitos de las ofrendas sagradas. Así mismo, le dio instrucciones en cuanto a la labor de los sacerdotes y levitas, y de todos los servicios del templo del Señor y de todos los utensilios sagrados que se usarían en el servicio del templo.

El proceso de mentoría y sucesión del rey David a Salomón es un inspirador caso de estudio para el enfoque de este libro: Siga la progresión de este registro:

1 Reyes 5:1-7: "El rey Hiram de Tiro siempre había tenido buenas relaciones con David, así que al saber que Salomón había sido ungido para suceder en el trono a su padre David, le mandó una embajada. En respuesta, Salomón le envió este mensaje: Tú bien sabes que, debido a las guerras en que mi padre David se vio envuelto, no le fue posible construir un templo en honor del Señor su Dios. Tuvo que esperar hasta que el Señor sometiera a sus enemigos bajo su dominio. Pues bien, ahora el Señor mi Dios me ha dado paz por todas partes, de modo que no me amenazan ni adversarios ni calamidades. Por lo tanto me propongo construir un templo en honor del Señor mi Dios, pues él le prometió a mi padre David: Tu hijo, a quien pondré en el trono como sucesor tuyo, construirá el templo en mi honor. Ahora, pues, ordena que se talen para mí cedros del Líbano. Mis obreros trabajarán con los tuyos, y yo te pagaré el salario que determines para tus obreros. Tú sabes que no hay entre nosotros quien sepa talar madera tan bien como los sidonios. Cuando Hiram oyó el mensaje de Salomón, se alegró mucho y dijo: ¡Alabado sea hoy el Señor, porque le ha dado a David un hijo sabio para gobernar a esta gran nación!"

1 Reyes 8:17–21: "Pues bien, mi padre David tuvo mucho interés en construir un templo en honor del Señor, Dios de Israel, pero el Señor le dijo: Me agrada que te hayas interesado en construir un templo en mi honor. Sin embargo, no serás tú quien me lo construya, sino un hijo de tus entrañas; él será quien construya el templo en mi honor. Ahora el Señor ha cumplido su promesa: Tal como lo prometió, he sucedido a mi padre David en el trono de Israel y he construido el templo en honor del Señor, Dios de Israel. Allí he fijado un lugar para el arca, en la cual está el pacto que el Señor hizo con nuestros antepasados cuando los sacó de Egipto".

Este es un registro que debemos estudiar cuidadosamente para aprender los principios y el proceso implementado por el rey David para obtener una transición de liderazgo tan exitosa. El rey David no solo transfirió la visión y discípuló a su sucesor sino que además preparó los recursos y los materiales para facilitar el éxito de la siguiente generación. Esos recursos incluían los medios financieros, el equipamiento, y los materiales de construcción, además de compartir la sabiduría y la experiencia de su equipo de liderazgo para completar el proyecto que él sabía que no podría construir. Fue capaz de ver más allá del tiempo de su vida.

Salomón llevó a cabo la visión de David, y cuando hubo completado el edificio, llevó al templo los objetos que David había separado como su padre lo previó.

> **1 Reyes 7:51:** "Una vez terminada toda la obra que el rey había mandado hacer para el templo del Señor, Salomón hizo traer el oro, la plata y los utensilios que su padre David había consagrado, y los depositó en el tesoro del templo del Señor".

El rey David vio más de lo que otros ven; vio más lejos que otros y vio las cosas antes de que otros las vieran. Se requería un líder visionario para "ver" el templo y el plan de construcción. Se requería un líder visionario para saber lo que iría dentro del templo. Se requería un líder visionario para mentorizar a un sucesor que tomara la visión e hiciera el trabajo necesario para llevarla a cabo. Un líder visionario ve los planes que el Espíritu pone en su mente.

¿Usted piensa y ve más allá de lo que otros ven? Las decisiones que tome asegurarán el futuro si usted es un líder visionario. Su interés debería estar en el futuro porque allí es donde va a pasar el resto de su vida. La visión que David tuvo del futuro de su nación motivó sus acciones en su época y se convirtió en el incentivo para ser mentor de su hijo Salomón y proveer los recursos para su éxito futuro. La visión es el propósito y la motivación para mentorizar a su sucesor. **El liderazgo nace cuando se capta la visión.** Cuando una persona capta la visión del futuro que vale la pena del sacrificio, esa persona es un líder. La titularidad del líder finaliza cuando la visión es realizada o lograda, lo cual podría ocurrir en el lapso de su vida o en el de dos vidas, pero la visión es lo que provee la motivación para mentorizar y elegir a un sucesor. La visión provee el plan de acción para un futuro que se extiende más allá de la duración de una vida. La visión le permite a usted ver que otro termina el templo. La visión le muestra como se verá el cuadro cuando usted ya no esté por allí para representárselo. La visión lo motiva a ver que sus "cachorros" saben cómo acechar una presa para alimentarse por sí mismos. El liderazgo sin visión es simplemente una administración de objetivos. La visión da significado al liderazgo. Provee al liderazgo dirección y fuerza. El liderazgo existe para el propósito de la visión. El liderazgo comienza y termina con la visión.

El liderazgo es una inversión corporativa en esperanza. Un líder es un consignatario de esperanza. Su tarea como líder requiere que sea mentor de otros. Al mentorizarlos, usted les da el incentivo para invertir sus vidas, su energía, sus recursos y sus ambiciones en una esperanza de un futuro que creen que será mejor que el presente. Esta esperanza les alimenta el deseo de llevar adelante su visión y proteger su legado.

Para un líder, la visión es realidad. Los líderes normalmente viven en otro mundo. Por esa razón la gente piensa que los líderes visionarios son ingenuos o los considera poco realistas. Sin embargo, la naturaleza poco realista de los líderes es lo que los hace importantes para usted. El mundo necesita personas que crean en cosas que otros no pueden ver para que puedan dejar de ser víctimas de lo que sí pueden ver. El mundo necesita gente que pueda "ver" el templo donde solamente hay una idea o una pila de material en bruto.

El componente más importante del liderazgo no es el poder, sino la visión. La gente quiere obtener posiciones de poder: políticos, predicadores y ejecutivos empresariales, todos caen víctimas de esta persecución tan peligrosa. Ansían poder cuando en realidad la visión es más importante porque se supone que el poder se usa para servir y cumplir la visión. La visión provee ímpetu para el liderazgo.

La visión es también la medida del liderazgo. ¿Cómo mide usted su liderazgo? Mídalo por la visión que quiere alcanzar. Mídalo por la visión de un futuro en el cual usted ya no estará para seguir tratando de alcanzarla. Si yo quisiera determinar lo bien que un líder se está desempeñando, lo mediría por lo que se había propuesto hacer, lo que afirma que desea hacer, y lo que hizo para tratar de que eso siga adelante más allá de su vida.

La gente también me pregunta: "¿Qué lo mantiene inspirado?" Les digo que me inspira lo que veo que todavía no ha ocurrido. Hacer algo que nadie ha hecho antes es mi inspiración. Creo que esta visión le permite al líder soportar la crítica, la oposición, los detractores, y la incomodidad. Permite que el líder demore la gratificación. La visión es tan poderosa que permite a los líderes soportar las dificultades, la angustia y la cárcel. Es algo tan poderoso que hasta puede permitir que el líder acepte la muerte. El Dr. Martin Luther King Jr. planeó ir a la cárcel y aceptó que podría morir para alcanzar su visión. Jesús se propuso morir para hacer realidad su visión de un nuevo mundo.

La Biblia dice de Jesús que "por el gozo que le esperaba, soportó la cruz, menospreciando la vergüenza que ella significaba, y ahora está sentado a la derecha del trono de Dios" (Hebreos 12:2). Esto nos dice que la visión le permite a usted ver un futuro más allá del sufrimiento, hacia una digna meta final.

Pensar en imágenes

La visión siempre es mayor y más sublime que el visionario. En eso consiste el liderazgo. Alguien me preguntó hace algunos años: "¿Qué es la visión?" Visión es la capacidad de ver más allá de sus ojos. La visión es la capacidad de ver lo invisible y creer lo imposible. La visión es el propósito en imágenes. La visión es la capacidad de ver el futuro en Technicolor. La visión es documentar detalles de una vida deseable.

Los visionarios pueden captar asombrosamente el futuro en detalle. Hace poco, una película realizada para televisión mostraba la vida de la Dra. Temple Grandin, una mujer extraordinaria que tenía autismo y se superó en parte *debido* a eso. Lo que otros verían como una limitación da forma a su visión y le permite maximizar sus dones. Ella usa algunas de las características de una condición que otros consideran una discapacidad como fuerzas para ayudarle a ver cómo planificar sistemas para contener y manejar animales. Grandin es una profesora de ciencias veterinarias cuyos revolucionarios sistemas se ocupan de la mitad de los animales de cría de los Estados Unidos.

Ella explica cómo la acentuada sensibilidad, compulsión y concentración que pueden casi inutilizar a muchas personas con autismo, le permiten sentir lo que sienten los animales, ver lo que ven, y planificar su visión de las soluciones que tiene en su cabeza con tanto detalle que puede dirigir a otros para que las hagan. Como profesora, mentoriza a otros para que hagan lo mismo. Como conferencista, ayuda a comprender a los animales y a las personas que comparten su condición. Da crédito al hecho de que ella "piensa en imágenes" por su asombrosa habilidad. Ella es una visionaria.

Yo vivo como un visionario. Uno se convierte en líder cuando ve lo invisible. La visión es una perspectiva conceptual del futuro. La visión es una vislumbre de la razón de su existencia. La visión es la percepción de la misión divina para su vida y más allá de ella. La visión lo inspira a usted a ser mentor del constructor del templo y "ver" la obra terminada, un lugar al que usted nunca entrará, lleno de los tesoros que usted almacenó para ese día.

Puntos para recordar:

La visión siempre es mayor que el visionario.

La visión es el propósito en imágenes.

Capítulo 5

¿Es usted tan valiente como para ser mentor?

AUNQUE LA REPUTACIÓN de valentía del león proviene de su predominio sobre otros animales de la selva, tal vez lo más valiente que hace es preparar a su cría para que se valga por sí misma. En nuestras vidas, juzgamos un acto de valentía hasta considerar renunciar al poder. El ser mentor requiere valentía en múltiples aspectos.

- Requiere valentía entrenar a su reemplazante.
- Requiere valentía hacerse usted mismo innecesario.
- Requiere valentía autoexcluirse de un trabajo.
- Requiere valentía entrenar a la persona que asegurará que usted no permanezca.

Lo último que cualquiera de nosotros quiere es ser reemplazado. Deseamos proteger nuestra posición, y ninguno de nosotros quiere sentir que no es importante. Sin embargo los verdaderos líderes buscan tener quien los reemplace. La sucesión exitosa requiere que usted se excluya de un trabajo y dé lugar a la siguiente fase del liderazgo. Jesucristo trató esto con sus discípulos:

> **Juan 16:7:** "Pero les digo la verdad: Les conviene que me vaya porque, si no lo hago, el Consolador no vendrá a ustedes; en cambio, si me voy, se lo enviaré a ustedes."

Todos los líderes deberían tener esta actitud. En otras palabras: "Es conveniente que yo me vaya. Es necesario que los deje. Es por el bien de ustedes que dejo vacío este puesto".

"Esté dispuesto a ceder el poder. Ese es el signo de la grandeza".

¿Qué clase de filosofía de liderazgo es esa? Es madurez. Es confianza en sí mismo. Es consciencia del propio valor. Es un sentido de ser: de saber quién es usted y cuál es su valor.

Si su valor proviene de ser un gerente, entonces es mejor que no pierda su puesto. Si su importancia proviene de que la gente lo llame pastor, obispo, o doctor es mejor que no pierda su trabajo. Sin embargo, si su valor no está en un título, puesto, salario, entonces dondequiera que vaya, su valor irá con usted. No se convierta en sinónimo de su título. No se convierta en sinónimo de su puesto. Esté dispuesto a ceder el poder. Ese es el signo de la grandeza. Los grandes líderes entrenan a sus reemplazos para producir más líderes.

Las medidas del verdadero liderazgo no son lo bien que mantenemos seguidores sino lo bien que:

- Producimos líderes.
- Juzgamos el éxito por la decreciente dependencia de los seguidores.
- Nos hacemos crecientemente innecesarios.
- Probamos que podemos irnos.
- Producimos reemplazos que pueden liderar a otros

Los líderes producen líderes

Los líderes visionarios ya se están preparando para el momento en que finalice su liderazgo porque pueden ver lo que hay más adelante. Preparan nuevos líderes para que se levanten y tomen sus lugares.

El objetivo fundamental del verdadero liderazgo no es mantener seguidores sino producir líderes.

He enseñado esto a miles de líderes en todo el mundo. El concepto tradicional del liderazgo es que los líderes necesitan seguidores y el número o calibre de los seguidores de uno define el propio liderazgo. Este es un concepto peligroso porque si uno cree que tener seguidores define al liderazgo, entonces para ser un líder, usted siempre necesitará tener gente que lo siga.

"Seguidor" se define normalmente como menor, subordinado, o común, menos inteligente, menos valioso, menos importante. Eso también es peligroso porque si usted cree que su liderazgo depende de tener a su alrededor gente que es menos inteligente, aumenta la tentación de dominar. La tentación de impedir el progreso de otros aumenta. La confianza de su personal en su propio potencial y su esperanza para el futuro se desvanecerán.

La primera medida del verdadero liderazgo es la producción de líderes, la idea de que cada persona que está bajo su influencia tiene la capacidad de reemplazarlo y que usted está comprometido a mentorizarlos para que lo hagan. Esa es la actitud más maravillosa que un líder puede tener. Si el líder está dedicado a esa idea, el espíritu de esperanza, inspiración, motivación y pasión entre quienes lo rodean es ilimitado. Ese espíritu de mentoría hace exitoso al líder. Cuando las personas se consagran a la consecución de un objetivo de otra persona que cree en ellas y las tiene en cuenta como potenciales reemplazantes, como iguales, la productividad es ilimitada.

Jesús transmitió esta actitud a sus colaboradores y les pasó el manto después de su resurrección y reaparición ante ellos.

> **Mateo 28:18-20:** "Se me ha dado toda autoridad en el cielo y en la tierra. Por tanto, vayan y hagan discípulos de todas las naciones, bautizándolos en el nombre del Padre y del Hijo y del Espíritu Santo, enseñándoles a obedecer todo lo que les he mandado a ustedes. Y les aseguro que estaré con ustedes siempre, hasta el fin del mundo".

Aquí está un hombre que obtuvo la mayor victoria de la historia, obteniendo autoridad sobre la vida y la muerte. Obtuvo autoridad sobre todo lo que existe. Él dijo: "se me ha dado" toda autoridad, o esencialmente, "Tengo el control de todo". Normalmente cuando usted les da a las personas esta clase de poder, lo usarán para proteger y defender sus puestos, para preservar y proteger sus territorios. Por esa razón, el uso que Jesús da al poder me impacta. Él toma la autoridad que le fue dada y la delega, la regala a otros y dice: "Por tanto (ustedes) vayan". Les dijo que fueran y esparcieran el poder.

Si usted le da todo ese poder a un ser humano, podría sentirse tentado a asumir toda la responsabilidad y no practicar el principio del liderazgo maduro de compartir el poder. Sin embargo Jesús hizo a la inversa. Él distribuye el poder para activar los sueños, las metas, las visiones, la energía, el potencial, los dones y talentos de otras personas. Él usa la autoridad para crear autoridad. Esto ejemplifica el mayor acto de liderazgo. Él nos está mostrando que el propósito del poder es liberar a otros e investirlos de poder.

Esta es la magnífica luz del verdadero liderazgo. El liderazgo inviste de poder. Los líderes no buscan el poder. Buscan investir de poder. Las personas inseguras con cargos de liderazgo buscan el poder. Los líderes seguros invisten de poder a otros. Mentorizan a personas para hacerlas poderosas. Mi tarea es hacer poderosos a todos los que me rodean. Su tarea es hacer poderosos a todos los que lo rodean. Un verdadero líder mentoriza para asegurarse de que otros tengan éxito. A los verdaderos líderes no les preocupa su propio éxito. Logran el éxito por medio del éxito de las personas a quienes mentorizan. Investir de poder es más importante que tener poder en la mente de un líder.

El verdadero liderazgo mide su éxito por la disminución de la dependencia de sus seguidores. Esto explica por qué muchos líderes no son mentores y por qué no producen sucesores. Creen de alguna extraña manera que mientras más personas dependen y necesitan de ellos, más grandes son ellos como líderes. En realidad, la verdad es lo opuesto.

Los mentorizados no deberían convertirse en parásitos de un líder. Deberían ser como un niño en el vientre. Un parásito se alimenta de su anfitrión, no da nada a cambio. Hasta puede destruir al anfitrión. Un niño no es un parásito. Un bebé delfín no es un parásito. Un fruto de un árbol no es un parásito. Aunque un feto es enteramente dependiente de su madre, lo es solo por un tiempo. Con el tiempo el hijo —sea humano, delfín o árbol— emerge, crece y se vuelve independiente. El hijo es capaz de dar, incluso de llegar a convertirse en padre. Hasta un carozo puede convertirse en un árbol. De modo similar, quien es mentorizado saca conocimiento del mentor, y con el tiempo lidera la organización.

Los verdaderos líderes no miden el éxito por la cantidad de gente que depende de ellos. Ellos mentorizan a las personas para hacerlas independientes. Trabajan por la independencia de sus mentorizados. Invierten en la independencia de sus mentorizados. Quieren ver que su gente se vuelva independiente, y se enorgullecen de eso.

Los líderes suelen volverse inseguros cuando la gente ya no los llama para pedir ayuda o consejo. Se sienten como si ya no fueran valiosos. En realidad, esa sería la mayor evidencia de que el sucesor es capaz de liderar. Según la filosofía de liderazgo del joven rabino Jesucristo, el énfasis debería estar en reproducir líderes y usted mismo hacerse cada vez menos indispensable. El liderazgo no es cuestión de mantener, sino más bien de dejar una posición.

En las Escrituras, Mateo habla de una oportunidad en que Jesús se fue a un monte a orar. Sus estudiantes fueron a una aldea donde encontraron a un hombre que tenía un hijo poseído por demonios. El padre les llevó a su hijo, pero los discípulos no pudieron echar fuera al demonio. La gente se reunió en torno a ellos. Luego Jesús descendió del monte y preguntó qué era lo que causaba tanta conmoción.

El hombre básicamente dijo: "Traje mi hijo que tiene problemas a tus estudiantes, y ellos no pudieron ayudarlo". Jesús no atacó al hombre por quejarse ni a sus discípulos por fallar. Les hizo a sus discípulos una pregunta que revela mucho de su estilo de mentoría.

> **Mateo 17:14-17:** "Cuando llegaron a la multitud, un hombre se acercó a Jesús y se arrodilló delante de él. —Señor, ten compasión de mi hijo. Le dan ataques y sufre terriblemente. Muchas veces cae en el fuego o en el agua. Se lo traje a tus discípulos, pero no pudieron sanarlo. —¡Ah, generación incrédula y perversa! —respondió Jesús—. ¿Hasta cuándo tendré que estar con ustedes? ¿Hasta cuándo tendré que soportarlos? Tráiganme acá al muchacho".

¿Hasta cuándo tendré que estar con ustedes?

Esta es una pregunta impactante. Esta es una pregunta de liderazgo, una pregunta de mentoría, una pregunta de sucesión de liderazgo. De alguna manera está diciendo: "Miren, no estoy aquí para siempre. Quiero que aprendan de mí. Quiero que me entiendan. Quiero que sepan que no estaré con ustedes mucho tiempo. No estaré siempre con ustedes".

¿Hasta cuándo tendré que estar con ustedes? ¡Qué hermosa pregunta! Para mí esta es la pregunta más formidable acerca de la sucesión en el liderazgo. Esta pregunta debería convertirse en parte del vocabulario de los líderes. Transmite el espíritu de la mentoría y la sucesión: el deseo del verdadero liderazgo de producir líderes. Él esperaba que ellos manejaran eso, así que les decía: "Miren, ¿no aprendieron nada de mí? Quiero que todos ustedes me reemplacen".

También se tomó el tiempo para decirles dónde se habían equivocado, y cómo hacerlo mejor la próxima vez, como indica el resto del pasaje.

> **Mateo 17:18-20.** "Jesús reprendió al demonio, el cual salió del muchacho, y éste quedó sano desde aquel momento. Después los discípulos se acercaron a Jesús y, en privado, le preguntaron: —¿Por qué nosotros no pudimos expulsarlo? **—Porque ustedes tienen tan poca fe —les respondió—. Les aseguro que si tienen fe tan pequeña como un grano de mostaza, podrán decirle a esta montaña: «Trasládate**

de aquí para allá», y se trasladará. Para ustedes nada será imposible". (Énfasis añadido.)

Jesús sabía que no estaría mucho tiempo con ellos, y quería que afrontaran la realidad. Él los estaba preparando para que asumieran el mando. Inmediatamente después de eso, les dice:

> **Mateo 17:22-23:** "Estando reunidos en Galilea, Jesús les dijo: El Hijo del hombre va a ser entregado en manos de los hombres. Lo matarán, pero al tercer día resucitará. Y los discípulos se entristecieron mucho".

Proteger el territorio

Lo último que muchos líderes desean hoy en día —sean religiosos, empresariales, educativos o políticos— es un reemplazante. Protegen su territorio. Los líderes están más preocupados por proteger su posición que por reproducirse y obtener reemplazo por medio de la mentoría.

La medida del verdadero liderazgo, sin embargo, es la capacidad de dejar. El verdadero liderazgo se hace a sí mismo innecesario mediante la mentoría. Los líderes deben comenzar por aceptar que no son "irreemplazables" como piensan. De alguna manera creemos que si no hacemos algo nadie más lo hará, o que si nosotros no podemos hacerlo, nadie más podrá. Esto también es una peligrosa falacia. Debemos liderar con la conciencia de que tenemos que volvernos innecesarios para la organización. Cuanto más pensemos de esa manera, más fácil nos será ser mentores de otros, formar a nuestros sucesores, e invertir en nuestros reemplazos.

Cuando nuestra empresa ya no nos necesita, esa es la evidencia más contundente de éxito, y no de fracaso. Cuando ya no es necesario que yo esté en la reunión de directorio para saber que se realizará sin complicaciones y productivamente, eso es una buena señal. Cuando estoy ausente de una reunión de mercadeo y el equipo produce grandes campañas de promoción que yo no podría concebir eso revela una buena señal de que mi liderazgo ha sido efectivo. No estoy en el púlpito predicando todos los domingos. Sin embargo la iglesia sigue llena de gente, y la congregación está inspirada y con entusiasmo. Esa es la evidencia de que los resultados positivos e impacto de mentorizar a quienes están en el ámbito del ministerio están experimentando una medida de éxito.

El verdadero liderazgo se hace a sí mismo crecientemente innecesario. Gradualmente el líder puede dejar porque hizo un gran trabajo. El mayor ejemplo de esto es Jesucristo. Se sentó con los discípulos en el aposento alto, y les habló de su partida. Después de que Él murió y resucitó de la tumba, se quedó con ellos un tiempo y finalmente se fue. Hasta cierto grado, ellos todavía eran dependientes de Él. Podemos decirlo porque se quedaron, mirando hacia arriba, fijamente, hasta que Él ascendió al cielo.

> **Hechos 1:6-11:** "Entonces los que estaban reunidos con él le preguntaron: —Señor, ¿es ahora cuando vas a restablecer el reino a Israel? [7] —No les toca a ustedes conocer la hora ni el momento determinados por la autoridad misma del Padre —les contestó Jesús—.Pero cuando venga el Espíritu Santo sobre ustedes, recibirán poder y serán mis testigos tanto en Jerusalén como en toda Judea y Samaria, y hasta los confines de la tierra. Habiendo dicho esto, mientras ellos lo miraban, fue llevado a las alturas hasta que una nube lo ocultó de su vista. Ellos se quedaron mirando fijamente al cielo mientras él se alejaba. De repente, se les acercaron dos hombres vestidos de blanco, que les dijeron: —Galileos, **¿qué hacen aquí mirando al cielo?** Este mismo Jesús, que ha sido llevado de entre ustedes al cielo, vendrá otra vez de la misma manera que lo han visto irse". (Énfasis añadido.)

Creo que los ángeles que vinieron nos dieron una de las mayores lecciones. Los ángeles en esencia les dijeron: "¿Por qué están parados aquí mirando?" Muchas personas hacen eso cuando un líder se va. Se quedan mirando al CEO que está sentado ahí. Pasan en puntas de pie por la oficina del presidente anterior. Recubren de vidrio la túnica del pastor. Dejan la casa como Mamá la dejó. Mantienen las cenizas del difunto esposo a plena vista en la sala en la repisa del living aunque se vuelvan a casar. Permanecen inmovilizados debido a su dependencia.

Los ángeles motivaron a los discípulos a bajar de la montaña, regresar a Jerusalén, encontrar a los otros discípulos, y volver al trabajo. "El mismo Jesús que están viendo irse volverá otra vez, pero mientras tanto, vayan y sean investidos de poder para hacer su obra". Estaban preparados y eran capaces de hacerlo porque Jesús había sido su mentor. La idea de hacerse a sí mismo innecesario, de ser capaz de irse, es crítica.

La medida final del verdadero liderazgo es cuando aquellos a quienes usted ha mentorizado pueden liderar a otros. Mida su éxito como líder y mentor por cuánta gente sigue a los líderes que usted entrenó. Cuando ellos pueden ser mentores eficaces, usted es un líder eficaz. En una familia funciona así. Si usted es padre, no mide su éxito por la conducta de sus hijos. Esa no es la herramienta. Mide su éxito como padre por la conducta de sus nietos. En otras palabras, si usted fue un estupendo padre, se evidenciará en sus nietos porque sus hijos formarán a sus hijos de la manera en que usted los formó a ellos o aun mejor de lo que usted lo hizo. De modo que estudie a sus nietos. ¿Ha producido hijos que pueden producir líderes?

Si usted sido un mentor eficaz, aquellos a quienes formó serán mentores eficaces. El liderazgo reproduce liderazgo. Ser mentor y formar sucesores requiere de mucha más valentía que proteger su territorio.

La tarea del mentor

La mentoría es el compromiso de un mentor de formar a otro mediante una relación práctica. Los mentores ofrecen:

Consejo oportuno. El mentorizado debe aceptar el hecho de que el mentor le ofrecerá consejo y opiniones. "Oportuno" significa en el momento en que el mentor considere que le proveerá la mejor enseñanza: un momento de aprendizaje. Se volverá hacia quien es mentorizado y le dará instrucción. Las lecciones que se dan *in situ*, en tiempo real en vez de serlo después del hecho, son mejores. Eso es incluso preferible a sermonear por cosas que podrían suceder en el futuro.

Recursos. El mentor comparte recursos tales como cartas, artículos, y libros para beneficio de quien está siendo mentorizado. Si usted es un buen mentor, le expone al mentorizado las cosas que a usted lo ayudaron. Quienes están en mi programa de mentoría saben que casi cada mes recibirán de mi parte una lista de libros que estoy leyendo. Si encuentro un artículo que me es muy útil, lo enviaré a las personas que están en mi programa de mentoría. Si encuentro un CD o un programa que me está ayudando, e lo hago conocer al mentorizado. Quiero que sepa lo que yo sé.

Ayuda/orientación financiera. El mentor puede asistir financieramente al mentorizado, pero no tiene obligación de hacerlo.

El mentor podría comprarle un libro, ayudar con los costos de viaje, o cubrir los gastos de inscripción para un evento. Si hay un compromiso de parte del mentorizado, el mentor se sentirá estimulado a ayudarlo.

Libertad para que el discípulo emerja como un líder aun más allá del nivel del mentor. El mentor desea que el mentorizado se vuelva mayor. Ese es el propósito de la mentoría. Si usted desea que el mentorizado se destaque más allá de lo que usted logró, tiene que proveerle oportunidades para que eso ocurra. Muchas veces cuando tengo conmigo a un mentorizado, lo pongo frente a mi audiencia para que hable. Le doy el micrófono, y le digo: "Ve al frente y háblale a la gente. Permíteme exponerte al mercado". Estoy ayudando al mentorizado para que surja. Lo que me costó treinta años obtener puedo dárselo a mi protegido en treinta segundos. Este es el poder de un mentor. Un mentor puede cambiar en un día la vida la vida del mentorizado, salvando a esa persona de una vida de ensayo y error.

Un modelo de rol para las funciones de liderazgo. Un mentor muestra cómo liderar en diferentes situaciones. Permita que el discípulo vea como maneja usted la presión, la crítica, la desilusión y el abuso de usted mismo o de otros. Ellos lo ven liderando en las diversas situaciones de la vida.

Acceso directo y oportunidades para el desarrollo. Yo puedo decirle a mi discípulo: "Deberías ir a ese seminario". Lo hago porque sé que él o ella necesitan aprender algo en ese particular ambiente. O podría decirle: "Compra este libro", o "Suscríbete a esa revista". Sé lo que ellos necesitan aprender. A veces llamo a un discípulo para decirle: "Quiero que vayas a este viaje conmigo", y él pregunta: "¿Por qué?" Le explico: "Porque en este viaje, estaré expuesto a ciertos ambientes que quiero que veas". Mi invitación le da al mentorizado acceso a eventos o lugares que él o ella normalmente no tendría oportunidad de experimentar.

Coliderazgo para aumentar la confianza. El mentor permite que el mentorizado comparta el trabajo. Yo proveo a otros el acceso para que se beneficien de la plataforma que he construido. No tengo que hacerlo, pero no quiero acaparar todo. Si usted va a ser mentor de otros, tiene que "co-liderar". Usted quiere que sus mentorizados tengan el privilegio de compartir su mercado, su exposición y su influencia. Déles oportunidades para estar a cargo de las cosas. Permítales dirigir una reunión o presentar el nuevo plan de mercadeo.

Usted puede mirar, comentar, y asegurarse de que aprendan a través del proceso pero permítales compartir el liderazgo. Aumente la confianza de esas personas.

Los mentores pueden darles a los mentorizados credibilidad y reconocimiento instantáneos. Pueden prestarle su nombre al mentorizado, lo cual puede resultar sumamente valioso. Cuando escribí mi primer libro, era renuente como autor, temiendo que nadie leyera mi libro. El editor me dijo: "¿Conoce a alguien —puede ser un mentor— que esté dispuesto a poner su nombre en el libro?"

Mi mentor número uno era Oral Roberts. Pasé cinco años siendo mentorizado personalmente por él como estudiante universitario en la Universidad Oral Roberts. Como estudiante fui designado en el comité nacional mundial. Él se reunía cada martes al mediodía, con solo cinco de nosotros. Hablaba con nosotros en una pequeña sala de la capilla. ¡Qué privilegio! Después me designó como director de una misión para probarme. Luego llegué a ser director de misiones de toda la universidad. Me dijo que fuera el mentor de alguien para ocupar mi lugar, y lo hice.

Años después, yo era un autor desconocido. Le envié el manuscrito y le pedí que lo leyera y considerara la posibilidad de escribir el prólogo, lo cual significaba prestar su nombre a mi libro. Yo estaba atemorizado. Le estaba pidiendo que me diera sus cincuenta años de exitoso ministerio en cincuenta segundos. Me dio una lección de humildad con su respuesta. Leyó todo el manuscrito, me envió el hermoso prólogo, y me dijo: "Estoy orgulloso de ti, hijo, y puedes tener mi nombre".

Ese primer libro se llamaba *Single, Married, Separated, and Life after Divorce*. (Soltero, casado, separado, y la vida después del divorcio). Se han vendido más de un millón de ejemplares —debido a su nombre. Dicho sea de paso, su nombre era mayor que el mío porque él tenía credibilidad, no yo. Él estaba dando toda su vida. Suponga que hubiera errores en ese libro. Él estaba corriendo un riesgo porque me conocía. Él era mi mentor. Y continuó siéndolo hasta su muerte a fines de 2009. Tenía más de noventa años, y me seguía llamando su hijo.

Cuando usted es mentor puede abrir para otros, en un segundo, puertas que a ellos solos les llevaría años atravesar. Oral Roberts nunca me pidió nada a cambio por darme su nombre. Sencillamente me dio el regalo de cincuenta años de su vida.

En otra ocasión le escribí a John Maxwell, una autoridad en

liderazgo sumamente respetada que ha vendido casi veinte millones de libros, y le dije: "Mire, tengo un libro sobre hombres..." Se lo envié. Él escribió un prólogo. Escribí otro libro y lo envié al Dr. Fred Price, fundador de Crenshaw Christian Center/Ever Increasing Faith Ministries (Centro Cristiano Crenshaw/Ministerios Fe siempre creciente), de California, una de las iglesias más grandes y de mayor influencia de los Estados Unidos. Le dije: "Mire, si usted cree que es digno de su nombre, ¿querría escribir un prólogo?" Ahora, yo hago lo mismo para muchas personas. Mi nombre se ha vuelto valioso, Estoy dispuesto a compartirlo con otros como mentor. Muchos de mis mentorizados ya han escrito libros, y siempre me preguntan: "¿Podría prologar mi libro?" Cuando digo: "¡Por supuesto que sí!" estoy compartiendo mi credibilidad, mi influencia, con ellos. Las personas que confían en mí confiarán en ellos. Usted es mentorizado para que pueda ser mentor de otras personas. No se trata de usted. Se trata de las personas a quienes usted forma.

La mentalidad de mentor

En todas estas maneras, el mentor invierte en el mentorizado y permite que esa persona florezca. Los mentores permiten a los líderes en ciernes ver los procesos que implica el liderazgo: sus cuestiones, responsabilidades y obligaciones. Como la leona hace con sus cachorros, ellos dan un modelo de la toma de decisiones para que los jóvenes líderes puedan verlo, permitiéndoles compartir experiencias privilegiadas. Aceptan la responsabilidad de ser modelos de rol. Dirigen al líder en desarrollo hacia recursos y oportunidades de crecimiento.

Todo esto requiere que el mentor eficaz mantenga en mente los siguientes principios:

Comprender que el liderazgo es "captado" más que "enseñado". Eso significa que la mentoría de su suplente para el liderazgo no se limita a la instrucción verbal, sino que incluye permitirle experimentar las cosas a través de su vida. El que es mentorizado tiene que observar y captar lo que usted está enseñando.

Ver el potencial de cada persona. Los mentores deben comprender la naturaleza humana básica. El mentor comprende que el potencial humano está siempre, pero no necesariamente manifestado. Él o ella pueden ver en el protegido más potencial de lo que la propia persona ve. El mentor no juzga basándose en lo que el mentorizado hace o ha hecho, sino más bien en lo que la persona podría hacer. El mentor mira lo que el mentorizado puede ser. Los mentores pueden aceptar y pasar por alto los errores porque creen más en el potencial que en la conducta pasada. Toleran las malas opiniones y los cálculos equivocados de un mentorizado porque creen en su potencial.

Tolerar errores. El mentor permite el error. Si usted va a reproducir líderes, aprenda de su propia experiencia. Usted no era *todo eso* todo el tiempo, Usted tenía sus propios problemas. Alguien lo toleró a usted por un largo tiempo. Permita que la gente cometa algunos errores. El mentor también comprende que los errores son parte del proceso educativo. En muchos casos la mentoría requiere que usted prevea que el mentorizado falle, no para dañarlo sino para enseñarle, porque el fracaso también es un aula importante para el desarrollo del liderazgo. No confíe en una persona que nuca falla. El fracaso es la incubadora para el desarrollo del carácter. El desarrollo del carácter es más importante que el desarrollo de las capacidades. El mentor permite los errores porque otros lo hicieron con él o ella. Todos estamos "en proceso". Somos obras en progreso. Todos nosotros estamos en construcción, y todos estamos en diferentes etapas de la vida. Un mentor nunca juzga desde el punto de vista en que él está, sino más bien desde donde está el mentorizado. Eso tiene en cuenta los errores y deja lugar para el perfeccionamiento.

Demostrar paciencia. Esto se relaciona con la tolerancia. La paciencia es saber el valor del tiempo y la experiencia. Requiere paciencia dar al mentorizado tiempo para experimentar diferentes ambientes, emociones y situaciones como parte del proceso de aprendizaje. Requiere paciencia mentorizarlos en el camino de adquisición de la competencia y finalmente la independencia. Requiere paciencia vigilar a sus hijos mientras crecen para convertirse en adultos maduros. Requiere paciencia formar a un sucesor. Jesús manifestó paciencia muchas veces. Después de que Pedro lo negó, Jesús envió una palabra por medio del ángel, diciendo en concreto: "Díganle a Pedro que puede volver a la reunión. Sé lo que hizo. Está bien. Díganle que vuelva. Él está al mando".

> **Marcos 16:7:** "Pero vayan a decirles a los discípulos y a Pedro: «Él va delante de ustedes a Galilea. Allí lo verán, tal como les dijo»".

Después de la resurrección Jesús se les apareció a los discípulos en las playas del Mar de Galilea y les dio el desayuno; le otorgó a Pedro la responsabilidad por su rebaño, pero primero lo probó.

> **Juan 21:17:** "Por tercera vez Jesús le preguntó: —Simón, hijo de Juan, ¿me quieres? A Pedro le dolió que por tercera vez Jesús le hubiera preguntado: ¿Me quieres? Así que le dijo: —Señor, tú lo sabes todo; tú sabes que te quiero. —Apacienta mis ovejas —le dijo Jesús—".

Los grandes líderes tienen una paciencia sin fin. Tienen la sabiduría para saber que usted pasará por pruebas y aprenderá de ellas. Sea paciente.

Hágase tiempo para pasar con su mentorizado. Yo reservo tiempo para las personas que mentorizo por medio de nuestro programa en Bahamas Faith Ministries International (BFMI). Cualquiera que esté en mi programa puede venir a mi casa al menos dos veces por año, pasar el día conmigo, reunirse con mi familia y ver como vivo. Pueden observar cómo trabajo en ambientes diferentes. En los ejemplos que nos da la Biblia, los mentores —Moisés con Josué; Elías con Eliseo; Jesús con Pedro, Santiago y Juan— cada uno dio su tiempo.

Provea oportunidades para aprender. La mentoría tiene más que ver con proveer oportunidades para *experimentar* el liderazgo que con dar meramente clases de liderazgo. El mentor crea situaciones para que el mentorizado aprenda. Esto puede ocurrir de diferentes maneras. Por ejemplo, el mentor puede hacer participar al mentorizado en sus programas, proyectos y eventos como hago yo cuando uso mi plataforma para quienes mentorizo, permitiéndoles hablar, dejándolos conducir una reunión, o prestando mi nombre a su libro. Un mentor comparte lugar con el mentorizado. El mentor comparte su exposición pública con el mentorizado.

Sea sincero en la corrección y generoso en los halagos. Si alguien necesita corrección, désela. Si hicieron bien, dígaselos. De vez en cuando, el mentor afrontará la difícil tarea de tratar con las debilidades, las idiosincrasias, los errores, las fallas morales, o la falta de discernimiento de quienes están bajo su guía. Usted debe ser sincero con la persona que está tratando de formar. Si quiere que esa persona crezca, tendrá que ser franco y no minimizar ni tener contemplaciones con nada que pueda atrasar el desarrollo. El mentor también debería ser siempre generoso con el aliento y los elogios cuando se los merezcan, porque las personas necesitan que se las reconozca. El mentor debería ser capaz de elogiar generosamente porque alguien lo hizo por él o ella. El elogio es una gran fuente de confortación y estabilidad para quienes estamos mentorizando. **Provea reconocimiento.** Dígale al mentorizado lo bien que lo está haciendo. Permita que también otros sepan lo bien que lo está haciendo. El reconocimiento es un poco diferente de elogiar a alguien. El elogio puede realizarse en privado. El reconocimiento por lo general es enfrente de otros. Un mentor puede infundir confianza en un mentorizado al presentarlo a su audiencia, a quienes están en su entorno o compartiendo una plataforma. Esto tiene una fuerza contundente. Muestra convicción y fe en esa persona cuando usted la presenta a su mercado. Le ha dado a esa persona gran reconocimiento y honra. El reconocimiento también significa dar acceso a sus mentorizados a sus relaciones, presentarlos a las personas que usted conoce y permitir que otros sepan el valor que tienen.

Mantenga una perspectiva de largo plazo. Esto se relaciona con ver el futuro, creyendo en él, y trabajando para hacerlo realidad. La mentoría es trabajar con el futuro. Cuando usted comienza a ser el mentor de una persona, la mentoriza con visión. El mentor anticipa lo que está adelante, o lo que va a venir porque usted conoce la visión. Usted introduce a su discípulo a las cosas que están relacionadas con su campo. Por ejemplo, usted es un ejecutivo bancario, y desea ser mentor de un joven empleado. Usted no será mentor de esa persona para que se convierta en un mecánico. Usted le ofrece una mentoría relacionada con lo bancario. Si usted es un sacerdote, mentoriza a un futuro sacerdote. Usted mentoriza con la perspectiva de su visión de aquello en lo cual ellos se convertirán.

Concéntrese en formar personas, no en manejarlas. Usted no puede manejar a un ser humano. Los individuos tienen una voluntad. Ni siquiera Dios puede manejar a los seres humanos. Él pagó el precio por su salvación, pero continúa sin poder salvarlos. Él dice: "...el que tenga sed, venga; y el que quiera, tome gratuitamente del agua de la vida" (Apocalipsis 22:17). Aunque Jesús preparó el camino, seguimos pudiendo rechazarlo. Jesús no nos impone la salvación. Tenemos que elegir. Tenemos libre albedrío. Usted puede manejar una fotocopiadora, una impresora o una computadora, pero no a la gente. Deberíamos desarrollar a las personas. Soy un administrador de equipamiento y un desarrollador de personas. Un mentor se preocupa más por el desarrollo humano que por la tecnología. El mentor no permite que las cosas se vuelvan más importantes que las personas. El equipamiento nunca puede competir con el potencial, con el intelecto, las emociones, y el desarrollo físico de una persona.

Comprenda que la transformación solo viene por medio de la asociación. El proceso de mentoría solo puede tener lugar mediante una asociación estrecha. Usted produce líderes permitiéndoles entrar en su espacio. Permita que las personas disfruten el resplandor de su luz. Deje que la gente sienta el poder. Deje que gusten de él. Deje que vean el poder. Como la leona que coloca cerca a sus cachorros, usted tiene que permitir que los mentorizados vengan lo suficientemente cerca para observar cómo usted trabaja y piensa.

Vea a las personas como oportunidades, no como interrupciones. Si usted es un mentor, probablemente es una persona ocupada. Muchas personas calificadas para ser mentores están sumamente enfrascadas en actividades de gran responsabilidad, tal vez dirigiendo un país, una organización o una empresa. Los mentores son personas ocupadas. Eso hace que ser mentor sea un verdadero desafío. Recuerde, sin embargo, no considerar a personas que quieren aprender de usted como inoportunas. Si usted tiene un acuerdo de mentoría (vea capítulo 20, "La mentoría se hace por mutuo acuerdo"), el mentor no puede ver al mentorizado como una molestia. Cada vez que en mi oficina me dicen que un mentorizado quiere verme, dejo de hacer lo que estoy haciendo porque tenemos un acuerdo. Si estoy en un país extranjero trabajando con un grupo o gobierno y alguien a quien estoy mentorizado deja un mensaje de que necesita hablar conmigo, le respondo a la primera oportunidad. No es una interrupción. Esa persona sabe que debe respetar mi tiempo, pero también sabe que prometí darle de mi tiempo.

Las personas son oportunidades. Nunca olvidaré cómo esa lección cobró un significado especial para mí un día en que un grupo llegó a mi oficina en Nassau. Mi secretaria, que también es mi hermana, me llamó para decirme que había allí unas personas para verme. Pensé: "No es un buen momento para esto". Las personas a menudo vienen a verme sin previo aviso, pero ese día estaba trabajando con una fecha límite para finalizar nuestro informe anual. Le dije a mi hermana que no podía ver a nadie en ese preciso momento.

Ella dijo: "Sé que estás ocupado, pero dijeron que *deben* verte. Han estado leyendo tus libros y mirando tus programas de TV. Vinieron a Bahamas en un crucero, y tomaron un taxi hasta nuestro centro. Solo quieren verte por tres minutos. Solo para darte un apretón de manos y agradecerte por ayudarlos".

Dije: "¡Ah, amigo!" Luego oí en mi cabeza una voz que decía: "Las personas no son interrupciones. Son oportunidades. Son personas".

Entonces cerré la carpeta, cerré la computadora, y dije: "Hazlos pasar". Entraron a mi oficina, una pareja vestida con ropas informales, sandalias, sombreros de paja, shorts y camisetas.

Estaban felices de verme. Nos abrazamos y nos saludamos, y les dije: "Tomen asiento".

Dijeron: "No, no vinimos para quedarnos mucho tiempo".

Dije: "Tomen asiento".

Preguntaron: "¿Por qué?"

Respondí: "Porque son personas".

"¿Realmente tendría tiempo para vernos?", preguntaron.

"Seguro, ustedes son personas".

Eso es lo que la voz me dijo.

Luego nos sentamos y charlamos un poco mientras me contaban cuánto los había bendecido mi trabajo y que había cambiado sus vidas. Su hijo menor había comenzado un negocio al leer uno de mis libros, y estaban muy entusiasmados. Escucharlos me alentó profundamente. Cuando les dije: "Muchas gracias por venir", lo dije de todo corazón.

Se pusieron de pie y preguntaron: "¿Podemos sacarnos una fotografía?"

"Por supuesto", respondí.

Nos sacamos una fotografía, y estábamos caminando hacia la puerta cuando el hombre se dio vuelta y dijo: "De paso, le trajimos algo". Me dio un sobre, y se fueron.

Rápidamente volví a mi trabajo con el informe. Más tarde, cuando abrí el sobre, encontré un cheque por diez mil dólares, y oré: "Señor, envíame más personas".

Nunca considere a las personas como interrupciones. En algunos de los círculos en que viajo, otros líderes y presentadores tienen comitivas, seguridad, y personas con micrófonos que los siguen. Yo me presento con mi esposa, y la gente pregunta "¿Dónde están sus guardias de seguridad?" Respondo: "Mi esposa es mi seguridad". No quiero protegerme de las personas a quienes vine a servir. Las personas no son interrupciones.

¿Qué se está perdiendo usted cuando les dice a las personas: "Ah, no tengo tiempo para usted. Soy un hombre de la iglesia. Tengo un vasto ministerio que dirigir"? esús se hizo tiempo para los niños. Sus discípulos querían actuar como guardias de seguridad, pero Jesús dijo que Él vino a servir. No necesitaba protegerse de la gente, especialmente de los niños. Tampoco usted si va a ser un mentor eficaz.

Mateo 19:13-14: "Llevaron unos niños a Jesús para que les impusiera las manos y orara por ellos, pero los discípulos reprendían a quienes los llevaban. Jesús dijo: Dejen que los niños vengan a mí, y no se lo impidan, porque el reino de los cielos es de quienes son como ellos".

Jesús bendijo a los pequeños en el momento y usó la oportunidad para enseñar a sus discípulos adultos. Usted no puede entrenar a la gente si la evita. El liderazgo es una cuestión de personas.

Un tiempo para regocijarse

Uso siete puntos clave para resumir las marcas de un líder valiente, Los líderes valientes:

1. Liberan a otros para que sean líderes.

2. Proveen oportunidades para que otros encuentren y alcancen su potencial y el propósito que Dios les ha dado.

3. Mentorizan a sus sucesores por su propia voluntad.

4. Piensan en términos transgeneracionales.

5. Aceptan la posibilidad de estar ausentes.

6. Rehúsan ver como una amenaza el éxito de sus mentorizados.

7. Se regocijan cuando los mentorizados llegan a ser más grandes y más efectivos de lo que ellos fueron.

Jesús una vez envió a setenta y dos seguidores designándolos para sanar y predicar, y se regoció cuando regresaron informando sus éxitos.

Lucas 10:17-24: "Cuando los setenta y dos regresaron, dijeron contentos: —Señor, hasta los demonios se nos someten en tu nombre. —Yo veía a Satanás caer del cielo como un rayo —respondió él—. Sí, les he dado autoridad a ustedes para pisotear serpientes y escorpiones y vencer todo el poder del enemigo; nada les podrá hacer daño. Sin embargo, no se alegren de que puedan someter a los espíritus, sino alégrense de que sus nombres están escritos en el cielo. En aquel momento **Jesús, lleno de alegría por el Espíritu Santo**, dijo: Te alabo, Padre, Señor del cielo y de la tierra, porque habiendo escondido estas cosas de los sabios e instruidos, se las has revelado a los que son como niños. Sí, Padre, porque esa fue tu buena voluntad. Mi Padre me ha entregado todas las cosas. Nadie sabe quién es el Hijo, sino el Padre, y nadie sabe quién es el Padre, sino el Hijo y aquel a quien el Hijo quiera revelárselo. Volviéndose a sus discípulos, les dijo aparte: Dichosos los ojos que ven lo que ustedes ven. Les digo que muchos profetas y reyes quisieron ver lo que ustedes ven, pero no lo vieron; y oír lo que ustedes oyen, pero no lo oyeron". (Énfasis añadido.)

A menudo cuando los líderes oyen buenos informes de su personal, se sienten amenazados. En cambio, Jesús se regocijaba con sus logros, como nosotros deberíamos regocijarnos cuando nuestros mentorizados estén liderando a otros.

Puntos para recordar:

Se requiere valentía para ser mentor.

Hágase cada vez menos necesario.

Produzca líderes que puedan guiar a otros

Capítulo 6

Lidere más allá de su vida

MUCHOS HAN VENIDO y me han dicho: "He leído su libro". Otros pueden haber visto mi programa de TV, escuchado un CD o asistido a una conferencia, y me dicen que algo que dije cambió sus vidas. Edificaron una empresa, o comenzaron un ministerio propio. Para mí, eso es el éxito del liderazgo. Su legado es lo que usted hace por la gente que lo rodea que la hará mejor que lo que usted es.

Mi mayor gozo viene cuando veo a mi alrededor personas que comienzan sus propias empresas, creen en sus sueños, persiguen lo que los apasiona y desarrollan sus ideales y propósitos. Disfruto haciendo que sean líderes de otros.

La medida óptima del verdadero liderazgo es su capacidad para irse. Usted es exitoso cuando su organización crece después de que usted se va. Cuando el mayor líder de todos los tiempos dejó la tierra, tenía once devotos, y otros ciento veinte más en el aposento alto. Luego en una semana, fueron tres mil, y el resto es historia. La iglesia creció en su ausencia.

El único recuerdo que la gente tendrá de usted podría ser una antigua imagen en la sala. En vez de eso, pinte su rostro en el corazón de las personas. Si nunca pusieran una fotografía suya, ¿ la gente pronunciaría su nombre en las salas? ¿Se la oiría hablar de usted? ¿Se oirían cosas como estas?

"Ella hizo esto por mí".

"Sí, yo estaba desanimado, pero un día ella me habló".

"Sí, comencé esta empresa porque un día él me dio esta idea".

En otras palabras, ¿estará su nombre en los labios más bien que en las paredes? El legado es cuestión de dar vida, no fotografías, a las personas. Por lo tanto, su mayor contribución es sobrevivirse sí mismo. ¿Cómo se sobrevive a sí mismo? Transfiriéndose a otras personas. La sucesión es cuestión de vivir más allá de su tumba, y la única manera de hacerlo es reproducirse en la generación siguiente. Si usted busca el poder porque necesita el poder, nunca será un mentor. Pero si busca servir a la siguiente generación y deja un legado, siempre deseará ser mentor.

El buen líder:

- Piensa más allá de su liderazgo.
- Piensa transgeneracionalmente.
- Es consciente de su mortalidad.
- Es consciente de su prescindibilidad.
- Es responsable del futuro de su organización.
- Está muy seguro de su posición.
- No tiene temor del éxito de otros.
- Actúa como un visionario.
- Se prepara para partir, no para quedarse.
- Asegura su legado.

¿Cuánto tiempo tiene usted?

Creo que es muy importante y crítico que las personas aprendan, tan pronto como se elevan a la categoría del liderazgo, que son prescindibles. Yo siempre estoy en contacto con mi muerte. Hágase amigo de su deceso. Piense siempre de sí mismo como una flor que se marchita y se vuelve polvo. Usted puede estar hoy aquí y no estar mañana. Piense de esa manera, y trabajará más en las cosas correctas, cosas como invertir en las personas.

"El suceso sin un sucesor es un fracaso". ¿Ha observado que nadie vive para siempre? Muchos de nosotros probablemente tengamos unos buenos setenta años, si somos bendecidos con buena salud. Si somos muy, muy bendecidos con la gracia, podemos llegar a los setenta y cinco u ochenta años de edad. Después de eso, la mayoría de nosotros somos incapaces de contribuir efectivamente a nuestra generación. Pocas personas son bendecidas para vivir y ver los cien años o más, pero finalmente morirán. Tenemos que prepararnos para eso.

Un verdadero líder siempre está preparando su partida. Cada día que vivo, escribo mi obituario. Cada día, decido lo que la gente dirá sobre mi cadáver. Lo estoy escribiendo yo mismo, y espero que usted escriba el suyo. ¿Qué dirán de usted cuando haya muerto?

El éxito del liderazgo no se mide por lo que usted ha hecho, sino por lo que ha transferido exitosamente a la siguiente generación: la visión, la pasión, los ideales y los sueños que usted no vivirá lo suficiente para finalizar. ¿Puede dárselos a otro? Eso es el éxito de su liderazgo. Así es como usted lo mide: viviendo para siempre a través de la gente.

Usted sabe que va a morir, así que podría hacer que valiera la pena. Haga algo que lo hará vivir más allá del cementerio. No viva solo para usted mismo. El liderazgo consiste en transferir: en la cesión deliberada del poder.

Si somos buenos líderes y buenos padres, queremos dejarles algo de lo que hemos acumulado a los que dejamos atrás. Queramos o no, tenemos que dejar todos nuestros bienes materiales, como nos recuerda Job, el sufriente siervo de Dios del Antiguo Testamento.

> **Job 1:21**: "Desnudo salí del vientre de mi madre, y desnudo he de partir. El Señor ha dado; el Señor ha quitado. ¡Bendito sea el nombre del Señor!"

Podemos prepararnos al escribir un testamento o comprar un seguro y designar un beneficiario. Podemos nombrar una custodia para nuestros hijos dependientes o determinar que nuestras mascotas vayan a un buen hogar. Podemos dejar nuestras empresas a nuestra viuda, o viudo, o a nuestros hijos. Sin embargo, algunas personas ni piensan en estas cuestiones o mueren antes de haber tenido la posibilidad de expresar sus deseos para el futuro. Nadie sabe cuándo se acabará nuestro tiempo, como dijo Jesús:

> **Mateo 25:13:** "Por tanto —agregó Jesús—, manténganse despiertos porque no saben ni el día ni la hora".

Tal vez todo lo que usted tenga para legar sean las cosas que ha enseñado a sus hijos, los hermosos recuerdos que compartió con su esposo, el fondo de comercio que hizo crecer su compañía, o las generosas obras que realizó por medio de su ministerio. Ese es su legado.

¿Qué lega usted?

Un verdadero líder desea dejar algo en su lugar. Si usted llega al final de su trayectoria, y no deja nada para mostrar, eso es una tragedia. Usted puede haber fundado una que ahora está en la lista de Fortune 500 o un ministerio que tiene tantos miembros que tienen que reunirse en un estadio y realizar seis reuniones los domingos. Si su heredero destruye todo en unos meses por su poca preparación y mal criterio, su legado es cero. No importa cuán grande sea usted, o piense que lo es, ni qué monumentos ha creado, si eso muere con usted, usted fracasa. "¿Por qué me culpa?", podría preguntar. "Fui un exitoso empresario. Construí un imperio aquí. Fui un experto en el comercio durante mi vida…"

Cierto, usted puede haber hecho millones o convertido a miles, pero fracasó. Descuidó elegir a un sucesor que pudiera reservar su legado. Mientras vivió, usted fue responsable de entrenar a la siguiente generación. Tenía la obligación preservar su legado más allá del alcance de su vida. La transferencia del liderazgo es la mayor obligación de un líder.

Moisés fue un líder exitoso. Josué terminó siendo un terrible fracaso. Si usted lee la historia de Josué y Moisés, aprende cómo éste discipuló a Josué, lo entrenó desde temprana edad, y le cedió la compañía cuando él llegó a estar demasiado débil para continuar. Josué terminó con tres millones de personas, mucho dinero, un tabernáculo móvil que estaba libre de hipoteca. Tenía todo funcionando para él, pero cuando murió, no se lo dejó a nadie.

Josué puede haber sido un héroe para muchos porque hizo cruzar el Jordán al pueblo y los introdujo en la Tierra Prometida, pero fracasó como líder. No dejó un sucesor. La mayoría de los líderes que he conocido fracasaron porque su obra murió con ellos. La siguiente generación tuvo que volver a comenzar todo para reconstruir lo que pudieron. Eso es desperdiciar una generación entera.

He visto a los líderes llegar e irse, llevando con ellos su visión. Entonces alguien viene y toma su lugar en la tierra trayendo una nueva visión. Para mí eso es triste porque no creo que Dios tenga el propósito de que ninguno de nosotros traiga una nueva visión a la tierra. Su propósito es que seamos un eslabón en la cadena, para conectar nuestras visiones, nuestras perspectivas de la vida, de generación a generación, ampliando continuamente la visión.

Tenemos que transferir la visión de nuestro tiempo y conectarla a otro que la continúe en su tiempo. Ese heredero de la visión, a su turno, hará algo en la siguiente generación, garantizando esencialmente que nunca muramos. Podría decirse que un líder con un sucesor nunca muere. Un líder sin un sucesor muere dos veces: con la muerte física y con la muerte de la visión que termina.

Usted no es exitoso por lo que ha hecho. Es exitoso por lo que puede transferir a la próxima generación. **La generación que lo siga probará la grandeza de usted. Evalúe au grandeza por lo que es capaz de preservar para la próxima generación.** Un verdadero líder siempre se está preparando para partir. Proteja, preserve y perpetúe su liderazgo asegurándose de que otros transmitan su legado y amplíen su éxito.

Principios para la preservación del legado

Si usted espera que su visión continúe, recuerde estos principios para la preservación del legado, el liderazgo que se extiende más allá de su vida:

El liderazgo nunca le es dado a una sola generación. Muchos líderes heredaron un fideicomiso de una generación anterior para darlo a la siguiente. El verdadero liderazgo nunca es únicamente para su tiempo. Piense siempre: "¿Con qué se espera que contribuya al futuro? ¿Qué se supone que prepare para la generación venidera? ¿Qué se supone que yo les dé? ¿Qué tomé de la generación anterior y estoy perfeccionando para poder darlo a la próxima generación a fin de que sus líderes lo mejoren?" El liderazgo no es solo para usted, siempre es para su sucesor: una generación sucesora.

Un liderazgo que solo sirve a su generación está destinado al fracaso. Si usted no piensa más allá de su generación, todo lo que logre morirá con usted. Usted será recordado solo en su tiempo. Su nombre será olvidado, no pronunciado por las futuras generaciones. Esto es lo peor que le puede pasar a un ser humano. Nunca lidere con una sola generación en mente. Sea usted maestro de escuela dominical en una megaiglesia, gerente de departamento en una importante corporación, o presidente de un gran país, su liderazgo no existe solo para su generación sino también para las futuras generaciones.

Dios es un Dios transgeneracional. Cuando digo que Dios es "transgeneracional", quiero decir que Él piensa más allá de esta generación. Él está consciente de todas las generaciones. Dios nunca le habla solo a usted. Le habla a sus lomos. Dios siempre le habla a la generación que está retenida debajo de usted. Si piensa que Dios siempre le está hablando a usted, va a perder su legado. Si estudia las Escrituras con sumo cuidado, Dios siempre le recuerda a las personas con las que está hablando que en realidad no se está a ellas. Dios siempre les habla a los que no han nacido porque Él piensa transgeneracionalmente. Así que el liderazgo que es genuino, que es de Dios, siempre piensa transgeneracionalmente. ¿Sabe cuánto les tomó a los israelitas llegar a la tierra que Dios prometió a Abraham? Fue tanto tiempo que Abraham nunca llegó allí. Dios pensaba en generaciones.

> **Génesis 26:3:** "Vive en ese lugar por un tiempo. Yo estaré contigo y te bendeciré, porque a ti y a tu descendencia les daré todas esas tierras. Así confirmaré el juramento que le hice a tu padre Abraham".

Una visión que es genuinamente de Dios siempre será mayor que la duración de su vida. La gente piensa que debería completar su visión en lo que dura su vida, pero Dios es demasiado grande para eso. Siempre le dará una visión que sobrevivirá a usted. Parte de su responsabilidad como visionario es preparar su reemplazo para continuar la obra. Muchos de los líderes que la gente admira fueron, según mi perspectiva, fracasos porque llevaron al cementerio todo lo que se suponía tenían que dejarnos. Su obra murió. Creo que ese no era el plan de Dios.

Dios nunca le dará una misión que usted pueda completar en su vida, porque Él es un Dios generacional. No le permitirá a usted que complete la visión. Le permitirá que complete su fase de ella. Usted siempre puede decir cuándo un sueño es de Dios: usted nunca lo podrá terminar. Puede acabar su parte en él, la parte asignada para usted en el término su vida.

Creo que una de las más grandes afirmaciones hechas en la tierra por Jesucristo, a quien yo considero el mayor líder que haya existido, fue: "Todo se ha cumplido"

> **Juan 19:30:** "Al probar Jesús el vinagre, dijo: —Todo se ha cumplido. Luego inclinó la cabeza y entregó el espíritu".

Lo importante es que no dijo: "Lo he terminado." Hay una gran diferencia entre decir "Lo he terminado" y "Todo se ha cumplido". Esto último se refiere a una fase. ¿Por qué? Él sigue trabajando, ¿no? Sí, pero Él fue a otra fase que requiere la reubicación en otro lugar. La primera fase estaba terminada. Él completó una misión. ¿Qué está haciendo ahora? Intercediendo. Está en la fase de intercesión.

Su próxima fase puede requerir una reubicación. Sin embargo, si usted está estancado —colgado de esa vieja fase—, Dios no lo puede llevar a hacer una obra mayor. Usted puede estar tan enamorado de lo que está haciendo que bloquea su grandeza. Nunca piense que lo que está haciendo ahora es tan grande que no puede ir más allá. Es una fase. ¿Qué puede ser mejor que la resurrección? Sencillo. Ir al cielo a sentarse en un trono y orar. Jesús está en un trono. Para llegar allí, Él tuvo que terminar la primera fase.

Lo que ahora usted piensa que es tan grande quizás no sea el pináculo de su vida. El sueño de su corazón siempre será mayor que la duración de su vida, y su misión es completar su fase de él. Es importante saber cuándo acabó su fase. La extensión de su vida no determina la finalización de la fase que usted tiene asignada, sino que la finalización de la misión es la medida de la realización de su vida. Jesucristo finalizó la fase terrenal de su misión a la edad de treinta y tres años.

Su misión puede durar unos pocos meses, quizás unos años, o incluso una década. No se quede atado a ella porque su vida es mucho más grande que su trabajo. Deje de planear envejecer donde está. Está bloqueando a la próxima generación. Su vida es más grande que su trabajo, así que no se quede estancado en él.

Si el espíritu de mentoría y sucesión viene sobre usted, usted siempre será progresista. Siempre estará libre para moverse. Si captura ese espíritu, nunca estará deprimido cuando la compañía lo despida porque lo interpretaría como: "Es tiempo de avanzar". Usted no fue despedido. Fue liberado para su próxima fase.

Dios de todas las generaciones

Me intriga cuando leo en las Escrituras sobre la relación entre Dios y el hombre. Como mencioné en los principios precedentes, siempre que Dios trata con los seres humanos lo hace en términos del futuro. Les dijo a Adán y Eva que se multiplicaran, señorearan y llenaran la tierra. Esa instrucción tiene que ver con el futuro.

> **Génesis 1:28:** "y los bendijo con estas palabras: Sean fructíferos y multiplíquense; llenen la tierra y sométanla; dominen a los peces del mar y a las aves del cielo, y a todos los reptiles que se arrastran por el suelo."

Después llamó a Abram y le dijo que él sería una semilla, la semilla de una nueva nación, y que la nación sería bendita, nación tras nación.

No le estaba hablando a Abram, Dios dijo que las naciones serían benditas por medio de él. Dios siempre se refiere a las generaciones.

> **Génesis 12:1-3:** "El Señor le dijo a Abram: Deja tu tierra, tus parientes y la casa de tu padre, y vete a la tierra que te mostraré. Haré de ti una nación grande, y te bendeciré; haré famoso tu nombre, y serás una bendición. Bendeciré a los que te bendigan y maldeciré a los que te maldigan; ¡por medio de ti serán bendecidas todas las familias de la tierra!"

Cuando Dios habló sobre la salvación de toda la humanidad, prometió un Mesías que vendría y salvaría al mundo entero, lo cual significa que su promesa a los profetas respecto al Mesías no era para los profetas sino para las naciones y el mundo más allá de eso (vea Génesis 12:1).

Todo lo que Dios hace es transgeneracional. Es el líder supremo. Si Él piensa transgeneracionalmente, nosotros debemos pensar transgeneracionalmente. Cuanto más envejezco, más consciente soy de que esto es solo un breve momento en la historia. Los ochenta años que una larga vida podría durar es tan corto comparado con mil años más allá, cuando su nombre ni siquiera sea recordado. Debemos pensar en términos de liderazgo transgeneracional.

Sea una persona CEO de una compañía o ministro de un grupo de jóvenes, el liderazgo nunca es dado a una sola generación. Si usted es electo jefe de un país, su liderazgo no es dado a una sola generación. Si fija este concepto se dará cuenta de que todo líder es temporal.

A menudo nuestra tentación como líderes es pensar que el mundo empieza y termina con nosotros. Evidentemente no. El liderazgo siempre es transicional. Cualquier líder que piensa que es permanente debe recordar que el Creador tiene un agente neutralizador para eso: la muerte. No importa cuán aterrador o cuán maravilloso pueda ser un líder, con el tiempo la muerte terminará la fase de ese individuo.

Del vientre a la tumba

Una vez que usted acepta que no estará aquí para siempre y que planificar una sucesión podría ser una buena idea, eso podría ayudar a comprender cómo nos desenvolvemos como humanos. La vida tiene tres fases: dependencia, independencia e interdependencia.

Fase 1

Dependencia

Todo lo que tiene vida comienza con la dependencia, sea un niño o un fruto. La dependencia no es una señal de debilidad, sino más bien un signo de sabiduría. El niño permanece en el vientre porque necesita un anfitrión. Eso es sabiduría. Creo que cada vez que intentamos evitar la etapa de la dependencia, nos colocamos en peligro de muerte prematura. Eso es verdad respecto del ser humano, del animal y del árbol frutal. Si quitamos el fruto antes de que se desarrolle, quizás nunca madure. Lo mismo ocurre con los seres humanos.

Usted debe entender que no fue concebido solo. Nunca se desarrollará solo. Usted necesita comenzar su trayecto sometido a, aprendiendo de, dependiendo de, y cooperando con un anfitrión. En el liderazgo, a estas personas las llamamos mentores.

Ser mentor es crítico. Ser mentor significa proteger al líder incipiente de la destrucción prematura. La mentoría alimenta. Así como una madre alimenta a un hijo en el vientre, un mentor provee la incubación para el desarrollo y progreso de una persona. La placenta en el vientre de la madre es vital para transferir alimento, vitaminas y sustento al niño. El ambiente de la mentoría es de suma importancia para la transferencia y transmisión de información vital. La raíz y las ramas de un árbol nutren al fruto dándole lo que necesita, y así es con toda vida. Mentorizar es imperativo.

El árbol debe mantener el fruto adherido hasta que madure. Cuando el tiempo es adecuado, caerá del árbol por sí solo. La madre debe saber cuán importante es mantener al bebé saludable y cuidar de sí misma por el bien del niño hasta que madure lo suficiente para desenvolverse fuera del vientre. Muchos líderes no comprenden que las personas que los rodean son fruta verde, brotes que es necesario que ellos perfeccionen.

Fase 2

Independencia

Con el tiempo el niño madurará y gradualmente dejará atrás la necesidad de depender de la madre para todo. El fruto madurará y se desprenderá del árbol. Toda cosa viva alcanza una etapa de independencia. La independencia en sí es madurez. Para el mentor, es la segunda gran evidencia de éxito. La independencia implica ser capaz de funcionar separado del anfitrión, pero no significa abandonarlo. Quiere decir que usted se concentra en madurar. La independencia requiere comunicarle a su vez al mentor o anfitrión lo exitoso que fue en ayudarlo a desarrollarse. La independencia no es alejarse diciendo: "Ya no te necesito más". La independencia es decirle al anfitrión: "Gracias. Me formaste exitosamente hasta donde estoy ahora: lo suficientemente maduro como para expresar mi identidad individual, para manifestar mi singularidad, y mostrar mi valor distintivo a ti mi anfitrión/mentor y al mundo".

Fase 3

Interdependencia

La interdependencia es la medida suprema del éxito. En esta etapa, al mentorizado se le requiere que sea mentor. El nuevo mentor contribuye a cambio con el desarrollo continuo de las especies, de la organización y de la siguiente generación. La independencia es el liderazgo que cumple la promesa de la sucesión. La interdependencia es reproducir según su especie. Es devolver algo mejor que lo que a usted lo produjo. Cada subsiguiente generación de líderes será mejor que las anteriores. La interdependencia es la perpetuación de los futuros líderes. En esta etapa, el líder puede decir:

* Estoy obligado a ser mentor.
* Soy responsable de presentar informes a mi mentor.
* Voy a ser mentor.

La meta final no es la independencia sino la interdependencia: no solo separarse del anfitrión o padre sino además dar a cambio y aceptar la ayuda de otros. Las generaciones son interdependientes. Los líderes ayudan a asegurar que la próxima generación esté lista para asumir el reto.

Un plan para la reducción de la dependencia

He oído a líderes decir que no pueden tomarse vacaciones porque si no su empresa se derrumbaría mientras ellos están fuera. Si ese es el caso, ¡deberían ser despedidos! La medida suprema del verdadero liderazgo es su capacidad para marcharse. Usted siempre puede decir cuándo es un mal gerente, un supervisor ineficaz, o un líder débil por lo que ocurre cuando ellos no están en la oficina. Cada vez que un mal gerente deja la oficina, el personal hace un receso para el café y una fiesta de agua. ¿Recuerda esas veces en que no podía esperar que el gerente se fuera para poder sentarse con los demás y charlar dos o tres horas? Cuando el gerente regresa todos vuelven corriendo a sus escritorios. Eso es una señal de un mal líder.

¿Qué pasa en su organización cuando usted se va? ¿Podría estar fuera más de dos semanas para unas vacaciones geniales? ¿Por qué debe llamar a cada hora cuando está ausente? Porque usted no es un líder. Si el personal lo sigue llamando mientras está de vacaciones para hacerle preguntas o pedir dirección, entonces usted es un líder débil. Debería poder irse de vacaciones y decir: "No los voy a llamar. No me llamen todos los días. No voy a estar chequeando mi Blackberry. No me envíen mensajes de texto. Solo hagan lo que saben que tienen que hacer. Surja lo que surja, solo recuerden lo que les he enseñado".

Lo que ocurre en su ausencia será la medida de su grandeza. Su capacidad para ausentarse es la medida de su liderazgo. La gente me pregunta: "¿Cómo logra viajar doscientas mil millas por año, por todo el mundo y seguir teniendo una organización que es tan enorme y sin embargo se maneja por sí sola?" Les digo que es porque pasé los primeros diez años concentrándome en formar personas de mi organización para que asuman responsabilidades y hagan realidad su potencial de liderazgo. En otras palabras, deliberadamente creé el ambiente en el que disminuyera la necesidad de mi supervisión directa.

¿Ha comenzado usted a planificar su partida? ¿No? Tal vez esté pensando algo como: "Amigo, ¡debe estar loco! Este es mi trabajo, y nadie lo va a tomar. Trabajé mucho para obtener este puesto. Dios me dio este trabajo, y estoy protegiendo mi territorio. Mi plan es retirarme de este trabajo y cobrar mi pensión".

Si esta es su perspectiva, usted nunca obtendrá el legado del liderazgo que merece. No está exhibiendo el carácter y la naturaleza de un verdadero líder. Los verdaderos líderes no planean vivir de una pensión, sino de un propósito. Están más interesados en contribuir a la humanidad que en sacar ganancia de ella.

La meta suprema del verdadero liderazgo no es mantener seguidores sino líderes. Su meta es producir líderes.

El verdadero liderazgo se mide por la disminución de la dependencia de sus seguidores. Usted puede decir cuán eficaz es como líder por cuánto menos la gente parece necesitarlo. Han crecido hasta el nivel de independencia.

Su mayor contribución es sobrevivirse a sí mismo. La única manera de sobrevivirse a sí mismo es reproducirse. Por esa razón Jesucristo sigue vivo hoy en día. Él vive a través de los millones de "pequeños Cristos" —o "cristianos"— del mundo.

Los líderes inseguros necesitan personas que los necesiten. Esa dependencia sostiene al líder débil. Un líder inseguro para mí es una paradoja. Las dos palabras no van juntas. Se contradicen mutuamente, pero algunas personas se pavonean como líderes. Si usted es inseguro y tiene un cargo, es peligroso porque siempre querrá protegerse y defenderse. Las personas así destruyen a la oposición. No solo luchan con los rivales. Los destruyen. La inseguridad genera desdén contra quienes amenazan la posición del líder. Eso es un defecto. Es un fracaso.

Uno de los más grandes defectos de los líderes es el temor. El mayor temor del liderazgo es el éxito de los seguidores. ¿Alguna vez ha oído esto? "Tú puedes ser bueno, pero nunca mejor que yo". Desde el momento en que los seguidores comienzan a eclipsar al líder, este encuentras razones para enviarlos de vacaciones, reubicarlos en otra parte de la organización, despedirlos o colocarlos en retiro involuntario anticipado: cualquier cosa para deshacerse de ellos.

En otras palabras, nos volvemos inseguros cuando la gente que nos rodea comienza a triunfar. Algunos de nosotros nos sentimos amenazados cuando nadie viene a pedirnos ayuda, Que triste. Cuando las personas que lo rodean son más exitosas que lo que usted ha sido, es un elogio para su liderazgo. Recuerde siempre esto: Si usted mantiene frenado a un hombre, tiene que quedarse con él para mantenerlo allí. El temor al éxito de los demás es un gran defecto de los líderes. Es una señal de que son líderes débiles. Requiere valentía ser mentor de su sucesor. La disminución de la dependencia es la medida del liderazgo eficaz. Es como un padre que cría a un hijo. Si su hijo tiene cincuenta años y le sigue pidiendo que le cocine a diario, es necesario despedirlo a usted como padre. Usted fracasó. Su hijo debería cocinar para usted algunas veces, y también estar enseñándoles a cocinar a sus propios hijos.

Si usted es un pastor muy exitoso, por ejemplo, encontrará que la fila de personas que se adelantan a pedirle oración se vuelve más y más corta hasta que nadie vaya pase al altar a pedir oración. Bien, eso asusta a un pastor.

Un pastor me dijo: "Dr. Munroe, algo anda mal en mi iglesia. Hace años, cuando llamaba a las personas a venir por sanidad y consuelo, llenaban el altar. Ya no viene nadie".

Dije: "¿Qué lo deprime?"

Respondió: "Bueno, quizás estoy haciendo algo mal".

Le dije: "No, eso es una señal de que está funcionando. Ellos ya no necesitan que usted les ore. Están orando por sí mismos. Si usted dice que todo el que es pobre pase adelante, y nadie lo hace, eso significa que todos son ricos. Usted debería regocijarse como pastor".

Usted ha hecho bien su trabajo. Lo que les estuvo enseñando a hacer, lo están haciendo, y las oraciones de ellos están siendo respondidas. Tienen una efectiva vida de oración, y sus necesidades han sido satisfechas. Todos han sido salvos. Todos han sido sanados. Tienen pocas necesidades que traer al altar. Ellos lo necesitan menos a usted.

La suprema medida del verdadero liderazgo es la capacidad de irse. ¿Usted puede tomar todo lo que está construyendo y dárselo a otro? Si comprende que no es suyo y que usted es solo un mayordomo, le será fácil irse. Si piensa que eso es suyo o propiedad de su familia, no lo querrá dejar.

Si encuentra difícil tomar tiempo para reanimarse y disfrutar las cosas por las que tanto trabajó, usted puede estar manifestando signos de liderazgo fracasado. Si es inseguro respecto de su propia posición de liderazgo como pastor, gerente, o supervisor, entonces podría no ser el líder que usted debería ser. Si tiene temor de dejar el púlpito para las vacaciones porque piensa que su pastor de jóvenes podría tomar la iglesia, usted es un fracaso. Tal vez esa sensación de inseguridad podría ser evidencia de que usted no ha concentrado sus esfuerzos en ser mentor y producir potenciales líderes que puedan hacerse cargo en su ausencia.

Los líderes que muestran estos signos de inseguridad no han ayudado a la próxima generación de líderes a moverse de un estado de dependencia a uno de independencia, y finalmente a la etapa de inter-dependencia. Paso mucho tiempo lejos de mi organización. Mi mayor gozo es cuando no me extrañan cuando me voy. Cuando regreso, a menudo no saben que estoy de vuelta. Me pongo un poquito nervioso sin embargo. De vez en cuando, tengo que decirle al equipo: "Oigan, ya volví. ¡Hola a todos! Oigan, ¿me recuerdan?" Aun así, es un gozo cuando las cosas siguen yendo bien durante mi ausencia.

Puntos para recordar:

Si su visión muere con usted, usted ha fracasado.

Todo líder es temporal.

Evalúe el liderazgo por la disminución de la dependencia de sus seguidores.

La interdependencia es la suprema medida del éxito.

Parte 2

Los riesgos: Prepárese para cuando usted ya no esté

Capítulo 7

Provea un modelo

"SÉ QUE USTEDES son inexpertos, verdes, sin experiencia. Sé que no han estado conmigo por más de un par de semanas, pero permítanme decirles lo que voy a hacer. Voy a enviarlos de dos en dos. Quiero que salgan. Les voy a dar autoridad. Los voy a autorizar a hacer ciertas cosas. No están maduros todavía. No son experimentados todavía, pero voy a confiarles a ustedes un poquito de poder".

Eso es esencialmente lo que Jesús les dijo a sus seguidores en Lucas 9 y 10. Las Escrituras dicen que ellos echaron fuera demonios, sanaron a los enfermos, resucitaron muertos, y limpiaron leprosos. Cuando regresaron a Él, no podían esperar a informarle lo que había ocurrido. Decían algo así: "Maestro, no creerías que los demonios temblaban cuando aparecimos y los enfermos fueron sanados. Realmente les enseñamos. Vaya, lamentaron vernos".

Lucas 10:17: "Cuando los setenta y dos regresaron, dijeron contentos: —Señor, hasta los demonios se nos someten en tu nombre".

Jesús se regocijó con el éxito de ellos.

Puesto que la mayor responsabilidad del líder es reproducir líderes, es vital explorar plenamente por qué los líderes deberían concentrarse en desarrollar el liderazgo bajo su cuidado. Nos esperan muchos riesgos en el camino para establecer un efectivo plan de sucesión que pueda asegurar un sólido legado exitoso. La sucesión tiene éxito cuando el sucesor ocupa su puesto con la preparación adecuada. Él o ella están preparados porque el líder anterior fue un mentor efectivo, que delegó, instruyó, o dio un modelo del rol.

Ahora considere al pastor que se va de vacaciones y deja a un asistente a cargo por un par de domingos. Cuando regresa, todos los miembros están hablando de lo bien que predicó el asistente. "¡Era mejor que el pastor!" Si el pastor escucha la conversación al pasar, ¿qué debería hacer? Debería volver a irse y encontrar excusas para dejar que el asistente predique con mayor regularidad.

Digamos que usted deja a cargo al director adjunto y se va de vacaciones por un mes. Cuando regresa, todos los empleados dicen que la productividad subió y las ventas están hasta el techo. "¡Las mejores ganancias que jamás hayamos tenido!" ¿Qué haría usted con el subdirector? Si usted es inteligente, volverá a irse de vacaciones. Los verdaderos líderes no permiten que el éxito de sus seguidores los amenace o los haga poner celosos. Esperan el éxito. Lo aceptan. Entrenan a las personas para asegurarse de que un día llegue. Ellos son mentores.

"El liderazgo reproduce liderazgo".

"Nadie me ayudó, así que no voy a ayudar a nadie". Esa es una actitud que a menudo tenemos. "Llegué aquí por mi propio trabajo esforzado. Soy un hombre que me hice por mi propio esfuerzo. Lo hice a la manera difícil: salí adelante sin la ayuda de nadie. Déjenlos llegar allí de la mejor manera que puedan". Si esas son sus palabras, usted está repitiendo los hábitos egoístas de los líderes que hubo en su vida.

Los líderes deben aprender cómo transferir poder. No deberían temer soltar un poco de autoridad. Los líderes no pueden quedar presos en la trampa de no querer tomar las decisiones necesarias. No posponga las decisiones sobre la sucesión por la preocupación de que eso creará antagonismo, celos, u odio dentro del equipo, la congregación, el distrito o la familia. La transición no es peligrosa para su supervivencia y su legado. En cambio, es un gran peligro no tener una efectiva transferencia de poder. Transferir poder intencionalmente y a tiempo, de manera bien planificada, corre el riesgo de crear incomodidad en la organización por un corto tiempo, pero el fracaso en transferir el poder de manera efectiva es como arrojar un paquete de carne a perros hambrientos con la esperanza de que uno de ellos emerja como líder antes de que se maten todos y se conviertan en presa para otros animales.

Debemos asegurarnos de que los líderes —sea en el gobierno, la religión, la corporación, la municipalidad, o la vida familiar— lleguen a posiciones de autoridad y poder con el beneficio del entrenamiento y la mentoría estratégicos, objetivos e intencionales. Es increíble cuántos líderes llegaron a su puesto porque ganaron algún tipo de batalla, no porque alguien les pasó el testigo. A menudo consideramos que ganar una posición de liderazgo es una victoria sobre otro. "Gané la elección. Gané la carrera al senado. Gané el título de obispo". Actuamos como si obtuviéramos algo a expensas de otros. Eso no es liderazgo. Eso es conquistar almas humanas. Se supone que el liderazgo es poder pasado de una persona a otra.

Recuerde que cualquier poder que usted tenga es un don. Si usted recibió algo, no era suyo originalmente. Usted no nació con autoridad. La autoridad le es dada. Si usted toma la autoridad, eso es ilegítimo. Los verdaderos líderes surgen. No conquistan. Cuando un líder surge naturalmente, eso es poder legítimo. Los verdaderos líderes no deciden ser líderes. Son víctimas del destino. Así como los niños que no tuvieron padres eficaces suelen fracasar en ser buenos padres, los líderes que no han tenido buenos mentores tendrán dificultad para ser mentores y preparar a futuros lideres.

Este libro está diseñado para quebrar ese patrón. Examinemos algunas maneras en que podemos proveer un modelo para ser mentor y entrenar a otros para reproducir el buen liderazgo.

Comprender el liderazgo. Como "líderes siervos", lideramos sin controlar, manejar, u oprimir a la gente. Nuestro liderazgo tiene muy poco que ver con otras personas. Tiene más que ver con el autodescubrimiento. Implica encontrar nuestro sentido personal de propósito, descubrir nuestro verdadero don, y cultivar y desarrollar nuestro don para perseguir ese propósito. Es sacrificio, pagar el precio para cumplir ese propósito y esa visión. Cuando descubrimos nuestro propósito y nuestro don, desarrollamos confianza, seguridad, autovaloración, autoestima y sentido de la propia importancia que nos protegen de la amenaza de la competencia, la comparación y los celos. Estas fortalezas nos permiten formar a otros líderes exitosos. El verdadero liderazgo crea el ambiente para que otros se descubran a sí mismos.

Rechace los hábitos del mal liderazgo de sus predecesores. Aunque nadie nos haya entrenado, debemos capacitar a otros. Como verdaderos líderes que reproducen líderes, nosotros debemos ser modelo. Otros reproducirán lo que ven en nosotros. Si nuestro jefe mantuvo en secreto información clave, fracasó en delegar y expulsó a potenciales rivales, nosotros deberíamos hacer lo contrario. Si nuestro jefe o pastor no mentorizó ni alentó al nuevo liderazgo, nosotros debemos hacerlo. Es tiempo de quebrar el ciclo. Alguien tiene que detener esto. No deberíamos hacer a los demás lo que otros nos hicieron. Quienes no tuvieron una mentoría formal deben tomar la delantera y ser mentores de otros. Identifique a potenciales líderes y prepare un programa para entrenarlos. Dígale a alguien: "Voy a ser tu mentor. ¡Voy a hacerte grande! ¡Voy a formarte y a hacerte mejor que yo! Voy a ayudarte. Voy a entrenarte. Seré un ejemplo para ti". ¿Por qué no?

Busque buenos modelos y mentores. Si tiene un líder que es un buen modelo de rol, usted puede convertirse en uno. Tenemos que buscar maneras de ser buenos modelos para otro. Tenemos que quebrar el ciclo. Por esa razón ser padre es tan importante. Un buen padre producirá un buen hijo, quien producirá otro buen hijo. Sus modelos se convierten en lecciones de vida que usted puede enseñar a otros. Produzca líderes dando buen ejemplo. Cuando Jesús lavó los pies de los discípulos, Él fue modelo de conducta para ellos. No solo les dijo a los discípulos qué hacer. Generalmente Él lo demostraba y les permitía mirar. Es más importante que el líder muestre algo que el que diga algo. El mentor hará cosas y después preguntará si usted aprendió algo de eso. "¿Vieron lo que hice? ¿Vieron como manejé esa situación?" Se supone que usted aprenda de la experiencia. Jesús en esencia decía: "Yo soy su maestro, y lavé sus pies. Por lo tanto, de ahora en adelante ustedes deberían lavarse los pies unos a otros".

Él no estaba estableciendo un ritual para la iglesia; estaba diciendo que siempre que haya una necesidad, la satisfagamos. Si usted está presente y puede hacerlo, Es necesario brindar modelo de liderazgo. Él podría haberles llamado la atención, haberlos atacado, y haberles dicho qué desilusionado estaba de que todavía no se hubieran lavado los pies unos a otros cuando no encontraron ningún sirviente disponible. Estos son adultos. Pero no dijo nada. Solamente tomó una palangana. En algunos casos, es más importante *actuar* como líder, que hablar como un líder. Yo preferiría que hablaran de lo que hice que de lo que dije. De esa manera, muestro un modelo de conducta que quisiera ver en ustedes. Eso es lo que hace un modelo de rol.

Provea entrenamiento formal. No deberíamos dejar que otros aprendan en el trabajo porque tuvimos que hacerlo así. Los líderes deben ser entrenados para entrenar. Esa es la razón por la cual existe mi organización y por lo cual comparto esta información en mis libros: para que usted pueda entrenar a otros para que usen sus recursos, dinero y tiempo con precisión y destreza. Es necesario que seamos entrenados para que podamos entrenar. Si yo lo entreno, usted va ser mejor que yo, y eso espero. Eso es lo que quiero porque si lo entreno adecuadamente, usted entrenará mejor a otras personas. El liderazgo reproduce liderazgo. No podemos dejar el liderazgo al azar. Muchos líderes no son producto de entrenamiento formal y creen que el entrenamiento en el trabajo es suficientemente bueno para los demás. De algún modo tropezaron en su camino hacia los puestos que tienen. Las circunstancias les abrieron una puerta, o la historia los destinó para un puesto. Ocurrió que estaban allí cuando la persona que estaba sobre ellos se fue o murió, y nadie más se ofreció o no había nadie disponible. Quizás tienen algún entrenamiento irregular para hacer un trabajo específico, pero no capacitación formal en los principios del liderazgo. Para reproducir líderes, tienen que proveer ese entrenamiento para otros.

Tenga la confianza de delegar. Pida la valentía de compartir la autoridad, la influencia, y el conocimiento. Aprenda a confiar en los demás compartiendo el control y la información. El delegar presenta riesgos. Usted puede sentir que si otros aprenden lo que sabe, luego podrían no necesitarlo. Cada vez que usted delega una tarea, tiene que enseñar un poquito de lo que sabe. Tiene que compartir sabiduría y poder. Dé a otros oportunidades para ejercitar sus dones y crecer como líderes. Los buenos líderes reproducen líderes. Los éxitos de quienes vienen detrás no son una amenaza para ellos. No tienen celos de los dones que otros tienen, y no intentan suprimir ni oprimir a futuros líderes. El liderazgo es cuestión de compartir poder. En otras palabras, los verdaderos líderes invisten de poder. No lo acaparan, La única manera en que usted puede compartir poder es teniendo confianza en sí mismo. Usted es único. Nadie puede robarlo. Así que entréguese.

Encuentre el poder para soltar. Adopte la actitud de que usted está en el negocio de hacer jefes. Rodéese de potenciales líderes. Su valor no proviene de su posición. Su sentido de valor no proviene de su título. Su sentido de autoestima no proviene de cuánta autoridad tenga. Usted no puede ser jefe y tener a todos los demás como súbditos. Si se siente de esa manera, es hora de soltarlo. Aquellos de nosotros que hemos hecho de nuestros puestos sinónimos de nuestro valor comprendamos que eso es similar al suicidio. Si usted está atado a su puesto, es hora de sacarse el cinturón. Deshágase de todo sentido de haber adquirido derecho a algo: es una de las mayores debilidades del liderazgo. A veces pensamos: "Este puesto me pertenece. Llevo aquí cuarenta años. ¿Cómo se atreve a venir y tomar mi puesto? He sido el director de este departamento por años. He sido el líder de los guerreros de oración por décadas. He sido diácono. He estado a cargo de los ujieres". Suéltelo. Es hora de dejarlo ir. No tenemos derecho a estas cosas. Los líderes sabios están felices de entrenar personas para poder moverse a otro lugar. No tienen temor de soltar. Reproduzca líderes que puedan tomar su lugar.

Coloque el "trabajo con personas" antes que los trámites con papeles. Dé prioridad a las personas por sobre las políticas, los proyectos y el papeleo. En vez de producir memos, informes, proyecciones a cinco años y hojas de cálculo, produzca líderes. La mentoría es cuestión de personas, no de memos. "Tengo mucho trabajo que hacer hoy. No puedo ver a nadie". ¿Alguna vez ha dicho eso? No mire ahora, pero ese es usted. Para reproducir líderes, usted debe pasar tiempo con la gente. El papeleo tiene su lugar. Para mí, es de 11 de la noche a 3 de la mañana. Eso es lo que hago. El día le pertenece a la gente. La mayor obra de un líder es formar personas, no esconderse de ellas. El líder no pasa los días detrás de puertas cerradas en una oficina en el décimo piso, ocho a nueve horas solo con un teléfono fijo, un teléfono "inteligente", computadora, fax y control remoto para el televisor de pantalla grande. Para reproducir líderes, usted tiene que salir y trabajar con materiales en crudo, la gente que trabaja con usted. Muy a menudo camino por toda mi organización. Entro a todos los departamentos, y mantengo contacto con todos. ¿Por qué hago esto? El estilo de vida de torre de marfil es demoníaco. Tómese tiempo para entrenar gente. La capacitación viene cuando usted baja de la torre y se encuentra con la gente. Está en contacto y habla. "¿Cómo está tu familia? ¿Cómo te va? ¿Cuál es tu desafío ahora?" Cuando hago esto, veo cosas que es necesario hacer, cosas que nadie más ve. "Ah, eso necesita cambiar. ¿Por qué esto es así?" Aléjese del papel y encuéntrese con la gente. El liderazgo es asunto de servir a la gente. En vez de dejar detrás de usted un excelente informe final, déjenos una buena persona que lo siga. Realice algunos cambios ahora. Reestructure sus prioridades desde este día en adelante. Permita que este sea el año en que usted se convierta en un formador de personas. Sea un verdadero líder.

Afirme a otros. Cuando usted afirma a las personas, les edifica su confianza. "Fue un buen trabajo ese que hiciste. Eres muy bueno en esto. Realmente has encontrado tu llamado". Debemos aprender a confirmar a los demás. No es difícil de hacer. La afirmación produce seres humanos funcionales. Todos necesitamos afirmación para desarrollar conceptos saludables acerca de nosotros mismos, autoestima, autovaloración y un sentido de valor e importancia.. Aprenda a decir cosas positivas y alentadoras a quienes están a su alrededor. Para ser su mentor, usted tiene que afirmarlos, elogiarlos y levantarlos. Es necesario que digamos: "Eso fue estupendo. Quiero que vuelvas a hacerlo para mí. Realmente, ¿por qué no te haces cargo de todo el proyecto y lo diriges? Porque eres muy bueno en lo que haces. Estoy muy orgulloso de ti". Dígale eso a la gente que trabaja para usted. Camine por toda la compañía y afirme a la gente. Los líderes seguros afirman a todos. No necesitan amenazar ni asustar a la gente. No temen que alguien tome su trabajo o piense que son blandos. Las personas confiadas afirman a otros. Los desafío a que sean líderes que produzcan líderes. Afirme a las personas y luego suelte. Deshágase de la actitud que dice: "Nadie me ayudó, así que ¿por qué debería ayudarte? No voy a ser tu mentor. Nadie me mentorizó. Tuve que trabajar mucho para obtener lo que tengo". Ese es el espíritu equivocado. Deberíamos desear ser mentores para que la próxima persona no tenga que trabajar tanto para avanzar. Mentorice para evitar que la otra persona pase por el estrés que usted afrontó y formar líderes que serán mejor que lo que usted fue. Ayúdelos a comenzar desde donde usted dejó y llevar su sueño hasta el próximo nivel.

Dé lugar a los inconformistas. Resista el impulso a desalentarlos y acallarlos. Permita que el inconformista se desarrolle. Venza la tentación de despedirlo, desacreditarlo, o enviarlo a otro departamento. Si tolera al inconformista, usted puede producir líderes. Sabe lo que es un inconformista, ¿verdad? Es alguien que está lleno de energía, nuevas ideas y grandes sueños. Eso debería darle energía también a usted, no irritarlo o hacerlo sentir viejo, tonto e inadecuado. Los inconformistas cuestionarán los sistemas anticuados, y los métodos que ya no funcionan. El inconformista ofrecerá nuevos hechos y teorías innovadoras. Este rebelde viene portando nuevas ideas para quebrar sus tradiciones viejas. Usted, por supuesto, se siente protegido por esas tradiciones. Un inconformista desafía a la antigua forma de pensar. Cuando esto ocurre, deje de aferrarse a las tradiciones y despójese de esos conceptos preconcebidos acerca de cómo hacer las cosas.

Las nuevas ideas no son una amenaza. Despréndase de lo familiar. No se aferre a programas, proyectos, políticas y personas solo porque se sienten familiares y lo hacen sentir seguro. Cuando entra a ese círculo una nueva generación de individuos empujando nuevas ideas o conceptos no verificados, no deberíamos estar resentidos. "¿Quiénes se creen que son?" Son inconformistas. Acéptelos. Un líder que acepta y alienta a los jóvenes y nuevos líderes aspirantes y les da oportunidades de crecer garantizará su legado. Dé la bienvenida a los inconformistas.

Comparta la toma de decisiones en vez de imponerlas. Dé oportunidades para explorar nuevas ideas en vez de limitarse a dar instrucciones. Aprenda a lograr consenso, no meramente dar indicaciones. Es necesario que confiemos en la visión colectiva de la gente que nos rodea en vez de confiar solamente en nuestros propios criterios. Anime el debate, dé su consentimiento y comparta ideas. Permita que las personas resuelvan los problemas por sí mismas como parte de una organización de líderes. El dictador dice: "Ustedes escuchen lo que digo. Yo soy el jefe aquí. Hagan lo que digo. Soy el obispo. Soy el ungido de Dios. Soy el pastor. ¿No saben cuánto tiempo hace que soy presidente del directorio?" El mentor valiente dice: "¿Qué piensan? Usen su criterio. Tráiganme sus ideas, o resuélvanlo entre ustedes. Confío en que ustedes vengan con soluciones. Me gustan los conceptos creativos e innovadores que han traído a la organización". Como líderes valientes, somos lo suficientemente seguros y confiados para soportar a quienes podrían cuestionar nuestra autoridad. El concepto tradicional que tenemos de los líderes es una organización con *un* líder. Ese no es el concepto de Dios. Dios quiere una organización *de* líderes. Las dictaduras son anticuadas y no son viables. Permita que las personas tomen decisiones. Como mentores debemos mirar más allá de nuestras propias perspectivas para aceptar la multiplicidad de buenas decisiones que pueden surgir de nuestro equipo. El liderazgo no es una dictadura. Libere a las personas. Reprodúzcalas.

En los Estados Unidos, el presidente Barack Obama es un buen ejemplo de líder que ha dado acogida al debate. Alentó la discusión. Creo que uno de sus puntos fuertes es la capacidad para escuchar. Tal vez Winston Churchill pueda servir como modelo inspirador de un líder que pudo no solo galvanizar la resiliencia del pueblo británico contra el régimen dictatorial de la Alemania de Hitler, sino que además pudo unificar a los aliados de Occidente en un exitoso frente militar para derrotar a los fascistas. La capacidad de Churchill, por medio de sus eficaces habilidades comunicacionales, su disposición a escuchar y su valoración de las aspiraciones de los demás, contribuyó a su éxito como líder.

La disposición a escuchar es una señal de que usted está seguro de donde está. No teme los desafíos y preguntas, ni siquiera las discrepancias. Está cómodo en su capacidad para atravesar todo eso y tomar buenas decisiones en las que todos participan.

Los verdaderos líderes abren las puertas para que la gente pase, crean nuevas oportunidades para que se desarrollen, y da incentivos para que otros alcancen su propia grandeza. Proveen un modelo.

Puntos para recordar:

Los buenos líderes reproducen líderes.

Mentorice a otros para quebrar el ciclo de inadecuada preparación de líderes.

Afirme a otros y dé lugar a los inconformistas.

Capítulo 8

Sea una auténtica autoridad

LOS LÍDERES TIENEN autoridad. Están autorizados a usar sus dones. La autoridad se relaciona con la palabra *autorizar*. Esta a su vez proviene de la raíz *autor*. Esta palabra significa uno que es el fundador o creador de algo. Autor remite al creador. Los líderes nacen cuando encuentran su autoridad. Hallan su autoridad cuando encuentran su don. Otra palabra vinculada a autoridad es auténtico. Un líder es una persona que ha encontrado algo que es tan natural para él, tan auténtico, que cuando lo realiza, simplemente está siendo él mismo. Una persona genuina se convertirá en líder. Ser genuino —ser simplemente usted mismo— lo hace a usted un líder.

Por esa razón los verdaderos líderes no trabajan por dinero. Trabajan por diversión. El dinero los sigue. La autenticidad siempre hallará la prosperidad. Cuando usted es auténtico, el dinero y las personas van en pos de usted.

Estudie a las grandes personas del mundo de hoy, la gente que llamamos grande. Simplemente se está divirtiendo. Cuando el entrevistador de televisión Charlie Rose preguntó a Morgan Freeman si alguna vez se cansaría de actuar, él dijo: "No, simplemente me divierto".

El mayor líder de todos los tiempos, el líder supremo, Jesucristo, nos mostró que el propósito de la autoridad es conferir autoridad. Recordé anteriormente que Jesús informó a sus estudiantes que se le había concedido "toda autoridad en el cielo y en la tierra". Después se dio vuelta y se la delegó a ellos (Mateo 28:18-20). Uno de los mayores desafíos para la naturaleza humana es el manejo del poder. Usted obtuvo ese ascenso para que pueda desatar la autoridad de otras personas.

La auténtica autoridad desata la autoridad de otras personas.

Permítame decirlo de otra manera. Los buenos líderes emplean gente. Los grandes líderes *despliegan* a la gente. Los líderes comunes reúnen personas a su alrededor. Los grandes líderes la distribuyen. Entre al mundo. Vaya. A los grandes líderes les encanta delegar.

Los auténticos líderes no tienen temor al éxito y crecimiento de la autoridad de sus protegidos.

El apóstol Pablo comprendía esto. Él dijo:

Filipenses 2:22: Pero ustedes conocen bien la entereza de carácter de Timoteo, que ha servido conmigo en la obra del evangelio, como un hijo junto a su padre.

Pablo le encargó a Timoteo que continuara la obra:

1 Timoteo 6:13-14,20: Teniendo a Dios por testigo, el cual da vida a todas las cosas, y a Cristo Jesús, que dio su admirable testimonio delante de Poncio Pilato, te encargo que guardes este mandato sin mancha ni reproche hasta la venida de nuestro Señor Jesucristo... Timoteo, ¡cuida bien lo que se te ha confiado!

El apóstol Juan también comprendió esto. En 3 Juan 2-4, dice:

Querido hermano, oro para que te vaya bien en todos tus asuntos y goces de buena salud, así como prosperas espiritualmente. Me alegré mucho cuando vinieron unos hermanos y dieron testimonio de tu fidelidad, y de cómo estás poniendo en práctica la verdad. Nada me produce más alegría que oír que mis hijos practican la verdad.

Jesús mismo les dijo a los discípulos que ellos harían "aun mayores cosas" que las obras que Él había estado haciendo (Juan 14:12).

El propósito de la autoridad es transferirla, desatarla, e investir de ella a otros. Muchos de nosotros nos ponemos nerviosos cuando la gente que ha estado bajo nuestra influencia comienza a prosperar. Eso expone nuestras inseguridades. Otros podrían ver nuestro déficit. Si el éxito de otros lo hace sentir inseguro, usted todavía no ha logrado el nivel de liderazgo auténtico.

Cuando Jesús habló a su equipo después que ellos fracasaran en echar un demonio fuera de un muchacho, las preguntas que les hizo fueron intrigantes: "¿Hasta cuándo tendré que estar con ustedes? ¿Hasta cuándo tendré que soportarlos?" (Mateo 17:17). En realidad estaba diciendo: "Miren, los problemas van a venir a su encuentro muchas veces. No dependan de mí". Los estaba capacitando para que dejaran de depender de Él. Era como si dijera: "Estoy trabajando en ustedes. Los estoy entrenando. Los estoy perfeccionando, pero no lo voy a hacer siempre".

Los líderes inseguros se ponen nerviosos cuando la gente que los rodea se convierte en mejores líderes, pero los líderes auténticos y seguros siempre están capacitando a quienes los rodean para que sean mejores que ellos. Lo desafío a hacer eso. Imagine que dirijo este departamento. Soy el gerente. Estoy a cargo, y les digo a la gente de mi departamento: "Miren, no quiero estar con ustedes demasiado tiempo, así que aprendan pronto". Creo que eso es lo que Jesús quería decir. Ahora el líder promedio inseguro tiene hoy una actitud diferente. La actitud es: "No voy a ningún lado. Usted puede olvidarse de este lugar. No me lo va a quitar. Durante veinte años estuve tratando de llegar aquí. Finalmente llegué y me voy a quedar aquí. ¿Cuánto tiempo está dispuesto a esperar esto? Espérelo sentado."Los

> *"El propósito de la autoridad es transferirla, soltarla e investir de ella a otros".*

líderes seguros invierten las preguntas: "¿Cuándo puedes estar listo? ¿Qué se requeriría para que te familiarices pronto para que puedas hacerte cargo? Quiero delegar más responsabilidad sobre ti. Necesito moverme a otra cosa. Quiero que tomes mi lugar." Si usted piensa de esa manera, es un líder auténtico: un líder que ha encontrado valor dentro de sí. Los verdaderos líderes añaden valor a su puesto, y cuando se van, sus colegas pueden extrañarlo pero también pueden aceptar al sucesor. Si usted añade valor al trabajo, va a ser el último que alguien querría que se fuera.

Jesús, el líder supremo, les dijo a sus estudiantes que era mejor para ellos que Él se fuera (vea Juan 16:7). Los verdaderos líderes comprenden absolutamente que son transicionales. Los verdaderos líderes son conscientes de que no son imprescindibles y crean deliberadamente una salida hacia su nueva misión. Es emocional y psicológicamente saludable para los líderes aceptar que el liderazgo es un privilegio temporal. La perspectiva de liderazgo de Jesucristo y su pensamiento transicional es un modelo para los líderes de hoy. Él se destaca como el estándar para la mentalidad de un liderazgo auténtico que eleva el debate sobre el concepto de sucesión.

Los verdaderos líderes no se casan con sus títulos ni sus puestos y están plenamente conscientes de la naturaleza temporal de su rol de liderazgo. Imagine a nuestros líderes contemporáneos vendiéndonos la idea de que su objetivo es dejar su posición de autoridad y pasarla a sus seguidores. Este es un pensamiento extraño para la mayoría de nuestros líderes actuales, y espero que el ejemplo de Jesús inspire a futuros líderes para adoptar su filosofía.

El mayor ejemplo de liderazgo de la historia, Jesucristo, les recordaba constantemente a sus seguidores que tenía el propósito de irse y traspasarles a ellos todas sus responsabilidades. ¡Qué manera de pensar! Cuando comience su próxima reunión de personal, pruebe decir: "Hoy voy a comenzar la agenda hablando de mi partida. Permítanme decirles que este lugar será mejor cuando yo me vaya. Será mucho mejor para todos ustedes cuando me vaya de aquí".

Déjeme intentarlo

Jesús el gran líder, caminaba sobre el agua un día cuando uno de sus seguidores le preguntó: "¿Puedo ir?" Esa es una pregunta peligrosa.

> **Mateo 14:28:** "Señor, si eres tú —respondió Pedro—, mándame que vaya a ti sobre el agua".

Aquí está usted en la oficina del presidente, en la cima de la compañía, y uno de los aprendices entra y le dice: "Señora Presidente, ¿puedo sentarme allí? Enséñeme cómo hacer su trabajo".

Las implicaciones de esta pregunta de un estudiante de Jesús, intentando realizar la misma acción que el maestro estaba llevando a cabo, fueron que el corazón del aprendiz experimentara cómo hacía las cosas el líder. En esencia, este fue el único estudiante entre los doce que respondió como un mentorizado eficaz. Él también definió más la relación con su mentor. Es responsabilidad del discípulo buscar al mentor a fin de beneficiarse de la relación, pero un autentico líder engendrará esa respuesta.

Este deseo y ansia de aprender, y requerir la riqueza de conocimiento, experiencia y sabiduría del mentor lo alienta a este para revelar al aprendiz los recursos que pueden ayudarlo en su futuro desempeño personal. Es importante observar que la respuesta del mentor fue positiva, inmediata y retadora. Simplemente le dijo: "Ven" (vea Mateo 14:29). Los mentores siempre invitarán a los mentorizados a que los sigan para que experimenten su mundo. Los mentores solo enseñarán lo que el mentorizado quiera aprender.

La declaración: "Mándame que vaya a ti", indica además la disposición de Pedro (el mentorizado, en este caso) a entrar en el mundo, el conocimiento y la experiencia del mentor. Sin embargo, esta pregunta siempre desafiará y pondrá de manifiesto el nivel de madurez, de confianza en sí mismo y de seguridad del líder. Como líder empresarial, asesor y pastor, se me ha hecho esa pregunta muchas veces, incluyendo a individuos dentro de mi propia organización. Mi respuesta es un sentimiento de entusiasmo, confianza y alivio. Cuanto más puedo compartir mi conocimiento, experiencia y ambiente, más me libero para progresar a mayores alturas y en territorios inexplorados para mi propia vida. Si enseño al mentorizado a caminar sobre el agua, yo puedo avanzar para caminar en el aire. Como pastor, quiero reunir a mi alrededor a aquellos a quienes puedo delegar y en última instancia transferir mis responsabilidades. Mi llamado puede ser permanente, pero mi posición no lo es.

Los líderes de mañana ya están alrededor de mí. En cada oportunidad que tengo, los estimulo y los sigo poniendo a prueba a todos. Las personas que lo rodean a usted siempre pueden hacer más de lo que usted les está permitiendo que hagan. Los verdaderos líderes se regocijan cuando sus aprendices se vuelven más eficaces que ellos. Ese es el corazón del liderazgo auténtico Podemos alegrarnos cuando los miembros de nuestro personal están haciendo cosas que nosotros hacemos y las hacen aun mejor que lo que nosotros podríamos.

Cuando usted es un líder que sabe quién es, por qué nació y lo que vino a hacer aquí, sabe que nadie lo puede reemplazar. El éxito de otras personas es prueba de su éxito en liderarlas.

Puntos para recordar:

El propósito de la autoridad es desatar/liberar autoridad.

Si es un auténtico líder, usted podrá:

Pensar más allá de su liderazgo. Esto es imperativo. Si usted va a ser un líder que sea el mentor de su sucesor, debe pensar más allá de su liderazgo. Usted no es un fin en sí mismo. No se trata de usted; y usted no es la estrella. Usted es simplemente un extra en el escenario.

Pensar transgeneracionalmente. Piense en los que aún no han nacido y lo que usted va a proveer para ellos, y cómo va a preparar este lugar para quienes vienen detrás de usted.

Ser consciente de su mortalidad. Los grandes líderes siempre piensan en su muerte. Los líderes insensatos creen que

---

nunca van a morir. Usted es un gran líder si está constantemente consciente de su mortalidad. "Podría morir mañana."

Ser consciente de su prescindibilidad. Usted es prescindible. Un líder siempre sabe que el directorio puede despedirlo por la mañana. Sabe que siempre debe proteger la vida después de ese trabajo. Siempre piensan en términos de irse. Usted es prescindible. De vez en cuando los líderes necesitan una revelación. Tenemos la idea de que si el Señor nos llamó, nadie nos puede reemplazar. No. Usted es prescindible. En realidad, lo podemos hacer sin usted. ¿Puede imaginarse eso? Hasta podría ser mejor sin usted. Tomé la decisión de que en los próximos años de mi vida, me voy a vaciar de mi visión. Voy a identificar a algunas personas, y me voy a vaciar porque soy prescindible. La visión no es prescindible, pero los visionarios sí. Estar liderando es un privilegio, no un derecho.

Entender que usted es responsable por el futuro de la organización. Esto es muy importante. La mayoría de las veces la gente que ocupa posiciones de liderazgo en organizaciones, ya se trate de un partido político, una iglesia, un negocio o una familia, tiene esta idea de que estamos en esa posición para asegurarnos a nosotros mismos. Tratan de ganar promociones, ganar un gran salario, disfrutar de una plaza de aparcamiento privado que tenga nuestro nombre, de obtener el despacho de la esquina, y se deleitan con un título: el obispo, el doctor Fulano de Tal. En efecto, Dios dice: "No, la cuestión es la organización. El liderazgo es cuestión de la seguridad de la empresa, y la única manera de hacerlo es la sucesión. Usted quiere un ser humano que proteja este lugar".

Tener seguridad en sí mismo. Los auténticos líderes están seguros de sí mismos. Ellos no obtienen seguridad de lo que hacen, de lo que están llamados a hacer, o de cuál es la posición que tienen. Su seguridad es inherente a su valor para Dios. Ellos saben que son importantes para el mundo porque fueron enviados a cumplir una misión. Esa es su seguridad. No importa dónde se encuentren, siguen siendo seguros.

Alegrarse por el éxito de otras personas. Eso es un grande. Nunca he visto tanta envidia como en el ambiente cristiano. Los celos son un signo de inseguridad y falta de visión. Los celos significan que usted no sabe quién es y entonces no quiere que ninguno pueda ser él mismo. Los celos significan que se sienten inseguro de su propio ser. Una persona segura de sí siempre fomenta el éxito de otras personas. El líder seguro se regocija por el éxito de otras personas. Cuando usted entrena a la gente y ella tiene éxito, eso será su crédito. Por lo tanto, ayúdela a tener éxito.

Actuar como un visionario. Los líderes seguros no actúan como propietarios. No soy el dueño de una empresa. No soy el dueño de este ministerio. Soy solamente un visionario. Soy un chico de los recados. Vengo a entregar algo de lo eterno. He venido a tomar lo invisible, hacerlo visible, y luego me voy. No estoy aquí para ser dueño de esto. Soy solamente el canal de distribución. Eso es el liderazgo.

Estar siempre preparado para irse, no para quedarse. Me sentí intrigado cuando observé este concepto en uno de los primeros encuentros que Jesucristo, el más grande líder, tuvo con su equipo, su mentorizados. ¿Sabe lo que tenía en su agenda? Una palabra: muerte. ¿Por qué era tan importante? Él quiso establecer la atmósfera desde el principio. Básicamente, dice: "Te he llamado hoy aquí para hacer un anuncio. Me voy a morir. Ahora, vamos a iniciar la organización". Eso fue lo que hizo. Comenzó con el anuncio de su partida. Yo me atrevo. Me atrevo a hacerlo. Prepare a otros para cuando usted salga. Jesús comenzó de esa manera, diciendo en esencia: "Voy a ser crucificado, y me van a enterrar, y vendré otra vez, al tercer día, pero quiero que sepas de antemano que voy a morir. Ahora, comencemos. Yo no voy a estar aquí, por lo que todos debemos aprender rápidamente". ¡Qué manera de empezar! ¿Puede usted hacer ese anuncio en su organización? Llame a una gran reunión de personal y diga: "Está bien. Quiero que todos sepan que me voy a morir, bueno, no inmediatamente pero con el tiempo. Quiero que todos sepan que mientras yo estoy con ustedes, les enseñaré todo lo que sé". Esa debe ser su actitud. Le garantizo que obtendrá de su gente más productividad después de la reunión, porque al fin van a creer que le importan. No se trata de usted. Usted es temporal.

Una vez que haya hecho ese anuncio, se genera un espíritu de compromiso para que usted pueda ser mentor. Se vuelve más consciente de su responsabilidad de cuidar de cada persona de esa organización para ayudarlos a ser mejores.

Concentrarse en asegurar su legado. Los líderes seguros se centran en el legado, no en asegurar su cuenta bancaria, no en asegurar sus bienes inmuebles, no en proteger sus coches. Ese es el espíritu de la mentoría. Manténgase en contacto con la gente. Haga de ella su prioridad. Dé su vida. Distribúyase a sí mismo entre su generación. Conviértase en un mentor de mentorizados que sean mentores. Viva para el éxito de otras personas. Haga suyos los sueños de ser grande de otra persona. "Es bueno para usted que yo no esté presente. Porque si yo estoy presente, usted no puede hacer grandes obras". Que esa sea también su oración.

Capítulo 9

Haga espacio para el inconformista

LA REUNIÓN COMENZÓ puntualmente a las 10 a.m. cuando el presidente del directorio entró en la sala. Miré a mi alrededor e inspeccioné a los miembros reunidos, confiadamente sentados en quince sillas de cuero con respaldo alto alrededor de una hermosa mesa de caoba que llenaba el salón. Su sabiduría colectiva representaba décadas de experiencia. El presidente tomó asiento y le hizo señas a un joven que parecía intimidado por la evidencia de la edad en muchas cabezas plateadas en la sala, confirmando su juventud e inexperiencia.

"¡Buenos días a todos! Este es el Sr. Femi Odeyo, nuestro nuevo gerente de desarrollo de producto que nos llevará al futuro y mantendrá nuestra compañía a la vanguardia".

A lo que pareció ser un aplauso menos que entusiasta, el gerente, vestido con jeans azules, saco sport informal y corbata multicolor, se levantó e hizo una pequeña reverencia de respeto hacia estos gigantes corporativos en este salón sagrado.

"¡Buenos días, señores y señoras! Estoy contentísimo y me siento honrado de tener la oportunidad de unirme a un equipo de tan distinguidos colegas, dirigiendo la compañía que ha roto todos los récords en nuestra industria. Espero poder aumentar el espíritu progresista que ha llevado a esta compañía a las alturas que ha disfrutado por tantos años, y tengo muchas ganas de trabajar y aprender de ustedes."

Con una leve sonrisa en su rostro, el presidente invitó al nuevo ejecutivo a presentar su primera propuesta al directorio para su análisis y consideración. Él caminó hacia el frente de la sala, activó el proyector para su presentación de PowerPoint y comenzó a develar el nuevo concepto y producto para el próximo ciclo de la compañía. A medida que avanzaba en su presentación, la audiencia hizo silencio pero luego se impacientó. Los miembros del directorio soltaban gruñidos y suspiros profundos. Obviamente, la reacción a las nuevas ideas del gerente fue de indignación, sobrecogimiento, incredulidad y sospecha. Finalmente, en el salón la tensión podía cortarse con un cuchillo.

Concluyó su charla y luego abrió un espacio para preguntas y comentarios. Después de mucho vacilar, se levantó una mano, y como si se hubiera roto un dique, los miembros comenzaron a soltar sus respuestas e inquietudes.

"Esto es desviarse por completo de nuestra tradicional línea de productos y puede causar confusión en las mentes de nuestros clientes de mucho tiempo", dijo un miembro del directorio.

"¿Y cómo planea convencer a los gerentes de segunda línea de que acepten este nuevo enfoque?", preguntó otro miembro.

"Estoy sumamente preocupado de que esta nueva idea cambie la reputación que tenemos en el mercado y amenace nuestra largamente establecida trayectoria como compañía conservadora", añadió otro miembro.

"Todos los grandes líderes en algún momento fueron considerados inconformistas, rebeldes y contestatarios".

Pronto al presidente le quedó claro que la respuesta del directorio a las ideas del nuevo asociado era la esperada. Golpeando los dedos en la oscura mesa de madera para llamar la atención de los presentes, comenzó: "Señoras y señores, esta es precisamente la razón por la que nombré al Sr. Femi Odeyo para este puesto, para desafiar nuestras ideas establecidas y abrir esta compañía a nuevos horizontes. Estamos aquí en la sala no para proteger o venerar nuestra historia sino para hacer historia. Yo apoyo su propuesta y espero que todos estemos dispuestos a abrir las ventanas cerradas de nuestras mentes para dejar que entre un poco de aire fresco que nos inspirará a todos a ir a lugares donde jamás hemos estado. Démosle una mano para que nos dirija hacia el futuro".

Esta historia es tan vieja como el tiempo y se repite en cada organización, en cada país, y en cada generación. Es el principio del inconformista. Un inconformista es alguien que siempre hace la pregunta equivocada en el momento equivocado e inicia algo que destruye toda tradición. En cada organización, en cada reunión de personal, hay por lo menos uno. Usted sabe quién es.

Un inconformista lo puede avergonzar. Se le acercará y le dirá: "¿Por qué razón la compañía sigue soportando este problema? Sería tan fácil solucionarlo".

"Bueno, hemos intentado resolverlo durante cuarenta años. Hemos intentado todo. No se puede hacer", dice usted.

"Al contrario, si solo hacemos aquello y hacemos esto, esto, esto y aquello, se solucionará. Déjeme intentarlo", dice el inconformista.

En dos días él informa que el problema que usted no pudo resolver en cuatro décadas ahora es historia.

¿Está pensando: "Detesto a ese fanfarrón"?

Imagine que acaba de contratar a una recién graduada de una de las mejores universidades para un puesto de nivel inicial en sistemas de información. Vino altamente recomendada y obtuvo un máster con honores en informática. Como parte de su orientación, usted la invita a observar una reunión gerencial del alto mando. En lugar de quedarse callada, hace varias preguntas. Finalmente, interrumpe para sugerir que su método de rastrear los envíos es anticuado pero que ella podría corregirlo fácilmente, si usted adopta el nuevo software que ella creó en la escuela de posgrado.

De inmediato usted descarta la sugerencia y se siente agraviado por su descaro. Piensa: "¿Quién es ella para cuestionar mis decisiones gerenciales?"

Usted le espeta: "Bueno, siempre lo hemos hecho así. Es una práctica que data de mucho tiempo aquí en ABC Manufacturing. Ha sido nuestra política, y aquí vienen ustedes que acaban de salir de la facultad con sus ideas precipitadas y tan de moda, y con su tecnología deslumbrante".

Probablemente esto no solo le resulte incómodo a ella, también es malo para la compañía. Quizás ha alienado y asfixiado a la única persona que podría asegurar el éxito continuado de la compañía, cuadruplicar las ganancias y expandir las operaciones a mercados globales. Esta podría ser su sucesora. Admítalo. Ella le recuerda un poco a usted cuando tenía esa edad y acababa de entrar en la compañía. ¿No es así?

En ese entonces, usted rápidamente se ganó la reputación de tener algo de inconformista, y aún se siente orgulloso de tener una veta independiente. Ahora cuando otros vienen con ideas innovadoras y tácticas no convencionales, usted tiende a hacerlos a un lado y excluirlos de la compañía. Un inconformista pondrá a prueba su capacidad de seguir siendo amable y cortés. No queremos que ninguno de los que nos rodean sea más listo que nosotros. Tenemos a estos chicos que ahora salen de la universidad con un título en ciberespacio y ciencia de la Internet, y usted apenas está intentando tipear con un dedo. Están en su departamento, y ganan más que usted, que lleva allí cincuenta años. Usted no se fía de ellos porque son inconformistas.

¿Quién necesita a estos alborotadores? Usted, porque son los líderes de mañana. El no hacer lugar para los inconformistas es una de las principales razones por las que no reproducimos líderes. No tenga celos de los inconformistas. Acéptelos. No tenga miedo a las formas distintas de hacer las cosas. Adóptelas de inmediato. Eso es muy importante. El inconformista es quien traerá progreso a la compañía. El progreso nunca nace de los tradicionalistas. Nace de los que quebrantan la tradición. Si va a desarrollar buenos líderes, tendrá que hacer lugar para quienes lo hacen pensar.

En cambio, con frecuencia tratamos de acallarlos, frenarlos, o excluirlos. Al hacerlo, asfixiamos la creatividad, el crecimiento y el progreso. Corremos el riesgo de ver que nuestro éxito, nuestro legado, muera con nosotros. Nuestra cultura refuerza el conformismo y desalienta el autodescubrimiento. Todos los grandes líderes en algún momento fueron considerados inconformistas, rebeldes y contestatarios. La inconformidad es un requisito del liderazgo.

Los inconformistas son los que van más allá de lo que otros han hecho y hacen historia. Jesús era un inconformista. Juan el Bautista ciertamente era un inconformista. La Virgen María era una inconformista. Martin Luther King Jr. era un inconformista. Mahatma Gandhi era un inconformista. Eleanor Roosevelt era una inconformista. Bill Gates es un inconformista. Hillary Clinton es una inconformista. Barack Obama es un inconformista. La lista es larga, y es difícil pensar en algún gran líder que no se ajuste a eso.

Agentes de cambio

El término para inconformista en inglés es *maverick,* que proviene del apellido de un ranchero tejano que no seguía la tradición de marcar su ganado, como hacían todos los demás, lo cual causó problemas y controversia entre sus vecinos rancheros. La palabra llegó a significar de pensamiento independiente.

"Maverick" por lo general describe a una persona o personalidad que lanza ideas nuevas, no probadas y no convencionales en un entorno. Gente como esta no permite que las tradiciones y convenciones de una organización o compañía los deje atrapados. Generalmente una persona más joven viene con ideas nuevas porque él o ella no está inmerso en las tradiciones históricas de la organización. Por lo tanto, estos inconformistas están dispuestos a poner a prueba los límites o ampliarlos. Están dispuestos a cornear algunas vacas sagradas para probar nuevas ideas. Esto naturalmente amenaza el statu quo.

Los inconformistas usualmente son agentes de cambio. El cambio es saludable para cualquier organización porque es el único componente de la vida que es inevitable. Ya sea que iniciemos el cambio o nos convirtamos en su víctima, el cambio ganará. Un beneficio de tener el espíritu del inconformista en su operación es que puede hacerlo iniciador, cultivador y agente de cambio antes que víctima del cambio. Un gerente sabio no asfixiará al inconformista, sino que alentará el espíritu de exploración, experimentación e innovación sin sentirse amenazado. El mentor sabio incluso puede reconocer que alguna vez él mismo fue un inconformista.

El mentor más grande de todos los tiempos, Jesucristo, no sólo aceptaba a los inconformistas, sino que también desafiaba a sus mentorizados a pensar más allá de la norma y a quebrantar las tradiciones. No lo intimidaban las preguntas, las alentaba. En efecto, era un inconformista que desafiaba a los líderes tradicionales de su tiempo con preguntas perturbadoras. Nunca aceptaba la norma, sino que creaba normas nuevas. Desafió la tradición e introdujo nuevos paradigmas con los que aún seguimos trabajando dos mil años después. Jesús no solo fue un inconformista, también creaba y atraía a inconformistas.

Mire la forma en que Pedro lo desafió en ocasiones. Pedro fue el que se resistió cuando Jesús lavó los pies de sus compañeros de cena. Cuando llegó su turno, Pedro tuvo un problema con esto. Lavar los pies a alguien era tarea que debía estar haciendo un siervo. Para cuando llegó el turno de Pedro, se sentía tan incómodo con la idea de que el Maestro le lavara los pies que decidió decir algo. Por supuesto que lo hizo. Era un inconformista. "Maestro, no tienes que lavarme los pies", dijo.

El Evangelio de Juan describe la escena de esta forma:

> **Juan 13:3-9:** "Sabía Jesús que el Padre había puesto todas las cosas bajo su dominio, y que había salido de Dios y a él volvía; así que se levantó de la mesa, se quitó el manto y se ató una toalla a la cintura. Luego echó agua en un recipiente y comenzó a lavarles los pies a sus discípulos y a secárselos

con la toalla que llevaba a la cintura. Cuando llegó a Simón Pedro, éste le dijo: —¿Y tú, Señor, me vas a lavar los pies a mí? —Ahora no entiendes lo que estoy haciendo —le respondió Jesús—, pero lo entenderás más tarde. —¡No! —protestó Pedro—. ¡Jamás me lavarás los pies! —Si no te los lavo, no tendrás parte conmigo. —Entonces, Señor, ¡no sólo los pies sino también las manos y la cabeza!".

Es interesante que Simón Pedro, estudiante de Cristo, no solo fuera su inconformista más destacado, sino que también estuviera íntimamente incluido en el programa de mentoría de Jesús. El líder máximo, Jesucristo, eligió a doce hombres que lo tendrían por mentor, pero de entre ellos eligió a tres para un nivel de entrenamiento más íntimo. De entre esos tres, podría decirse que Simón Pedro era el más desafiante. No obstante, Jesús lo eligió para asumir responsabilidad por el futuro de la organización. Mostró que si usted quiere asegurar el futuro, debe dárselo al inconformista.

Después que Jesús lo corrigió sobre el asunto del lavado de pies, Pedro cambió rápidamente de opinión, pero su primera reacción como mentorizado fue desafiarlo. Incluso después de que Jesús lo eligió para continuar y edificar su iglesia, Pedro cuestionó lo que Jesús estaba diciendo acerca de su partida.

> **Mateo 16:18-23:** "Yo te digo que tú eres Pedro, y sobre esta piedra edificaré mi iglesia, y las puertas del reino de la muerte no prevalecerán contra ella. Te daré las llaves del reino de los cielos; todo lo que ates en la tierra quedará atado en el cielo, y todo lo que desates en la tierra quedará desatado en el cielo. Luego les ordenó a sus discípulos que no dijeran a nadie que él era el Cristo. Desde entonces comenzó Jesús a advertir a sus discípulos que tenía que ir a Jerusalén y sufrir muchas cosas a manos de los ancianos, de los jefes de los sacerdotes y de los maestros de la ley, y que era necesario que lo mataran y que al tercer día resucitara. **Pedro lo llevó aparte y comenzó a reprenderlo: —¡De ninguna manera, Señor! ¡Esto no te sucederá jamás!** Jesús se volvió y le dijo a Pedro: —¡Aléjate de mí, Satanás! Quieres hacerme tropezar; no piensas en las cosas de Dios sino en las de los hombres". (Énfasis añadido.)

Pedro era diferente en muchas formas. Siempre traía nuevas ideas. En la transfiguración de Jesús, quiso construir tiendas para honrarlos a Él, a Moisés y a Elías (vea Marcos 9:5). Después fue él quien le cortó la oreja al siervo de uno de los soldados que vinieron a llevarse a Jesús, y solo él los siguió adonde lo llevaron para ser juzgado.

> **Juan 18:10-11:** "Simón Pedro, que tenía una espada, la desenfundó e hirió al siervo del sumo sacerdote, cortándole la oreja derecha. (El siervo se llamaba Malco.) —¡Vuelve esa espada a su funda! —le ordenó Jesús a Pedro—. ¿Acaso no he de beber el trago amargo que el Padre me da a beber?"

Mentorizar al inconformista

Cada vez que Pedro lo desafiaba o se portaba mal, Jesús lo corregía, diciéndole incluso que estaba lleno del diablo. Pedro era el mentorizado, Jesús el mentor. Jesús sabía que Pedro era un inconformista. Finalmente, eligió al inconformista para continuar su liderazgo.

Haga lugar para el inconformista. Debería ser el primero a quien usted mentorice. Siéntelos a su lado en la reunión de directorio. Escuche todo lo que estos jóvenes innovadores tengan para decir. Aliéntelos a hablar con franqueza. De ellos surgirán ideas nueva.

También tendrá que soportar a alguien que puede ser difícil de moldear, un poco inadaptado, imposible de callar y ansioso por avanzar. En el análisis final, quizás no elija al inconformista para sucederlo, pero ponga a este rebelde bajo sus alas, aprenda de él, y aliéntelo a usar sus dones para ayudarlo a cumplir su visión. Su compañía, agencia, u organización será mejor por ello.

Puntos para recordar:

Acepte y aliente al inconformista.

Jesucristo desafió a sus mentorizados a pensar más allá de la norma y quebrantar las tradiciones.

El inconformismo es un requisito para el liderazgo.

Capítulo 10

Niéguese a ser una uva sin semilla

Un día fui al supermercado a hacer un recado para mi esposa. Ya allí, caminé hacia el sector de productos alimenticios. Mientras examinaba las muchas frutas, verduras y jugos, observé carteles que decían "uvas sin semilla" y "naranjas sin semilla". Al principio pensé que era un truco porque jamás había oído cosa semejante. Pensé: "¿Es posible que haya frutas sin semilla?"

Le pregunté al encargado de la tienda. "¿La información en esos carteles es correcta?" Sonrió y dijo: "Es la nueva tendencia". Extendí el brazo y levanté una hermosa naranja. Parecía normal. Tenía el olor normal. Pensé para mí: "¿Este es nuestro futuro?" y la respuesta explotó en mi mente. Esta fruta no tiene futuro.

De pronto, me di cuenta de que el futuro de todo existe en las semillas de cada cosa, y donde no hay semilla, no hay futuro. Salí de ese supermercado cambiado para siempre, entendiendo por completo el principio de que el fruto sin semilla se aplica a toda vida. Toda organización, partido político, iglesia, corporación, e incluso familia debe cultivar, identificar, asegurar y desarrollar las semillas potenciales que hay dentro de su contexto que garantizarán la perpetuación de esa entidad. Eso es ser mentor. El proceso de mentoría y el principio de sucesión impiden que toda organización se convierta en fruto sin semilla. Los frutos sin semilla solo satisfacen el presente, enfocándose en la gratificación inmediata a expensas de la posteridad.

La responsabilidad de ser mentor y el compromiso para una sucesión eficaz nunca deben ser un experimento sino que deben ser intencionales. Jesús plantó semillas. No dejó el "desarrollo del liderazgo" librado al azar. Tenía un programa. Estuvo tres años y medio entrenando, desarrollando, moldeando, formando y siendo modelo de liderazgo para sus doce estudiantes. Para cuando se fue, el supremo entrenador se aseguró que ellos pudieran predicar, enseñar, orar, sanar, echar fuera demonios y hacer milagros. Su mayor éxito no fue lo que Él hizo, sino lo que sus estudiantes y los estudiantes de ellos hicieron después de que Él se fue.

Mientras estaba con ellos, Jesús contó esta historia:

> **Mateo 13:31-32:** "Les contó otra parábola: «El reino de los cielos es como un grano de mostaza que un hombre sembró en su campo. Aunque es la más pequeña de todas las semillas, cuando crece es la más grande de las hortalizas y se convierte en árbol, de modo que vienen las aves y anidan en sus ramas»".

Al ser mentores, plantamos la semilla para las generaciones futuras. Sin embargo, muchos líderes son como uvas sin semilla. No producen una semilla que fácilmente reproduzca más de lo mismo. Si recuerda las tres etapas de la vida presentadas anteriormente (vea el capítulo 6), un fruto depende del árbol. Si lo deja allí, a la larga se soltará solo cuando esté maduro y caerá al suelo. El fruto pasa a ser independiente, pero esa no es la etapa final. Quizás usted piense que el objetivo final de un naranjo es producir fruto, pero eso no es verdad. El objetivo es producir semillas. Cuando el fruto cae del árbol, el don más grande que puede darle al mundo es la semilla que contiene. El propósito de un árbol no es producir fruto, sino producir semilla. El regalo más grande que lleva un fruto no es el fruto, es la semilla. Usted puede ir al supermercado y comprar uvas sin semilla y naranjas sin semilla. Ese es fruto sin futuro. No puede reproducirse.

"Al ser mentores, plantamos la semilla para las generaciones futuras".

Como esbocé en el capítulo 6, el propósito fundamental de la vida no es la independencia, sino la interdependencia, la capacidad de contribuir al desarrollo continuo de las especies. Ser mentores nos garantiza que no seremos como fruto sin semilla.

Como líder, su mayor contribución a la vida no es su liderazgo, sino la semilla: los líderes que produjo e hizo madurar. Usted puede reproducir su propia especie. Puede transferir todo cuanto ha alcanzado a la siguiente generación.

Los líderes que no son mentores son fruto sin semilla. Para ser mentor y llevar fruto, debe erradicar estas tendencias, problemas y emociones:

Sentirse con derecho. Los líderes que no se convierten en mentores desean seguridad laboral para sí mismos. Ser mentor significa que usted está delegando funciones y que no ve su trabajo como un puesto permanente o como propiedad privada o derecho adquirido. Muchos líderes derivan su autovaloración del puesto que tienen. Su autoestima depende de él. Ven el trabajo como su seguridad. Temen ser mentores porque sienten que estarían socavando su propia vida.

Temor. Ser mentor implica que usted planea irse. Cuando los líderes creen que no tienen adónde ir, se resisten a ser mentores. Temen ese desconocido agujero oscuro llamado jubilación. Sienten que ser mentores es algo que socavará su trabajo, su seguridad financiera, y su pensión. "Si soy mentor, voy a acabar perdiendo todo eso", piensan. Jubilarse puede causarle gran temor a un líder que no tiene una vida a la cual aspirar. Debemos recordar que nuestra vida es más grande que nuestro trabajo y que nuestro trabajo es una fase temporal. No debemos tener temor de preparar a otros para ocupar nuestro lugar.

Resistencia. Nada asusta más a los seres humanos que el cambio, especialmente el cambio no controlado. Cuando es mentor de alguien, está creando la perspectiva de cambio que lo afecta directamente a usted. No nos importa cambiar las vidas de otros, pero no queremos cambiar la nuestra. No nos importa sacar a otras personas de nuestro departamento, pero no queremos sacarnos a nosotros mismos. Para ser mentor hay que estar dispuesto a cambiar quiénes somos, dónde estamos y lo que somos. Esas perspectivas son atemorizantes.

Autoestima pobre. Si su sentido de estima o valor proviene de su posición y título, querrá retenerlos toda la vida. Obviamente, no sentirá que preparar a alguien para hacer su trabajo sea de su mayor interés. Sin embargo, si reconocemos que nuestro propio valor viene de nuestros dones únicos y trasciende al trabajo que tenemos hoy, podemos liberarnos y convertirnos en mentores para que otros se desarrollen en nuestro puesto.

Duda. Muchos líderes declararán que son mentores y fomentan la idea de que uno debería ser mentor preparar a un sucesor. Sin embargo, lo que subyace a sus declaraciones públicas es un temor a que la gente de su círculo actual nunca pueda calzarse sus zapatos. No tienen fe en su propia gente. No son mentores de nadie porque no creen que haya a su alrededor alguien digno de ocupar su lugar.

Amor inapropiado. Los líderes pueden enamorarse tanto de la gente de su trabajo que tienen miedo de vivir sin ella. Cuando usted está de veinte a treinta años en una organización, la gente que está en ella puede llegar a ser como su familia. Ser mentor consiste en ceder poder, ceder autoridad, transferir influencia y ceder control. La idea de ser mentor sugiere ceder "familia". Debemos recordar que todo en la vida es transitorio. Nunca deberíamos apegarnos a nada ni a nadie a tal punto que nuestro sentido de individualidad y nuestro sentido de autovaloración dependan de esas relaciones.

Inversión. Usted ha invertido toda su vida en esta organización, iglesia, o compañía, y ahora debe ser el mentor de alguien que podría adueñarse de su inversión o incluso destruirla después de que usted se haya ido. Esa es la actitud de un líder que no entiende que la única forma de preservar la inversión es mentorizar un sucesor. Si usted ha sido un buen mentor, sus inversiones estarán en buenas manos.

No hay excusas

En resumidas cuentas, gran parte de nuestras razones para no convertirnos en mentores —para ser uvas sin semilla—se reduce a falta de confianza en nosotros mismos y en otros.

Es cuestión de temor al futuro y falta de fe. Nuestros temores son indicadores de un liderazgo pobre. Es por eso que Cristo ha venido a nuestras vidas. Jesús vino a librarnos de la falsa autovaloración o de la falta de autovaloración. Si usted ha ocupado una posición de liderazgo durante un tiempo significativo, debería conocer su valor y tener la confianza de haber producido, desarrollado, refinado y cultivado a la gente que estaba bajo su influencia para que se conviertan en líderes. Los líderes desarrollan personas que puedan llegar a convertirse en sucesores.

Hoy en día, mucha gente que ha tenido trabajos durante décadas los está perdiendo por causa de la crisis económica global. Están disgustados, deprimidos y desilusionados. Muchos de ellos se vuelven al alcohol, a las drogas, o a ambos para intentar adormecer el dolor. Algunos se rinden por completo —suicidándose—, todo porque perdieron un trabajo o un título.

¿Qué sucedería si las fuerzas económicas borraran por completo su compañía o industria? Usted ha trabajado toda su vida, pero todo su entrenamiento es para una industria extinguida por la Internet o por la tercerización a países extranjeros. Creo que esa es una gran oportunidad para reexaminar sus prioridades y hacer un inventario de sí mismo: ¿Cuál es mi valor? ¿Dónde están cimentados mis valores?

Un claro sentido de autovaloración le permite ser mentor porque hacerlo inicia el proceso por el cual finalmente usted mismo se saca de una posición de liderazgo. Es un proceso atemorizante.

Jesús, nuestro supremo ejemplo de mentor, no estaba preocupado por su posición de liderazgo. Estaba seguro. En los inicios de su ministerio, puso su partida en su agenda. Comenzó a hablar de irse.

> **Mateo 16:21:** "Desde entonces comenzó Jesús a advertir a sus discípulos que tenía que ir a Jerusalén y sufrir muchas cosas a manos de los ancianos, de los jefes de los sacerdotes y de los maestros de la ley, y que era necesario que lo mataran y que al tercer día resucitara".

> **Marcos 8:31:** "Luego comenzó a enseñarles: —El Hijo del hombre tiene que sufrir muchas cosas y ser rechazado por los ancianos, por los jefes de los sacerdotes y por los maestros de la ley. Es necesario que lo maten y que a los tres días resucite".

> **Lucas 9:22:** "El Hijo del hombre tiene que sufrir muchas cosas y ser rechazado por los ancianos, los jefes de los sacerdotes y los maestros de la ley. Es necesario que lo maten y que resucite al tercer día".

¿Por qué convocar a una reunión del personal de su organización para decir: "Miren, no voy a estar con ustedes para siempre. Así que quiero entrenarlos para que se arreglen sin mí."? Planee su partida el día que comienza para no ser una uva sin semilla.

Hay una vida después de ser mentor

Entre los mayores temores que asedian al líder inseguro respecto a la mentoría están: "Si entreno exitosamente a mi reemplazo ¿cuál es mi futuro? ¿Aún tengo un lugar? ¿Hay vida después de ser mentor?" La respuesta es: "Absolutamente, ¡sí!". Ser mentor le garantiza que su vida nunca se estancará y que su éxito nunca lo dejará preso en su puesto.

Jesucristo sabía que venía a la tierra para irse. A lo largo de toda su vida con sus discípulos, no dejó de recordárselo, diciendo cosas como: "Me voy. Voy a morir. Me voy a ir. Saben, me estaré yendo pronto".

Ese debería ser el espíritu de un verdadero líder. Puesto que usted sabe que es transitorio, puede enfocarse en la gente. Es libre para concentrarse en la tarea de ser mentor. Su partida es un hecho. No tiene que tener miedo de jubilarse.

Jesús no le temía al futuro o a ir hacia lo desconocido porque sabía que lo desconocido estaba en las manos de su Padre. Todos los verdaderos líderes deben entender que no se pertenecen a sí mismos. Pertenecen a Dios. Él les da cada posición de liderazgo en el tiempo divino. Jesús era consciente de esto. A menudo decía: "Voy a mi Padre. Voy a preparar un lugar para ustedes". Siempre hablaba de un sentido de otra misión. Los verdaderos líderes siempre están conscientes de que el cambio es inevitable y de que deberían preverlo y esperarlo. Ellos pueden hacer preparativos porque el cambio es seguro. Los verdaderos líderes saben que ninguna posición es un destino, y que ninguna es una residencia permanente, sino que consideran cada posición como un curso preparatorio para la siguiente fase de su vida.

Este supremo líder, Jesucristo, no se resistía al cambio sino que, en realidad, lo iniciaba. Es la propia conciencia de la seguridad del cambio la que hace nacer la necesidad de ser mentor. Jesús no tenía miedo de ser mentor porque amaba el cambio. En efecto muchas veces desafió a los discípulos a hacer cosas que temían hacer. Alentaba la innovación. Le dijo a Pedro que caminara sobre las aguas. Esto es aliento innovador. Les dijo a sus mentorizados que alimentaran a cinco mil solamente con un almuerzo que cabía en una bolsita de papel. Los obligó a "replanear" los panes y los peces. Desafió su resistencia y los obligó a cambiar. Su liderazgo demostró que Él creía en sí mismo. Sus palabras favoritas eran "Yo soy" —palabras que representan autovaloración, concepto de sí mismo y autoestima. "Yo soy el pan de vida. Yo soy la palabra de vida. Yo soy el camino. Yo soy la verdad. Yo soy la puerta. Yo soy la resurrección." Todo lo que decía expresaba su sentido de confianza en sí mismo.

También tenía confianza en el sucesor al que estaba preparando. Un breve repaso de su relación con Pedro revela que Jesús tuvo confianza en Pedro desde el mismo comienzo. Una vez Pedro se jactó de que nunca abandonaría a su mentor. Jesús le dijo que sería probado en ese punto pero que sobreviviría al desafío y volvería.

Lucas 22:31-33: "Simón, Simón, mira que Satanás ha pedido zarandearlos a ustedes como si fueran trigo. Pero yo he orado por ti, para que no falle tu fe. Y tú, cuando te hayas vuelto a mí, fortalece a tus hermanos. —Señor —respondió Pedro—, estoy dispuesto a ir contigo tanto a la cárcel como a la muerte".

Incluso después de que Pedro negó a Jesús tres veces (vea Lucas 22:57-62) mientras lo juzgaban, el Jesús resucitado tenía confianza. Después de su muerte y resurrección, el mentor convocó a una reunión y quería que todos sus estudiantes estuvieran allí. El ángel les dijo a los que venían a la tumba:

> **Marcos 16:7:** "**Pero vayan a decirles a los discípulos y a Pedro**: «Él va delante de ustedes a Galilea. Allí lo verán, tal como les dijo»". (Énfasis añadido.)

Los mentores deben recordar que sus mentorizados fallarán alguna vez, pero su confianza en ellos debería traerlos de vuelta, y eso es lo que trajo a Pedro de regreso. La confianza de su mentor devolvió a Pedro al liderazgo.

Asirse demasiado fuerte

¿Es el amor que siente por la gente de su trabajo lo que le impide ser mentor? Jesús no nos amó al punto de querer quedarse con nosotros. Dijo: "Es mejor que yo me vaya para que ustedes puedan hacer mayores obras".

A veces usted ama tanto a su personal o a sus hijos que entorpece su crecimiento no dándoles tiempo para estar solos. Esto también se aplica al matrimonio. Creo que los cónyuges necesitan estar apartados por periodos para reencontrarse consigo mismos. Las personas casadas suelen pasar tanto tiempo con el otro que pierden contacto consigo mismas. Los cónyuges necesitan tiempo a solas para fortalecer la autoconfianza y mantener sus propias identidades.

El proceso de mentoría requiere que el mentor y el mentorizado pasen tiempo juntos. Esto es porque mentorizar no solo es cuestión de instruir y enseñar sino, lo que es aún más importante, también requiere observar. Sin embargo, la eficacia del mentor se pone a prueba por la ausencia del mismo. En esencia, los mentores deben dar a sus mentorizados espacio para que demuestren su propio progreso y desarrollo.

Jesús no amaba su trabajo al punto de querer quedarse en la tierra en su cuerpo para siempre. Sabía que esta vida y este cuerpo eran temporales. Él no tenía miedo de perder su inversión. Entregó todo lo que tenía, toda su autoridad y poderes, a sus discípulos: toda la obra que había hecho en la salvación y en la redención. Les dijo: "Ahora vayan y llévenlo al mundo". Jesús les entregó su inversión a ellos. Había sido su mentor, protegiendo su inversión. Su legado estaba seguro. Jesús le dijo a Pedro: "Te estoy enseñando esto para que puedas enseñárselo a otros". Transfirió la inversión para que otros pudieran ser beneficiarios y pudieran beneficiar a otros. Había plantado la semilla.

El mayor líder de todos los tiempos expresó este principio de pensar en la sucesión en palabras muy simples:

> **Juan 17:20:** "No ruego sólo por éstos. Ruego también por los que han de creer en mí por el mensaje de ellos".

Estaba pensando en el futuro.

Como líderes de hoy, debemos hacer lo mismo: ser mentores para plantar las semillas para el futuro. Todo cambia, y nadie vive para siempre. Si no plantamos las semillas del liderazgo, y no las cuidamos, y no las cultivamos hasta que nuevos líderes alcancen la madurez, no podremos cosechar un legado de éxito que nos sobreviva. Necesitamos semillas nuevas, crecimiento nuevo.

Durante los últimos treinta años, he tenido el privilegio de construir una organización que se ha convertido en un éxito nacional e internacional con cientos de trabajadores a tiempo completo y voluntarios. Siempre fui consciente de la naturaleza transitoria de la vida; por lo tanto, en las primeras etapas del desarrollo de nuestra organización, intencionalmente instituí no solo un proceso de carrera profesional sino también una atmósfera de mentoría. Busqué individuos jóvenes, talentosos y altamente motivados que tuvieran la posibilidad de asegurar el futuro de mi visión. Comencé inmediatamente a atraerlos a mi círculo de influencia. Su respuesta a esta invitación determinó el nivel de mi compromiso como su mentor. Yo era muy consciente de que cada día me estaba poniendo más viejo, y me negaba a vivir bajo el autoengaño de ser indispensable. Quería asegurarme, como debería hacer todo líder, que el hermoso, exitoso, fructífero sueño que hemos cultivado, produzca semillas. El futuro está en la semilla.

Puntos para recordar:

La falta de confianza es la razón principal para no ser mentor.

La mentoría impide que las organizaciones se conviertan en fruto sin semilla.

Parte 3

El propósito: Haga que su visión perdure

Capítulo 11

Pase el testigo:

ES UNA CARRERA DE RELEVOS

EL ÓRGANO SONABA suavemente al mismo tiempo que muchísima gente desfilaba por la iglesia. Desde mi estratégica ubicación, podía ver el ataúd colocado al frente al mismo tiempo que muchos miembros de la familia y amigos se alineaban para ver los restos del difunto ser amado. El hombre que había muerto alguna vez había sido un famoso atleta. La mayoría de los dolientes eran conocidos héroes del deporte. Al lado del altar había una fotografía tamaño natural del hombre al que veneraban, en pose de carrera, representando su atletismo en la profesión de pista y campo.

Finalmente, decidí presentar mis respetos junto con el amigo al que había acompañado al solemne evento. Cuando nos unimos a la fila, cada vez más reducida, de espectadores, eché un primer vistazo al cuerpo sin vida de este gran patrono que había ganado tantas medallas de oro para su país. De pronto, estaba frente a frente con la realidad de la muerte al ver el cuerpo inmóvil de quien alguna vez fue un ser humano que rebosaba energía.

Mis ojos pronto se detuvieron en el instrumento que había en su mano. Al observarlo más de cerca, me quedé atónito cuando vi que la mano del muerto asía fuertemente un testigo de color plateado, como el que se usa en las carreras de relevos. Me resultó divertido al principio y después me quedé allí paralizado, como soñando despierto, mientras contemplaba una asombrosa paradoja, experimentando una revelación.

Cuando volví a mi asiento, perdí noción de lo que sucedía a mi alrededor, absorto en mis pensamientos y perplejo por lo que había visto. Fue una lección que me llevaré a la tumba. ¿Cuál era esa lección? La imagen de esa mano muerta que sostenía fuertemente la varilla siempre será un recordatorio de que los testigos no fueron hechos para apropiarse de ellos. Esta imagen fue una de las lecciones de liderazgo más grandes que jamás he aprendido. Me recordó que muchos líderes preferirían morir aferrando el testigo de su legado que pasarlo a la siguiente generación de líderes.

Es importante entender que el liderazgo es una carrera de relevos, no un maratón o una carrera plana. El liderazgo es cuestión de pasar conocimiento, experiencias, sabiduría y logros a la siguiente generación. Recuerde, en una carrera de relevos ¡todo el equipo gana!

> *"El mayor logro del liderazgo no es alcanzarlo, es soltarlo".*

En muchos emprendimientos tenemos personas de ochenta años de edad que siguen intentando mantenerse a cargo. Talentosos leones jóvenes están esperando para hacer algo grande por la organización, pero algún viejo león los está bloqueando, declarando: "El Señor dice: 'Me fijé que en esta vida la carrera no la ganan los más veloces, sino los que resisten' (paráfrasis de Eclesiastés 9:11). Voy a morir aquí".

Esa es la actitud de un maratonista. El liderazgo se parece más a una carrera de relevos que a un maratón.

¿Qué es una carrera de relevos? Un maratón solo tiene un ganador. Cuando usted corre un maratón, mil personas podrían comenzar la carrera. Solo uno gana. Ese corredor se lleva toda la gloria. Una carrera de relevos es diferente. Comienza un corredor por cada equipo. Cada persona corre solo una etapa de la carrera. El equipo comparte la gloria.

En el maratón se valora la resistencia. Una victoria en ese evento galardona el desempeño y la persistencia individuales. El premio va al que primero cruza la línea de llegada después de una extenuante y larga carrera donde los individuos compiten unos con otros. En una carrera de relevos, cada corredor corre su etapa y pasa el testigo con rapidez y asegurándose de que el siguiente corredor pueda comenzar. Solo se declara la victoria cuando el último miembro del equipo cruza la línea de llegada. El equipo ha ganado.

Cada cuatro años vemos una dramática variación de esto cuando los corredores de muchas nacionalidades portan la antorcha olímpica alrededor del mundo hasta la siguiente sede de los juegos. Cada corredor cubre la distancia asignada, pasándola de uno a otro, hasta que el último portador entra al estadio del país anfitrión durante las ceremonias de apertura y enciende el fuego que sirve como símbolo de los juegos.

Este es un buen modelo para la sucesión del liderazgo. Usted tiene que saber cuándo ha terminado su etapa en esta compañía, en esta iglesia, en esta organización, o en este gobierno. No se supone que deba morir sosteniendo el testigo. No tiene que permanecer en la pista del maratón a los ochenta.

Hemos aprendido que en la vida o en los negocios deberíamos proseguir hasta el fin. Es una idea de liderazgo equivocada. Es la razón por la cual la gente no se convierte en mentora. "Sea fiel", dicen. "Permanezca hasta el final." Ese no es un buen consejo como líder.

El liderazgo versa sobre la transición exitosa. Ahora usted tiene el testigo, y algunas personas quieren apoderarse de él para llevárselo a casa en sus bolsillos. Escriben sus nombres en él. "Eso no es suyo. Esto es mío." En realidad ponen en su testamento: "Este testigo debería estar en mi ataúd".

¿Quién en su organización tiene el brazo extendido, la mano abierta, a la espera del testigo? ¿Puede pensar en alguien? Le están rogando: "Su etapa ya terminó. Se le acabaron las ideas. Se le acabó la creatividad. Se le acabó la energía. Está viviendo de viejas experiencias, es incapaz de aceptar el cambio y no está dispuesto a hacerlo. Déjeme correr con el testigo por un tiempo". Pero el maratonista prefiere quedarse, aunque tenga que cojear o se desplome en la línea de llegada.

Puede preguntarle a la gente de su compañía que parezca haber estado allí por un tiempo: "¿Cuánto hace que trabaja aquí?"

"Cincuenta y dos años".

"¿Aquí mismo?"

"Sí".

"¿Haciendo lo mismo?"

"Oh, sí. Soy un experto".

Están orgullosos de eso. Son maratonistas.

Tenemos gente que prefiere quedarse y obstruir el sistema. Muchos de nosotros somos culpables de lo mismo. Yo vivo protegiéndome de hacerlo. Es muy fácil quedar atrapado ahí, pero el liderazgo es una carrera de relevos. ¿Puede imaginarse una carrera de relevos en la que una persona no quiera pasar el testigo? Todo el mundo está mirando. El siguiente corredor designado está pensando: "¿Dónde está? Se supone que debería estar aquí, pero pasó de largo con el testigo".

Ese corredor es como la persona que no mentoriza a nadie, que no escoge un sucesor, y no cede la empresa a la siguiente generación. Jesucristo es el corredor de relevos más grande de todos los tiempos. Cuando transfirió el testigo tenía treinta y tres años. Dios quiere que lo pasemos. Este libro trata sobre la transferencia, sobre aprender a reconocer en qué lugar de la carrera se encuentra usted, sobre aprender a apreciar el valor de deshacerse del testigo y que no debe morir para celebrar la victoria.

Escoger al próximo corredor

En la vida, los negocios, el gobierno, la iglesia, la familia, o cualquier organización, solo podemos correr la distancia de nuestra vida única y limitada y después debemos pasar el testigo. Debemos tener la esperanza de que la próxima generación sea capaz de recorrer la distancia hasta la siguiente entrega, quizás corriendo más rápido, o mejor, o de forma diferente a la nuestra.

Lo más difícil de ser un líder es ceder el liderazgo, dejárselo a otro. El mayor logro del liderazgo no es alcanzarlo. Es soltarlo. Yo estimaría que el noventa por ciento de todos los líderes fracasa en esta área. No logran transferir, ceder y soltar eficazmente el liderazgo. No tienen idea de cómo pasar el testigo y la mayoría de ellos no quiere hacerlo.

La mayoría de los líderes que usted conoce probablemente hayan muerto con el testigo en la mano, y la siguiente generación tuvo que arrancarlo con dificultad de su fría mano muerta. Esto es cierto en la política y los negocios. Es cierto en la iglesia, las organizaciones comunitarias y la familia.

Por eso la carrera de relevos es una excelente metáfora para la mentoría y la sucesión. En una carrera de relevos, el que comienza es consciente de que no terminará. La mayoría de los líderes de cualquier organización o negocio significativos, que tienen una visión, no comienzan pensando: "Yo no seré el que termine esto". Resulta algo difícil de aceptar porque nos enorgullecemos de terminar las cosas, y esperamos llevarnos el crédito. Una perspectiva mejor podría ser que el líder no pensara tanto en terminar la carrera completa, sino en correr bien su etapa. El objetivo es completar su tramo en la eterna extensión del tiempo.

Algo que me gusta de una carrera de relevos es que cada corredor ya está en su lugar, de modo que el que se acerca sabe cuándo debe entregarle el testigo. Creo que muchas veces en el liderazgo pasamos de largo al corredor que debería relevarnos. Eso garantiza que perdamos la carrera. Nuestro equipo entero perderá. Muchos líderes van más allá de su tiempo. Se niegan a traspasar. Se niegan a entregar al siguiente líder, y se olvidan de que la vida no es una loca carrera hasta la línea de llegada. Es una carrera corta hasta el siguiente corredor o líder. No debemos pensar que nosotros solos tenemos que completar la carrera. Deberíamos completar nuestra etapa y pasar el testigo a la siguiente generación. En cambio, frecuentemente lo arrojamos al suelo en el punto de entrega.

La carrera de relevos pone de relieve otras dos ideas. La carrera representa la visión más amplia. Somos responsables de un tramo de esa carrera. El corredor que recibe el testigo ya ha sido designado con anticipación. Ese miembro del equipo puede comenzar a correr para tomar velocidad antes de recibir el testigo de su predecesor. El corredor de relevo no empieza desde un punto muerto.

Podríamos definir la sucesión como identificar eficazmente al próximo corredor y entregarle exitosamente el testigo a ese líder. Si no hay nadie que continúe, todo está perdido. Si a un corredor se le cae el testigo, el equipo puede quedar descalificado. Para evitar esto, es obligación del líder mentorizar y preparar al siguiente portador del testigo, entrenándolo, preparándolo, y aconsejándolo hasta que ese corredor haya tomado velocidad y pueda continuar.

Quince años atrás, ordené a mi reemplazo. Fui su mentor, le impuse manos en público y dije a la iglesia: "Este es su pastor. Yo me fui". Él dirige la iglesia. Por eso es que puedo viajar por el mundo predicando y enseñando.

Cuando vuelvo a casa, puedo decirles: "Hola, volví".

Algunos dicen: "Oh, no sabíamos que estaba fuera de la ciudad". Eso es bueno.

Los verdaderos líderes brindan oportunidades para que otros encuentren su don. Permita que un pastor asociado predique algunos domingos. Deje que otro presida la reunión o dé la clase mientras usted escucha. Cree oportunidades para que su suplente suba al escenario. Deje que algún otro interprete el solo.

Para mí, no hay nada más apasionante en mi iglesia que sentarme en primera fila y dejar que otro pastor predique. Tomo notas. Eso da credibilidad a otros. Les da confianza, y da a los demás confianza en esa persona.

Transfiera la antorcha. El liderazgo seguro no ve como una amenaza el desarrollo y éxito de quienes lo siguen. Los verdaderos líderes se gozan cuando sus seguidores llegan a ser mayores. Me gusta como lo expresó Juan:

> **3 Juan 3-4:** "Me alegré mucho cuando vinieron unos hermanos y dieron testimonio de tu fidelidad, y de cómo estás poniendo en práctica la verdad. Nada me produce más alegría que oír que mis hijos practican la verdad".

Nos alegramos cuando nuestros hijos pueden hacer cosas por sí mismos. Llevamos la cuenta de "las primeras veces". Cuando se ponen en pie, caminan, atan los cordones de sus zapatos, leen un libro o conducen el automóvil por primera vez, estamos contentísimos. Deberíamos alegrarnos cuando otros ya no nos necesitan para todo lo que antes solíamos hacer por ellos. Hacer la transferencia de nuestras habilidades, conocimiento y dones, es proceder según lo previsto.

Se supone que debemos dar todos nuestros dones, agotarlos, antes de terminar la carrera. Debemos morir vacíos, sin tener nada que llevar al cementerio. Los verdaderos líderes trabajan duramente porque están en una carrera contra la muerte. Su mayor motivación debería ser la muerte. Cada día cuando corre, cuando trabaja, su principal pensamiento debería ser: "Tengo que vaciarme antes de llegar al cementerio". Jamás se aburrirá. Los líderes son personas que descubren una misión que es mayor que la duración de sus vidas. Cuando se les acaba el tiempo, pueden pasar su legado al próximo corredor.

Ir de pesca

El primer acto de verdadero liderazgo es identificar a su reemplazo y entrenarlo. Lo desafío a hacer lo que hizo Jesús. Él estaba comenzando su ministerio más o menos a los treinta años. El primer lugar al que se dirigió fue la playa. Vio a algunos hombres pescando. Les dijo, en esencia: "Llévenme con ustedes". Él pesca para ellos y los inspira. En este primer encuentro, Pedro se cayó en el bote. Le dijo: "Apártate de mí, Señor. No soy digno de estar en tu presencia".

El encuentro continuó de esta manera:

> **Lucas 5:1-11:** "Un día estaba Jesús a orillas del lago de Genesaret, y la gente lo apretujaba para escuchar el mensaje de Dios. Entonces vio dos barcas que los pescadores habían

dejado en la playa mientras lavaban las redes. Subió a una de las barcas, que pertenecía a Simón, y le pidió que la alejara un poco de la orilla. Luego se sentó, y enseñaba a la gente desde la barca. Cuando acabó de hablar, le dijo a Simón: —Lleva la barca hacia aguas más profundas, y echen allí las redes para pescar. —Maestro, hemos estado trabajando duro toda la noche y no hemos pescado nada —le contestó Simón—. Pero como tú me lo mandas, echaré las redes. Así lo hicieron, y recogieron una cantidad tan grande de peces que las redes se les rompían. Entonces llamaron por señas a sus compañeros de la otra barca para que los ayudaran. Ellos se acercaron y llenaron tanto las dos barcas que comenzaron a hundirse. Al ver esto, Simón Pedro cayó de rodillas delante de Jesús y le dijo: —**¡Apártate de mí, Señor; soy un pecador!** Es que él y todos sus compañeros estaban asombrados ante la pesca que habían hecho, como también lo estaban Jacobo y Juan, hijos de Zebedeo, que eran socios de Simón. —No temas; desde ahora serás pescador de hombres —le dijo Jesús a Simón. **Así que llevaron las barcas a tierra y, dejándolo todo, siguieron a Jesús".** (Énfasis añadido.)

Jesús miró a Pedro y probablemente pensó: "Voy a ser mentor de este. Este es el candidato". En ese primer encuentro, Jesús básicamente le dice: "Pedro, levántate. Sígueme. Yo te voy a hacer alguien".

Esto es muy importante. No siga a cualquiera. Siga a alguien que pueda hacerlo alguien. Jesús identificó a su reemplazo y trabajó en él durante tres años y medio. Los líderes hacen líderes.

El propósito del liderazgo es hacer que el seguidor sea como usted en conocimiento, sabiduría y habilidad. Cristo dijo que el estudiante debería ser como su maestro. El estudiante no debería seguir siendo inferior sino igualar a su maestro. El estudiante no permanece bajo el maestro para siempre.

Mateo 10:24-25: "El discípulo no es superior a su maestro, ni el siervo superior a su amo. Basta con que el discípulo sea como su maestro, y el siervo como su amo".

Un maestro eficaz crea una obra maestra. Un maestro eficaz crea un maestro. Me resulta fascinante que el primer acto de Jesús al comenzar su ministerio fuera ir a buscar potenciales sucesores.

La primera persona que eligió para ello fue Pedro. Esto significa que empezó desde el principio a ser mentor de su potencial sucesor. Su primer acto fue identificar, su segundo acto fue mentorizar, y su acto final fue nombrar a su sucesor.

Un verdadero líder trabaja para dejar su puesto. Cuando usted adquiere autoridad, ¿qué hace con ella? Ahora es obispo, jefe de finanzas, presidente de una universidad, jefe supremo de la fraternidad, director de la agencia, o comandante de la división. Tiene autoridad. Usted es la autoridad. Úsela para capacitar a otros. Cuanto más alto llegue, más líderes debería crear. ¡Pase el testigo! Eso es lo que hizo Jesús.

> **Mateo 28:18-19:** —Se me ha dado toda autoridad en el cielo y en la tierra. Por tanto, vayan y hagan discípulos de todas las naciones, bautizándolos en el nombre del Padre y del Hijo y del Espíritu Santo.

Él les dio el testigo y los urgió a hacer lo mismo.

Puntos para recordar:

El liderazgo es más una carrera de relevos que un maratón.

El líder debe ser mentor para preparar al siguiente corredor para que porte el testigo.

Capítulo 12

Busque mejores cosas que hacer, aspire a cosas mayores

AÑOS ATRÁS, CUANDO mis hijos eran muy pequeños, mi esposa y yo los llevamos de vacaciones al mundialmente famoso Disney World en Orlando, Florida. Yo acababa de comprarle a mi hijo un cono de helado que llevaba en una mano. En la otra mano llevaba algodón de azúcar. Mi hija acababa de comprarse un perrito caliente y estaba a punto de darle un mordisco cuando mi hijo empezó a llorar pidiendo uno. Él quería lo que ella tenía. Mi bondadosa hija extendió la mano para dárselo, pero él tenía un problema. Tenía ambas manos ocupadas, y aun así quería algo más.

Su dilema era uno que solo los líderes exitosos pueden enfrentar: ¿Cómo conseguir lo que quiero sin perder lo que tengo? ¿Cómo disfrutar de la próxima oportunidad y aferrarme a la presente? Finalmente, mi hijo extendió las manos hacia mí como rogando que llevara su helado derretido y el algodón de azúcar pegajoso para poder asir lo que quería: el perrito caliente.

Sus cosas de niño me enseñaron otra gran lección de vida: usted no puede pasar al siguiente nivel en la vida si no está dispuesto a "soltar" el presente nivel. Es un principio fundamental de la tarea de la mentoría y de la sucesión. Usted debe avanzar para llegar a su siguiente misión o fase en la vida.

La mayoría de la gente que está en el liderazgo tiene la actitud de que permanecerá en su puesto para siempre. Defienden y protegen su terreno. Son agresivos. Están atentos a las amenazas. Suscitan antagonismo en otros. Aspiran a cobrar su pensión de este trabajo. Van a quedarse en este puesto hasta que se jubilen o mueran. Eso no es liderazgo. Es inseguridad. Es la personificación del egoísmo y el egocentrismo.

Los grandes líderes buscan oportunidades de irse porque tienen cosas mayores y más emocionantes por lograr. Quieren explorar diferentes aspectos de la vida. Quieren expandirse. Para un gran líder, todo puesto es temporal. Es por eso que un líder necesita identificar a un sucesor. La tarea de mentor pasa a ser su objetivo principal.

"Su visión debería ser mayor que su rol actual".

Todos somos "temporales" en un sentido general. Si usted ha estado dirigiendo la compañía o el país durante cuarenta años, sigue siendo temporal. Todos hemos oído a gente decir que alguien lleva tanto tiempo dirigiendo las cosas que cree que vivirá para siempre. Le aseguro que no lo hará.

Su interés debería estar siempre en el futuro porque allí es donde pasará el resto de su vida. Los líderes visionarios están listos para avanzar cuando llega el tiempo, porque siempre tienen algo más grande y mejor que hacer. Su visión debería ser mayor que su rol actual. Esté ansioso por dejar atrás este éxito y avanzar hacia logros mayores. Piense continuamente: "¿Qué más puedo hacer? ¿Cuánto más puedo contribuir? ¿Qué cosas nuevas puedo lograr? Realmente estoy deseando hacer cosas nuevas".

Jesús incluso tenía planes para lo que haría y cómo continuaría sirviendo después de su muerte:

> **Juan 14:3:** "Y si me voy y se lo preparo, vendré para llevármelos conmigo. Así ustedes estarán donde yo esté".

Él ya estaba planeando un rol mayor para sí mismo. ¿Qué está planeando usted hacer después?

La sucesión del liderazgo tiene dos lados: usted no solo debería entrenar y mentorizar a su sucesor, sino que también debería reentrenarse a sí mismo y ser su propio mentor para la vida que sigue después. No sería mala idea que un líder se aconsejara a sí mismo mientras aconseja a sus sucesores. Mientras está preparando a su sucesor, prepárese a sí mismo para la sucesión. Pregúntese qué va a hacer usted, no solo quién lo sucederá.

Históricamente, la gente se concentraba en una habilidad, una carrera y una profesión, y moría en ese oficio. Esto fue especialmente cierto después de la Segunda Guerra Mundial, cuando mucha gente trabajaba en fábricas que producían los mismos productos durante años. Ahora la economía global y la nueva tecnología desplazan rutinariamente a la gente. No podemos contar con tener un mismo empleo durante años, y los trabajadores deben buscar nuevas formas de ganarse la vida.

Los líderes están en una posición similar al final de una larga carrera. De pronto, deben pensar más allá de su posición. Deben saber cómo prepararse para dejarla.

Sueñe sueños nuevos

Como mencioné anteriormente, la Biblia dice que el propio Jesús sigue trabajando. Es importante reiterar que después de que el supremo mentor y líder, Jesucristo, hubo completado su acto redentor como sustituto sacrificial por toda la humanidad, dijo sus últimas palabras, que no fueron: "Consumado estoy" sino "Consumado es". Estas dos afirmaciones son muy diferentes e importantes. La última significa que una tarea estaba completa. La primera indica que comenzaría una fase nueva. Jesucristo completó su misión terrenal, transfirió la responsabilidad a sus sucesores, Pedro, Santiago y Juan, y luego avanzó hacia su próxima posición. El apóstol Pablo en el siglo primero declaró en su carta a la Iglesia romana: "Cristo Jesús es el que murió, e incluso resucitó, y está a la derecha de Dios e intercede por nosotros" (Romanos 8:34). Aquí vemos que el liderazgo nunca se detiene. Simplemente entra en nuevas fases.

No debería ser la muerte la que determine cuándo y cómo dejará usted su puesto. Antes bien, váyase porque usted está avanzando hacia la siguiente fase de su vida.

Anteriormente hablé acerca de la importancia de la visión en el liderazgo porque creo que la visión es lo que viene primero. La visión crea al líder. Con frecuencia, sin embargo, cuando los líderes se sienten cómodos con los beneficios del liderazgo y cumplen su visión inicial, dejan de soñar. Dejan de planear. No han comenzado a prever lo que harán después de retirarse de este trabajo en particular. No han creado nuevas visiones.

Un día ellos deberán jubilarse porque estarán demasiado débiles mental y físicamente para hacer todas las cosas que acostumbraban hacer. No han hecho planes para salir mientras tenían tiempo para hacer otras cosas. En estos días, cuando muchos de nosotros podemos aspirar a vidas más largas y saludables, eso es algo trágico. Es comprensible que a los líderes no les entusiasme pensar en el día en que deban jubilarse si tienen una visión de sí mismos sentados en una mecedora en el porche, pasando el rato, olvidados por aquellos a quienes alguna vez supervisaron. Algunos esperan tener años de ocio, pero muchos desean seguir viviendo vidas útiles y productivas.

El deseo de jubilarse no debería ser nunca la motivación para mentorizar y escoger un sucesor. Más bien, la motivación debería ser el deseo de quedar libre de su limitada posición actual para buscar nuevas formas de contribuir al desarrollo de la humanidad. Curiosamente, ni la palabra ni el concepto de jubilarse existen en las Escrituras hebreas, lo cual parece indicar que el Creador nunca tuvo la intención de que dejáramos de trabajar, sino de que cambiáramos la naturaleza de nuestro trabajo. En el texto hebreo, hasta la misma muerte es considerada solo una transición, no una terminación.

Mientras aún tiene tiempo, ¿por qué no planificar una carrera totalmente nueva? Cree una organización benéfica. Pásese a una nueva industria o a una clase diferente de ministerio. Comience a entrenar o dar clases para compartir con una nueva generación lo que usted ha aprendido. Use talentos o habilidades que no necesitó en su antiguo trabajo, aplique su conocimiento a nuevas iniciativas, entrénese para un campo totalmente nuevo, o sea como la mujer que una vez presidió un sistema carcelario estatal, pero ahora se describe como "una voluntaria a tiempo completo".

¿Cuántas veces oímos de gente de setenta u ochenta años que termina una carrera universitaria? ¿Y cuántas veces hemos oído de atletas que parecen no poder hallar un nuevo propósito cuando su carrera en el campo termina antes de cumplir los cuarenta? Es una cuestión de perspectiva.

El próximo horizonte

Quizás usted piense que es demasiado viejo para algo nuevo, pero si se jubila de un puesto ejecutivo a los sesenta y cinco, posiblemente pueda vivir entre veinticinco a treinta y cinco años más. Es tiempo suficiente para otra carrera. Incluso hay estudios que indican que la actividad física e intelectual prolonga la vida y la productividad. El secreto para una vida vibrante es no dejar de renovar su vida. El peligro de renovarse es tener que empezar de nuevo, y la naturaleza humana se resiste a eso.

Nunca debemos dejar pasar la vida. Debemos vivirla activamente. Es necesario que nos sigamos moviendo hacia la próxima vida planeada para nosotros. Jesús se fue porque tenía trabajo que hacer, esto es, prepararnos un lugar e interceder por nosotros. Él avanzó hacia una nueva vida.

Personalmente, he vivido tres o cuatro vidas. Lo que estoy haciendo ahora no es lo que estaré haciendo en el futuro. No quiero seguir haciendo siempre las mismas cosas. Me estoy preparando para el cambio.

En 1980 inicié una organización, y después de los primeros diez años de crecimiento y desarrollo, determiné que había llegado el tiempo de convertirme en mentor y de delegar responsabilidades en otros. Hoy muchas de las personas que mentoricé son responsables de liderar, supervisar y dirigir la organización entera. También he tenido el privilegio de nombrar oficialmente a un líder para supervisar toda la visión con autoridad y responsabilidad plenas ante nuestro directorio. Esta renuncia a mis puestos y responsabilidades fue la clave para mi capacidad para expandir la influencia nacional de nuestra organización y hacerla global. Ser mentor y escoger un sucesor no tienen como resultado la pérdida de una posición o autoridad, antes bien le posibilitan a usted aumentar y expandir su influencia e impacto.

La mayor parte del trabajo que se hace en la organización sucede mientras estoy fuera. Estimo que ahora, cada año paso menos del veinte por ciento de mi tiempo en la organización y, sin embargo, se expande, crece y funciona eficazmente. Eso me enorgullece mucho más que si estuviera dando órdenes todo el día. Estoy satisfecho de que mi liderazgo sea medido por lo que sucede mientras no estoy allí.

Si muriera hoy, no habría contratiempo alguno en la organización porque mi sucesor ya está en su lugar. Ahora estoy entrenando a un sucesor para él. En efecto, se está entrenando a un grupo de gente para que se haga cargo si surge la necesidad. Estamos mirando a la subsiguiente generación de líderes, y también los estamos preparando.

El plan de escape

La tarea del mentor es un trabajo continuo. Si usted no cumple esta tarea para producir un sucesor, nunca se expandirá más allá de lo que está haciendo ahora. Recuerde que para frenar a otros se debe quedar con ellos, por lo que nunca avanzará más allá de donde estén. La sucesión lo libera para alcanzar mayor éxito. Por eso muchos líderes no van más allá de lo que están haciendo ahora. No producen sucesores para así poder alcanzar éxitos mayores.

Anteriormente dije que terminar bien es más importante que comenzar bien como medida del liderazgo. Usted tuvo un gran ministerio, obras impactantes, una dinámica megaiglesia, los ministerios de música y danza más grandes del estado y una asombrosa operación radial y televisiva, pero cuando usted murió, estalló una gran pelea, dividió a su iglesia, y todo terminó. ¿Terminó usted bien?

Ya sea usted pastor, líder de negocios, o cualquier otra clase de profesional, usted es temporal. La única manera de terminar bien —de saber que su legado continuará— es ser mentor y prepararse para su transición hacia un nuevo rol en esta vida o un lugar en la próxima. El liderazgo no es una condición permanente. ¿Será siempre el pastor o director general, o perseguirá una visión mayor, más grandiosa?

Los verdaderos líderes no se jubilan. Solo pasan a la siguiente fase. Pasan de jugador a entrenador, y de entrenador a asesor, de asesor a propietario, de propietario a…Continúan moviéndose y evolucionando siempre. Usted es más grande que su posición actual. No permita que esta lo deje atrapado y limite su expansión. Entrene gente que tome su lugar para que Dios pueda expandir su territorio. Si usted es un gran visionario, seguro debe ver cosas nuevas, mayores desafíos en su futuro. Mire hacia un nuevo horizonte. Tenga una nueva visión. Sueñe algo nuevo. Haga un nuevo plan de diez años. Esta tarea está cumplida. Está terminada. Busque algo mejor que hacer. Aspire a cosas aún mayores.

Puntos para recordar:

Los líderes visionarios avanzan porque tienen algo más grande que hacer.

Todos somos "temporales".

Capítulo 13

Debe saber cuándo retirarse:

LA HORA HA LLEGADO

UN COLEGA MIEMBRO del consejo de administración de nuestra organización global de liderazgo, el Dr. Joshua Turnel Nelson, que falleció hace algunos años, solía sentarse en un taburete de mi cocina y hablar conmigo durante horas. Él había sido superintendente de las Asambleas Pentecostales de las Antillas y de Puerto España, Trinidad y Tobago. Discutíamos toda clase de sueños, y él me enseñaba tantas cosas y compartía conmigo lo que había en su corazón. Yo solía insistirle: "Debe escribir algo de esto en libros". Pasábamos horas hablando así, y luego se fue. No era viejo. Lo seguimos recordando como alguien lleno de energía, corriendo aquí y allá, enseñándonos. Ahora es libre de este estado terrenal.

La vida es así de rápida. Invierta en la gente. Él invirtió en mí. Por eso venero su nombre y mantengo viva su memoria. Él invirtió en la gente. Su legado está en nosotros.

¿Ha comenzado a preparar a su sucesor? Usted sabe que morirá.

Descubrí algo acerca de la muerte. Últimamente, no respeta edades. Cuando yo era niño, solo moría la gente anciana —o al menos así pensaba. Usted recuerda esos días. Solo moría la gente vieja. Ahora sabemos que cualquiera puede morir a cualquier edad, así que debemos estar listos para dejar el escenario en cualquier momento, confiando en que alguien podrá continuar con nuestro rol.

En el teatro Apollo de Harlem, ciudad de Nueva York, Nueva York, cuando los espectadores abuchean a un concursante en la "noche amateur", aparece un personaje payasesco haciendo zapateo americano, y con delicadeza convence al fallido actor de que deje el escenario. El decepcionado amateur acepta rápidamente su destino y sale dócilmente por la izquierda. En situaciones de liderazgo, rara vez aparece alguien para obligarlo a bajar del escenario. Usted decide. Debe reunir el juicio y la sabiduría para saber que la hora ha llegado.

Tome decisiones respecto a la sucesión antes de llegar a su lecho de muerte. Entonces será demasiado tarde para pensarlo. Será demasiado tarde para elegir y entrenar a la persona correcta. Será demasiado tarde para comunicarle sus deseos, demasiado tarde para permitir que el próximo líder se afiance, y demasiado tarde para que los demás se acostumbren al nuevo jefe. Elija a alguien mientras todavía tiene tiempo de ser su mentor, de guiarlo y corregirlo cuando cometa errores. No elija a su sucesor en su lecho de muerte. Es el lugar equivocado. Elija a su sucesor ahora, aun antes de que sepa que lo está entrenando. Permita que el elegido lo observe y aprenda de usted mientras está en lo mejor de su vida, no cuando esté demasiado débil para decirle y mostrarle lo que debe saber. Póngalo al corriente, deje en claro a los demás que es quien tiene su bendición, y luego permita que Dios comisione a su sucesor. También tendrá tiempo de cambiar de opinión si su elección resulta un completo fracaso.

> *"La sucesión es retirarse con orgullo, dejar el escenario sin arrepentimientos."*

Los líderes deben saber cuándo es la hora de dejar un puesto. Usted sabrá cuál es el momento correcto de salir si está atento a estas indicaciones:

- El liderazgo es como una fiesta que se está saliendo de control. Es mejor irse temprano que quedarse hasta demasiado tarde y tener que lamentarse. En la mayoría de los emprendimientos, los líderes hacen más daño al quedarse más de la cuenta que al no quedarse lo suficiente. Avance si detecta alguna señal de que está frenando a la próxima generación.

- Es posible que se haya quedado más de la cuenta en su trabajo si esa tarea que antes amaba ahora lo está matando. Cuando se le acabe el tiempo, aquello a lo que entregó su vida lo destruirá. Su personal se tornará impaciente y conspirará en su contra. La gente le lanzará indirectas sobre lo que ya no puede hacer y sugerirá que vea algunos complejos habitacionales para jubilados que encontraron. El directorio intentará excluirlo o evadirlo.

- Si se ha quedado más de la cuenta, sentirá presión desde abajo. Sus seguidores se pondrán muy nerviosos. Se quejarán más, cuestionarán su capacidad y desafiarán su credibilidad. Ya no lo verán como un mentor sino como una amenaza. Comienzan a despreciarlo y a molestarse porque usted les impide crecer, en vez de estimular y cultivar su crecimiento.

Estas son señales de que está sobrepasando su tiempo. La Biblia dice que hay un tiempo para todo, incluyendo "un tiempo para desistir; un tiempo para guardar, y un tiempo para desechar" (Eclesiastés 3:6). Quizás este sea su tiempo.

La sucesión es retirarse con orgullo, dejar el escenario sin arrepentimientos. La sucesión es apartarse de los reflectores y volver a la sombra sin celos. No es esperar hasta que alguien lo saque a empujones o le apague los reflectores mientras usted aún está en el escenario. La sucesión es traer a otra persona hacia el centro de la escena mientras usted aún sigue liderando.

Juan el Bautista ya les había dicho a sus seguidores que vendría alguien más grande que él. Un día, mientras estaba predicando, divisó a Jesús que se acercaba. Era el tiempo correcto. Juan trajo a Jesús al centro de la escena, presentándolo ante la multitud.

> **Juan 1:24-31:** Algunos que habían sido enviados por los fariseos lo interrogaron: —Pues si no eres el Cristo, ni Elías ni el profeta, ¿por qué bautizas? —Yo bautizo con agua, **pero entre ustedes hay alguien a quien no conocen, y que viene después de mí, al cual yo no soy digno ni siquiera de desatarle la correa de las sandalias.** Todo esto sucedió en Betania, al otro lado del río Jordán, donde Juan estaba bautizando. Al día siguiente Juan vio a Jesús que se acercaba a él, y dijo: «¡Aquí tienen al Cordero de Dios, que quita el pecado del mundo! De este hablaba yo cuando dije: "Después de mí viene un hombre que es superior a mí, porque existía antes que yo." Yo ni siquiera lo conocía, pero, para que él se revelara al pueblo de Israel, vine bautizando con agua». (Énfasis añadido.)

Asimismo, por insistencia de Dios, Moisés puso a Josué al frente. Algunas personas quieren morir en sus puestos. Dios nos dice esencialmente: "No.

Sé como Moisés. Él eligió a Josué con anticipación". Así lo describen las Escrituras:

> **Números 27:18-23:** "El SEÑOR le dijo a Moisés: —Toma a Josué hijo de Nun, que es un hombre de gran espíritu. Pon tus manos sobre él, y haz que se presente ante el sacerdote Eleazar y ante toda la comunidad. En presencia de ellos le entregarás el mando. Lo investirás con algunas de tus atribuciones, para que toda la comunidad israelita le obedezca. Se presentará ante el sacerdote Eleazar, quien mediante el *urim* consultará al SEÑOR. Cuando Josué ordene ir a la guerra, la comunidad entera saldrá con él, y cuando le ordene volver, volverá. Moisés hizo lo que el SEÑOR le ordenó. Tomó a Josué y lo puso delante del sacerdote Eleazar y de toda la comunidad. Luego le impuso las manos y le entregó el cargo, tal como el SEÑOR lo había mandado".

Todo es temporal

Quizás Dios no venga personalmente a decirle que es tiempo de irse, y quizás no le muestre a su sucesor, pero un líder seguro sabe que la hora está cerca. En Deuteronomio 31, Moisés se retira formalmente, anunciando el fin de su liderazgo y procede con el plan de sucesión. Para entonces ya es un hombre anciano cuyas capacidades van disminuyendo. No llegará a la Tierra Prometida.

> **Deuteronomio 31:1-3:** "De nuevo habló Moisés a todo el pueblo de Israel, y les dijo: «Ya tengo ciento veinte años de edad, y **no puedo seguir siendo su líder**. Además, el SEÑOR me ha dicho que no voy a cruzar el Jordán, pues ha ordenado que sea Josué quien lo cruce al frente de ustedes. El SEÑOR su Dios marchará al frente de ustedes para destruir a todas las naciones que encuentren a su paso, y ustedes se apoderarán de su territorio".

Este pasaje nos muestra que Moisés era consciente de que ya no podía seguir siendo líder, y le anunció ese hecho al pueblo. Imagine decirle eso a su departamento u organización. "Ya terminé aquí. Estoy acabado. Mi tiempo se terminó. Ya no puedo hacer más este trabajo." Eso requeriría mucha autoconfianza y valor. Moisés se paró frente al pueblo de Israel, informándole que su tiempo había pasado y que había preparado a alguien para ocupar su lugar. En el versículo 3, Moisés transfirió su dignidad. Hizo la transición, nombrando a un sucesor entrenado.

Moisés no esperó a morir para forzar la situación y dejar que el pueblo peleara por su liderazgo. Él mismo les presentó al líder. En efecto, les dice: "Este es. Sé fuerte. Josué, debes ir con este pueblo a la tierra de Dios". Le dice a Josué frente al pueblo: "Este es mi sucesor. Quiero que lo sigan. Él los llevará a lugares donde yo todavía no he estado. Yo hice mi parte. Él los llevará a la siguiente fase". Es una sucesión hermosa.

> **Deuteronomio 31:7:** "Llamó entonces Moisés a Josué, y en presencia de todo Israel le dijo: «Sé fuerte y valiente, porque tú entrarás con este pueblo al territorio que el Señor juró darles a sus antepasados. Tú harás que ellos tomen posesión de su herencia»".

Unos versículos más adelante, observe que mientras Moisés elige a su sucesor, Dios lo oficializa:

> **Deuteronomio 31:14:** "El Señor le dijo a Moisés: «Ya se acerca el día de tu muerte. Llama a Josué, y preséntate con él en la Tienda de reunión **para que reciba mis órdenes.»** Fue así como Moisés y Josué se presentaron allí". (Énfasis añadido.)

Para mí, este capítulo subraya que Dios espera que usted primero identifique al sucesor. Lo que hacemos hoy es al revés. Decimos: "Se lo dejaré al Señor. Que el Señor elija y que Él tome el control. Todo está en las manos de Dios".

Eso puede parecer piadoso, pero en realidad es esquivar el problema. Es poco sabio y cobarde. Ponga sus manos sobre alguien mientras está vivo. Que su sucesor sea su mayor contribución para el futuro.

Evite quedarse más de la cuenta

Planifique su partida, prepare a su reemplazo, después cállese ¡y váyase! Salga mientras sigue estando en lo más alto de su carrera. Váyase antes de que tenga oportunidad de deshacer todo lo bueno que ha logrado, como un apostador que se queda demasiado tiempo en la mesa de póker y pierde todo lo que había ganado cuando la noche todavía era joven.

Muchos líderes se quedan más de la cuenta y dejan recuerdos amargos por cosas que hicieron cuando ya el juego estaba por terminar, en vez de los recuerdos dorados de los muchos triunfos que tuvieron anteriormente en la vida. Piense en alguien como Richard Nixon, el expresidente de los Estados Unidos que se quedó demasiado tiempo y cuando el escándalo Watergate se enconó, vio como todo lo que había logrado se contaminó por las revelaciones públicas de su rol en él.

Hemos visto muchos ejemplos de líderes que se aferran a sus cargos impidiendo o arreglando elecciones y atacando a sus oponentes. En todo el mundo, los dictadores se aprovechan de sus rivales para mantener el control, a menudo mucho después de cuando se deberían haber bajado. Algunos preferirían ver a su propio país en ruinas antes que ceder el poder. Lo mismo sucede en muchas empresas, iglesias y familias. La pertinaz negativa de un líder que no cede coarta al nuevo liderazgo.

Si usted deja un puesto a tiempo, o antes de tiempo, no lo culparán por cualquier fracaso futuro, pero si se queda más de lo debido, corre grandes riesgos de que lo culpen por cualquier fracaso futuro. La historia siempre parece recordar que usted debería haber permitido que otro interviniera en determinado momento. Es por eso que, sin importar lo que suceda, siempre admiraremos a Nelson Mandela. Él se fue a tiempo. Es un gran ejemplo de mentoría y de sucesión. No tuvo miedo de ceder todo el poder que tenía. Lo hizo anticipadamente, negándose a buscar la reelección en 1999 y anunciando que delegaría cada vez más responsabilidades en su elegido, Thabo Mbeki.

Los grandes líderes se sacan a sí mismos del centro de la escena, y Mandela es uno de los más grandes líderes que he conocido personalmente. Fue elegido presidente sin oposición, y los sudafricanos le entregaron el poder en bandeja de plata. Nadie podía oponérsele porque se había ganado el derecho a la confianza. Fue presidente durante un periodo, y luego tomó la decisión de dar un paso al costado. Todo el mundo creía que iba a quedarse allí veinte años para arreglar Sudáfrica, pero no tenía hambre de poder. Él buscó a su reemplazo y comenzó a ser mentor del Sr. Mbeki en la primera oportunidad.

La mayoría de nosotros no podría hacer eso. Cuando llegamos a una posición de poder, nos acomodamos y comenzamos a planificar cuánto nos vamos a quedar allí para asegurarnos de que nadie nos pueda sacar. Mandela no pudo esperar para entregar el poder porque no sentía la necesidad de continuar ejerciendo autoridad. Estaba dispuesto a hacerse innecesario. Supo cuándo bajarse del escenario.

Si ha tomado la decisión correcta y ha mentorizado adecuadamente a su sucesor, usted puede seguir adelante y quedarse tranquilo de que el barco está en buenas manos y que avanza según lo previsto. Como hemos visto, Jesús siempre estaba preparando a su equipo para el momento de su partida. Desde el comienzo de su ministerio, habló sobre su muerte (vea Mateo 17:22-23). ¿Por qué hablarles todo el tiempo de su muerte a los miembros más íntimos de su equipo? Idealmente, usted intenta que ellos acepten el hecho de que es prescindible y vulnerable. Pone de relieve que no está atado al puesto. No está equiparando su valor con su cargo. Acepta su propia mortalidad. El secreto de la sucesión comienza con la aceptación por parte del líder de su propia mortalidad. Comienza con ser consciente de esto: "Soy temporal". Eso permite que los mentores seguros encuentren un reemplazo, ayuden a la persona a desarrollarse, y planifiquen su partida.

El último acto

Cuando los líderes se niegan a hacer lugar para otros y a ser sus mentores, restringen y retardan la capacidad de otros. Al irse, permiten que otros desarrollen las suyas.

Jesús tuvo tres años y medio para planificar una transición eficaz. ¿Recuerda cuando les dijo esto a sus estudiantes?

> **Juan 14:12:** "Ciertamente les aseguro que el que cree en mí las obras que yo hago también él las hará, **y aun las hará mayores**, porque yo vuelvo al Padre". (Énfasis añadido.)

Él estaba hablando de ir al Padre. Unió las capacidades de otros a su ausencia.

Quizás recuerde que también dijo:

> **Juan 16:7:** "Pero les digo la verdad: Les conviene que me vaya porque, si no lo hago, el Consolador no vendrá a ustedes; en cambio, si me voy, se lo enviaré a ustedes".

En el primer caso, en efecto estaba diciendo: "Si no me voy, entonces la capacidad o el potencial de ustedes jamás se desarrollará". En la segunda ocasión, estaba diciendo algo diferente: "Es mejor que me vaya. Si no me voy, entonces no puede venir el reemplazo". En otras palabras, al irse hace lugar para el otro líder.

Ambas son importantes cuando se discute la sucesión. La salida le da la oportunidad a otra gente para alcanzar su máximo potencial y también para que otro brille.

Mucha gente mide su éxito según el tiempo que puede permanecer. En realidad, eso es una contradicción porque sabe que no va a quedarse para siempre. Se enfermará, sufrirá un accidente, o morirá. La vida es impredecible.

Jesús sabía esto y sabía cuándo le había llegado su hora. Juan 12 registra que predijo su muerte aun una vez más.

> **Juan 12:23-25:** —**Ha llegado la hora** de que el Hijo del hombre sea glorificado —les contestó Jesús—. Ciertamente les aseguro que si el grano de trigo no cae en tierra y muere, se queda solo. Pero si muere, produce mucho fruto. El que se apega a su vida la pierde; en cambio, el que aborrece su vida en este mundo, la conserva para la vida eterna. (Énfasis añadido.)

Él sabía cuándo tendría que irse para ser glorificado. En Getsemaní, Marcos dice que Jesús estaba seguro de que se le había acabado el tiempo.

> **Marcos 14:41-42:** "Al volver por tercera vez, les dijo: «¿Siguen durmiendo y descansando? ¡Se acabó! Ha llegado la hora. Miren, el Hijo del hombre va a ser entregado en manos de pecadores. ¡Levántense! ¡Vámonos! ¡Ahí viene el que me traiciona!»"

Jesús sabía que era tiempo de enfrentar su destino y entregar el mando. Eso les dijo a sus seguidores. Jesús era saludable y estaba sano cuando dejó su puesto. Nosotros también debemos reconocer cuando ha llegado la hora. El tiempo lo es todo. Váyase temprano de la fiesta si puede. Despídase y salga mientras su reputación y dignidad siguen intactas. Retírese con recuerdos agradables y sin remordimientos.

Puntos para recordar:

Es mejor irse temprano que quedarse hasta demasiado tarde.

Sepa cuándo ha llegado la hora.

Parte 4:

El plan: ¿Qué busca en su sucesor?

Capítulo 14

La elección equivocada

USTED TIENE UN personal fabuloso. Están bien entrenados, son eficientes y productivos. Muchos de ellos han estado a su servicio durante muchos años y tienen la experiencia necesaria para llevar adelante la empresa. Tienen ideas maravillosas sobre cómo hacerla crecer y las capacidades para ejecutarlas. Usted ha oído que algunos de ellos se están poniendo impacientes por tener la oportunidad de dirigir. Unos cuantos quizás incluso estén orando para que usted se vaya o conspirando para que lo saquen. Un puñado de gente del directorio ya ha creado un sistema para quitárselo de encima. Los rumores están circulando locamente.

¿Cómo elegir a aquel a quien mentorizará para asumir el control de la compañía, departamento, iglesia o escuela cuando usted se vaya?

¿Qué persona hay allí a la que pueda darle todos sus poderes, todos sus logros?

Si ha leído el libro hasta aquí, es probable que al menos usted esté comenzando a aceptar que tiene la obligación de hallar a su sucesor, de ser mentor de esa persona y de prepararse para nuevos desafíos. A esta altura quizás hasta lo esté deseando. Pero tal vez se pregunte cómo tomar una decisión tan importante, una que remata todo lo que usted logró hasta ahora y establece su legado para siempre.

Sin presiones. ¿Está bien?

Permítame tratar de ayudarlo. Primero nos referiremos a la clase de persona que *no* debería elegir. Si primero esperaba consejos sobre qué clase de persona debería considerar, estudie la siguiente lista. Creo que es mucho más importante saber qué clase de personas evitar. Por proceso de eliminación, usted puede centrar su atención en los buenos candidatos.

A través de los años he leído y observado la transición de liderazgo en situaciones de la vida real, y he planteado seis principios para descalificar a un potencial sucesor. No elija a alguien que:

Ame su visión. Esto asombra a la mayoría de la gente porque normalmente pensamos que la persona que capta y ama nuestra visión es la clase de persona que debería sucedernos en la organización. Me di cuenta de que este no siempre es el caso. Si usted tiene éxito, espera que su visión atraiga a las personas, pero eso no las califica para sucederlo. Usted deseará ser mentor de quienes estén dispuestos a llevar a cabo su visión, pero los que se concentran meramente en su visión y no en usted quizás no continúen su legado de la forma que usted desearía. Tal vez vean la visión con otros ojos. El producto final posiblemente no tenga nada que ver con lo que usted tenía en mente. Puede que sus métodos para lograrla no sean los que usted desea. Quizás intenten alcanzar el objetivo sin ejercitar los valores que usted enfatizaba, o quieren tanto la visión que lo desplazan a usted prematuramente, o se quitan de encima al personal que usted protegía, o privan del derecho al voto a los herederos a los que ama.

Lo que usted está haciendo atraerá a la gente. Expresarán su admiración y lo alentarán, diciéndole lo maravillosa que es su obra. Incluso estarán dispuestos a ayudarlo. Quizás sean sinceros. Quieren servirlo y creen que usted tiene "una gran visión de Dios".

> *"Elija a aquel que lo ame a usted y no su visión".*

O: "Usted es un genio". O: "Me encanta su compañía. Tiene un gran plan de *marketing*". Elegir a esa persona sería incorrecto porque el que solo ama su visión podría intentar adueñarse de ella o causar una división en la organización. Tenga cuidado con quienes expresan excesivo interés en su visión; puede que tengan motivos ocultos. Aman su visión, pero no necesariamente están comprometidos a ayudarlo *a usted* a llevarla a cabo. Elija al que respete la visión pero lo respete más a usted.

Ame y admire su don. Por supuesto que su don atrae a la gente, y muchos de ellos se vinculan con usted por las razones correctas. Les encanta oírlo hablar o verlo alcanzar el éxito. Quieren aprender de usted y ayudarlo. Eso no significa que automáticamente deba confiarle el futuro a todo el que ame su don y apresurarse a enseñarle todo lo que sabe, poner sus manos sobre él, y darle su bendición para seguir sus pasos. Algunos dicen: "Me gusta la forma en que escribe. Es un escritor tan maravilloso. Lo admiro". Muchos son sinceros, pero otros se acercan para conseguir lo que usted tiene.

Aunque muchos estarán comprometidos con usted o lo admirarán como persona, a otros quizás no les importe mucho usted o sus necesidades personales o su éxito. Su don, sin embargo, los beneficia de alguna forma. Estar cerca de usted les da cierto tipo de credibilidad, permitiéndoles realizar su ambición personal. Quieren avanzar usando su asociación con usted. Quieren su nombre y su influencia. Están con usted pero no a su favor. Estos pocos son gente peligrosa.

Creo que esto es lo que Jesús quería decir cuando la gente venía a Él y le pedía un milagro. Amaban su don. Pero su respuesta fue breve. Dijo que solo una "generación malvada y adúltera" busca milagros (vea Mateo 12:38-39). Identificó sus motivos. Ellos no tenían interés en Él, sino en lo que podía hacer.

Después que Jesús multiplicó el pescado y el pan, las multitudes lo habían seguido. Fueron tras Él por su don.

> **Juan 6:26-27:** "—Ciertamente les aseguro que ustedes me buscan, no porque han visto señales sino porque comieron pan hasta llenarse. Trabajen, pero no por la comida que es perecedera, sino por la que permanece para vida eterna, la cual les dará el Hijo del hombre. Sobre este ha puesto Dios el Padre su sello de aprobación".

Algunos se le acercan por su don, no por usted. No confíe en todos los que lo aplauden. No se apresure a delegar autoridad en gente que parece celebrarlo, porque quizás solo estén celebrando lo que hace por ellos y cómo se benefician por estar con usted. Algunos se relacionan con usted para beneficiarse a sí mismos, no a usted. Jesús sabía que algunos lo seguían solo porque los había alimentado con pan y pescado. Solo los atraían los milagros que había hecho. La gente que ama su don quizás esté con usted por lo que puede hacer por ella, porque usted puede hacerlos verse o sentirse bien. La gente que solo ama su don tal vez quiera ese don o los beneficios que derivan de él para sí misma. Elija a aquellos que admiren sinceramente su don, pero que también lo aprecien a usted por lo que es.

Quiera emularlo. Mucha gente quizás lo imite porque siente verdadera admiración. Tal vez usted sea el único modelo de rol positivo en sus vidas. Su mentoría está obrando en ellos. Otros que copian todo lo que hace quizás estén intentando competir con usted y poseer lo que usted posee. Tenga cuidado con los posibles mentorizados que parecen querer *ser* usted y tener todo lo que usted tiene: el título, la posición y la influencia. Hasta podrían aparecer vestidos con el conjunto que usted usó la semana pasada. Conducen el mismo automóvil que usted. Emulan demasiado su estilo de vida. Siempre están preguntando dónde compró algo y cuánto le costó. "Hombre, ¡quiero uno de esos para mí!" Quizás ahora esté rodeado de gente como esta. No son dignos de confianza. En casos extremos, podrían tratar de derrocarlo, estafarlo, robarle posesiones o escaparse con su cónyuge. Quieren el lustre, no el negocio. No son candidatos a sucederlo. Elija a aquellos que imiten las cosas correctas que ven en usted por las razones correctas.

Quiera su poder. Elija a quienes confíen en su propia unción y no codicien su poder. Un hombre del Nuevo Testamento se entusiasmó tanto cuando vio a los apóstoles ejercer poder que les ofreció dinero para tener el mismo don, pero Pedro lo reprendió.

> **Hechos 8:18-24:** "Al ver Simón que mediante la imposición de las manos de los apóstoles se daba el Espíritu Santo, les ofreció dinero y les pidió: —**Denme también a mí ese poder**, para que todos a quienes yo les imponga las manos reciban el Espíritu Santo. —¡Que tu dinero perezca contigo —le contestó Pedro—, porque intentaste comprar el don de Dios con dinero! No tienes arte ni parte en este asunto, porque no eres íntegro delante de Dios. Por eso, arrepiéntete de tu maldad y ruega al Señor. Tal vez te perdone el haber tenido esa mala intención. Veo que vas camino a la amargura y a la esclavitud del pecado. —Rueguen al Señor por mí —respondió Simón—, para que no me suceda nada de lo que han dicho". (Énfasis añadido.)

Algunos quizás se le acerquen amablemente y digan: "Quiero su unción". Es un error elegir a esa persona. Su unción es para usted. Ellos deberían tener su propia unción y ser conscientes de ella. Esto no es algo que usted les pueda conferir. Tenga cuidado con aquellos a los que solo les gusta estar cerca del poder y que solo quieren el poder que viene con su posición. No elija a un sucesor que esté demasiado centrado en observar cómo usted controla las cosas y usa su influencia. Evite a los que solo quieren flirtear con su poder, y preguntan: "¿Puedo hacer los anuncios por usted? ¿Puedo presentar el informe? Permítame representarlo en la reunión". Pueden ser peligrosos si solo quieren tomar su poder, no su sacrificio.

La persona que solamente ama su poder no necesariamente lo usará para llevar a cabo su visión o sumar a su éxito. Él o ella tiene otras intenciones. Sea mentor de quienes tienen confianza en su propia unción y están dispuestos a observar y aprender cómo usa su poder para beneficio de otros.

Quiera su posición de autoridad. Autoridad es diferente de poder. Autoridad es permiso. Poder es capacidad. Autoridad es posición. Poder es control. Usted puede tener poder, pero no autoridad. Puede tener autoridad sin poder. Como líder, quizás usted tiene la posibilidad de controlar o tener influencia en la mayoría de la gente de una organización, pero si no es el presidente en ejercicio, no tiene *autoridad* para ordenarle a la organización que actúe.

Observe a esas personas que desean la autoridad que usted tiene. Quieren que los promueva para tener su bendición para ejercer control sobre otros. Quieren el mazo que viene con el cargo. Hasta pueden intentar convencerlo de que lo que quieren es bueno para usted. Un deseo genuino de servir a un líder y el deseo de usarlo son cosas muy diferentes. Uno dice: "Quiero servirlo; quiero ser su número dos" — pero no necesariamente lo dice en serio. Otro viene con la actitud correcta: "Solo quiero que usted se luzca. Puedo hacer lo que desee. Dígame lo que necesita que haga". A este último no debería quitarle el ojo de encima con miras a la sucesión. Alguien que codicia su autoridad no se someterá a ella mientras usted esté a cargo y quizás trate de debilitarlo.

Usted quiere alguien que se someta como Jesús se sometió a la autoridad de Juan para ser bautizado.

> **Mateo 3:13-15:** "Un día Jesús fue de Galilea al Jordán para que Juan lo bautizara. Pero Juan trató de disuadirlo. —Yo soy el que necesita ser bautizado por ti, ¿y tú vienes a mí? —objetó. —Dejémoslo así por ahora, pues nos conviene cumplir con lo que es justo —le contestó Jesús. Entonces Juan consintió".

Lo que Juan le dice a Jesús implicaba: "Tú eres superior a mí", pero Jesús le dijo que eso no era cierto, reconociendo a Juan como el precursor autorizado del Mesías. Parece decir: "No tengo la autoridad, entonces debo someterme a aquel que me está presentando". Cuando deseamos la autoridad de otro, no debemos tomarla. Cuando deseamos servir al líder que tiene autoridad, atraemos autoridad.

Crea que él o ella es más sabio que usted. Usted no quiere personas atadas al pasado, para que puedan llevar adelante la organización. Nadie lo sabe todo, y nadie sabrá jamás todo lo que es necesario saber. Debemos identificar a la gente que siempre está aprendiendo, que está dispuesta a cambiar, a ser cambiada y producir cambios, e incluso a descartar su propio conocimiento sacralizado cuando resulta inadecuado o irrelevante.

Algunos le dicen que lo ayudarán y le servirán, pero siempre lo están criticando, cuestionando sus métodos. Le dicen que conocen una forma mejor de hacerlo. En realidad están tratando de disminuir su confianza. Una persona así puede decir: "Muéstreme cómo hacerlo. Realmente quiero aprender". Usted dice: "Bien, nos encontraremos el miércoles a las tres en punto y le daré su primera lección". Cuando llega el momento, ella lo interrumpe constantemente para decirle lo que cree que usted debería hacer y explicarle lo que usted realmente quiso decir. "Creo que deberíamos hacerlo de esta forma", dice ella, porque cree que usted no sabe lo que está haciendo. Estas son señales de alguien que deshará todo lo que usted logró ni bien usted se halle fuera del camino.

Tampoco elija a los expertos. Esto es especialmente importante en estos tiempos. La palabra *experto* me resulta muy atemorizante porque tradicionalmente define a una persona que está tan bien versada en una materia que él o ella ya no siente la necesidad de aprender nada más. Esta persona es peligrosa. En resumidas cuentas, usted no puede enseñarle a alguien que cree que es más listo que usted, y no puede confiar en que será el cuidador de su visión. La persona en cuestión ya está pensando: "Si usted no estuviera aquí, yo debería estar a cargo. Deberían haberme elegido a mí. Sé como dirigir este lugar mejor que ella".

Ser un experto es algo particularmente traicionero. Lucho constantemente para no convertirme en un experto porque no quiero llegar a estar tan impresionado conmigo mismo como para dejar de considerarme un estudiante. Por eso desaliento la elección de "sabelotodos" como potenciales sucesores.

Un buen ejemplo es la crisis global que volvió ineficaces a los economistas. Por eso han estado tan callados. Eran expertos, pero expertos en un sistema que ya no funcionaba. La crisis anuló muchos de los libros que escribieron y las teorías que valoraban. Entonces ¿qué es ser experto? Ser experto es tener un conocimiento congelado que podría derretirse con nuevas experiencias. Nunca elija a un "experto" como sucesor. Elija a un estudiante de la vida que entienda que lo que sabe no es todo lo que hay que saber. Sea mentor de alguien dispuesto a aprender cosas nuevas.

Reducir las opciones

Es probable que en este momento haya gente de su organización que esté buscando ubicarse en una posición, intentando deshacerse de otros para eliminar la competencia por la sucesión, y actuando en connivencia para reducir el campo. Jesús también tuvo que soportar a gente como esa.

Jesús estaba rodeado por doce hombres, pero de los doce, identificó a tres con los cuales trabajaría personalmente: Pedro, Jacobo y Juan. De esos tres, Jesús identificó a aquel en quien confiaba realmente: Pedro. Aunque atrajo a Jacobo y a Juan a su círculo íntimo, estaba preocupado porque tenían algunos defectos. Por ejemplo, Jacobo y Juan querían poder. También creían que eran más sabios que Jesús. En esencia, le dijeron a Cristo: "Mira, hay algunas personas por allá que no están operando de la misma forma que nosotros. Déjame darte un consejo, Jesús. Hagamos caer fuego del cielo para que los consuma". Querían destruir a la gente que no recibía a Jesús. Jacobo y Juan amaban el poder de Jesús.

> **Lucas 9:49-56:** "—Maestro —intervino Juan—, vimos a un hombre que expulsaba demonios en tu nombre; pero como no anda con nosotros, tratamos de impedírselo. — No se lo impidan —les replicó Jesús—, porque el que no está contra ustedes está a favor de ustedes. Como se acercaba el tiempo de que fuera llevado al cielo, Jesús se hizo el firme propósito de ir a Jerusalén. Envió por delante mensajeros, que entraron en un pueblo samaritano para prepararle alojamiento; pero allí la gente no quiso recibirlo porque se dirigía a Jerusalén. Cuando los discípulos Jacobo y Juan vieron esto, le preguntaron: —Señor, ¿quieres que hagamos caer fuego del cielo para que los destruya? Pero Jesús se volvió a ellos y los reprendió. Luego siguieron la jornada a otra aldea".

Jacobo y Juan no estaban calificados para suceder a Jesús porque querían poder. Admiraban el poder y la autoridad de Jesús, y querían decirle cómo usarlos. Se creían más sabios que su líder.

Marcos 10:35-37: "Se le acercaron Jacobo y Juan, hijos de Zebedeo. —Maestro —le dijeron—, queremos que nos concedas lo que te vamos a pedir. —¿Qué quieren que haga por ustedes? —Concédenos que en tu glorioso reino uno de nosotros se siente a tu derecha y el otro a tu izquierda".

Él les dijo que no tenían lo que se necesitaba para beber de su copa, y no los eligió para sucederlo.

Ahora repasemos:

Los no

Nunca elija a alguien que:

- Ame su visión.
- Ame y admire su don.
- Quiera emularlo.
- Quiera su poder.
- Quiera su posición de autoridad.
- Crea que él o ella es más sabio que usted.

Capítulo 15

Cómo establecer los requisitos

TÓMESE UNOS MINUTOS para considerar qué personas a su alrededor muestran la clase de actitudes y comportamientos que acabo de describir. Táchelas de su lista. Quizás piense que eso elimina a toda la gente que tenía en mente. Mire a su alrededor en su departamento, su compañía, su ministerio. ¿Quién queda? Considere a esa persona callada allí, en el rincón, que lleva un tiempo con usted, que nunca ha ascendido a ninguna posición de importancia, nunca ha sido prepotente, nunca pidió nada, pero ama lo que hace y le encanta estar cerca de usted. No pierda de vista a esa persona como potencial sucesor.

Elija a alguien que:

Lo ame a usted y no a su visión. El que lo ame a usted llevará a cabo su visión y protegerá su legado. Jesús y Moisés eligieron a quienes los amaban por proceso de eliminación.

> **Juan 21:17:** "Por tercera vez Jesús le preguntó: —Simón, hijo de Juan, ¿me quieres? A Pedro le dolió que por tercera vez Jesús le hubiera preguntado: «¿Me quieres?» Así que le dijo: —Señor, tú lo sabes todo; tú sabes que te quiero. —Apacienta mis ovejas —le dijo Jesús—".

> **Números 27:15-18:** "Moisés le respondió al SEÑOR: —Dígnate, SEÑOR, Dios de toda la humanidad, nombrar un jefe sobre esta comunidad, uno que los dirija en sus campañas, que los lleve a la guerra y los traiga de vuelta a casa. Así el pueblo del SEÑOR no se quedará como rebaño sin pastor. El SEÑOR le dijo a Moisés: —Toma a Josué hijo de Nun, que es un hombre de gran espíritu. Pon tus manos sobre él".

Busque personas en las que perciba un profundo amor hacia usted. Ya sea en la política, los negocios, la religión o la familia, usted tiene que identificar a la persona que lo ama. Pueden ser una, dos o tres personas, pero identifique a quienes lo aman genuinamente. Usted puede decir quiénes son. No le dé el testigo a la persona a quien ama, déselo a la persona que lo ama. La persona quien ama puede no amarlo a usted. Es a la persona que lo ama a quien le debe confiar su futuro.

Lo ame a usted y no a su don. Los que lo aman más que su don no deberían ser bastante difíciles de reconocer. Gente como esta está con usted en los momentos malos como en los buenos. Usted fue su mentor, y a menudo le dicen cuánto significó para ellos y lo que aprendieron de usted. Están con usted porque les agrada, no porque sea rico o famoso. Aunque su don no haya dado buenos resultados o se haya evaporado, están allí. Estaban allí antes de que usted fuera un nombre conocido, y siguen estando allí ahora que la mayoría de la gente ha olvidado quién fue y lo que hizo. Mucha gente disfrutó alguna vez de su hospitalidad porque era buen cocinero y anfitrión generoso cuando podía serlo. Luego, cuando se quedó sin trabajo y no tuvo qué compartir, solo los pocos que lo amaban de verdad lo invitaban a sus casas y lo llevaban a almorzar afuera. Ellos siguen proveyendo para usted. Cuando ya no puede pagarles un sueldo se ofrecen a hacer algo de trabajo por nada. Usted solía llevarlos cuando eran jóvenes y no tenían coche;

> *"La persona que lo ama más que a su poder, su autoridad, y sus dones es la elección acertada".*

ahora que su vista falla y ya no puede conducir, ellos lo llevan adonde usted necesita ir. Cuando ya no los puede cuidar o hacer nada por ellos, ellos le ministran a usted. Tendrán la clase de lealtad que Rut mostró hacia su suegra cuando se acabaron los buenos tiempos y ella insistió en que la joven viuda regresara a su pueblo.

> **Rut 1:16-18:** "—¡No insistas en que te abandone o en que me separe de ti! Porque iré adonde tú vayas, y viviré donde tú vivas. Tu pueblo será mi pueblo, y tu Dios será mi Dios. Moriré donde tú mueras, y allí seré sepultada. ¡Que me castigue el SEÑOR con toda severidad si me separa de ti algo que no sea la muerte! Al ver Noemí que Rut estaba tan decidida a acompañarla, no le insistió más".

Proteja lo que usted tiene. Esta persona lo protegerá personalmente a usted, su familia, su personal y su propiedad. No codicia lo que usted tiene y ahuyentará a los que sí. Lo protegerá por su propia cuenta. ¿Tiene gente como esa cerca de usted? El protector no participará de las críticas contra usted y lo protegerá y defenderá de ataques o mezquindades. Usted quiere darle el poder a alguien que lo defienda como Josué trató de defender a Moisés (vea Números 11:27-28) y como Pedro corrió a defender a Jesús (vea Juan 18:10-11). Ninguno de ellos quería lo que el mentor tenía. Querían protegerlo.

Lo ame a usted más que a su poder. Recompense a los que sean particularmente leales entre quienes lo rodean. Son los que no divulgarán información confidencial sobre su negocio o cargo. No tolerarán chismes sobre usted o amenazas a su buen nombre. Lo protegen tanto como lo harían con su propio hijo. No son de los hombres o mujeres que dicen amén a todo. Le dirán lo que necesita oír, no lo que creen que desea oír. Su amor es por usted como persona. Si usted es rico y da espléndidos regalos a sus amigos, tendrá muchos amigos. Si es un funcionario electo que ha estado en posición de repartir favores, mucha gente querrá estar asociada a usted. Pero observe lo que sucede si pierde su dinero o su poder. ¿Quién lo ama ahora? Los seres humanos naturalmente nos sentimos atraídos por el poder. Nos gusta estar cerca de una persona poderosa. Queremos conocer a gente poderosa porque nos gusta estar en el ámbito del poder. El poder es embriagador. Algunas de las personas que lo rodean quizás adoren su poder. Están impresionadas por él. Les encanta la forma en que usted influye sobre la gente. Les gusta decirle a todo el mundo que lo conocen. Hasta cierto punto, eso es bueno, pero ¿qué sucede cuando su poder disminuye? ¿Qué sucede cuando no puede o no está dispuesto a usar su poder para ayudarlos? ¿Quién queda en la sala una hora después de que llegan los resultados de las elecciones que muestran que usted —después de cumplir muchos mandatos— ha sufrido una derrota aplastante? ¿Quién estará con usted un mes o un año después? Los que lo aman por ser quien es —no por lo que fue o lo que podría ser— seguirán allí, como los que permanecieron cerca del condenado, deshonrado y torturado Jesús mientras colgaba de la cruz (vea Juan 19:25). Dios generalmente provee a alguien. Esta persona trabajará para que usted vuelva a su cargo, lo ayudará a reconstruir su base de poder o simplemente estará allí para sostener su mano y escuchar sus penas. Mientras sigue estando en el primer plano, es importante identificar a quienes tienen esta clase de amor por usted. Usted desea ser mentor de ellos y ver que lo suceden.

Esté dispuesto a morir por usted. No demasiada gente cabe en esta categoría, pero es importante. Cuando digo morir, puede ser en sentido literal, o también significar gente que esté dispuesta a permitir que mueran sus propias ambiciones. Están dispuestos a hacer a un lado sus propias ambiciones, sus propios intereses y sus propias preferencias por usted. Están dispuestos a renunciar a privilegios, a un derecho de nacimiento, por usted. Debe preguntarse: "¿Morirían por mí? ¿Me defenderían cuando todos los demás me atacaran?" Pedro literalmente estaba dispuesto a morir por su Maestro (vea Lucas 22:33). Usted va a querer darle la compañía, el ministerio o el gobierno a aquel que esté dispuesto a morir por usted —no por la visión, por usted. El amor por usted y los suyos mantendrá a su sucesor en el camino que imaginó para llevar a cabo su visión y preservar su legado más allá de su vida.

Correría riesgos para beneficiarlo. El que lo ama estará dispuesto a arriesgar su reputación, su seguridad o su trabajo por usted. Si su compañía estuviera fracasando, el que lo ama invertiría los ahorros de toda su vida para ayudarlo a salvarla. Si alguien lo acusara injustamente de un delito, los que son leales a usted arriesgarían su buen nombre para testificar a su favor. El que lo ama sacrificará su propia comodidad, tiempo o incluso dinero para estar con usted y ayudarlo a lograr su objetivo, como hizo Pedro durante la captura, juicio y condena de Jesús. Aunque la muerte prematura de Martin Luther King Jr. lo dejó sin un sucesor claro, durante su vida estuvo rodeado por cierto número de ayudantes que arriesgaron sus vidas por él y con él, hombres como John Lewis, Andy Young y Ralph Abernathy, quienes fueron modelo de no violencia en medio de la violencia y fueron a la cárcel muchas veces. La Biblia presenta a José como ejemplo de una persona que se atrevió a correr riesgos. Por su amor a Dios y porque un ángel le habló, José desafió la tradición y se jugó casándose con una mujer embarazada de un bebé que no era suyo.

> **Mateo 1:18-20:** "El nacimiento de Jesús, el Cristo, fue así: Su madre, María, estaba comprometida para casarse con José, pero antes de unirse a él, resultó que estaba encinta por obra del Espíritu Santo. Como José, su esposo, era un hombre justo y no quería exponerla a vergüenza pública, resolvió divorciarse de ella en secreto. Pero cuando él estaba considerando hacerlo, se le apareció en sueños un ángel del Señor y le dijo: «José, hijo de David, no temas

recibir a María por esposa, porque ella ha concebido por
obra del Espíritu Santo".

Él le tomó la palabra al Espíritu Santo por fe y, arriesgándose al escándalo y al ostracismo, aceptó la misión de asegurarse de que el Mesías llegara al mundo a salvo y que el niño Jesús fuera criado bajo la protección
de su hogar. La Biblia sugiere que José ni siquiera cuestionó al ángel.

> **Mateo 1:24-25:** "Cuando José se despertó, **hizo lo que el
> ángel del Señor le había mandado** y recibió a María por
> esposa. Pero no tuvo relaciones conyugales con ella hasta
> que dio a luz un hijo, a quien le puso por nombre Jesús".
> (Énfasis añadido.)

Usted desea ver esa clase de dedicación y sacrificio en su sucesor. Dios
eligió a José para ser el custodio de su legado por un tiempo. Elija
como sucesor a aquel que haría a un lado sus propias necesidades y se
arriesgaría a favor de usted, aquel que acepte un riesgo a corto plazo
por el bien mayor.

Cuando Jesús estuvo listo para partir de este mundo, eligió a Pedro
para continuar la obra porque tenía ese espíritu. Jesús lo veía como
un hombre que moriría por Él, no solamente como alguien a quien le
gustaba el estilo de predicación del rabí y su gran visión ministerial.
Si Pedro meramente hubiera querido llevar a cabo la visión en lugar
de Jesús, podría haberse dispersado con los otros cuando vinieron los
soldados y más tarde, cuando hubiera pasado el peligro, habría salido
para hacer la obra en el exilio, sin saber si Jesús estaba vivo o muerto.
La visión de Jesús habría sobrevivido de alguna forma. Incluso Pedro
podría haberse atribuido el mérito por ella, con Jesús fuera del camino.

Sin embargo, Pedro amaba a Jesús el hombre y el mentor, no solo las
palabras, objetivos o don de hacer milagros del Maestro. Pedro había
confiado en Él lo suficiente como para correr el riesgo de ahogarse.
Pedro fue leal cuando guardias armados rodearon a su maestro y tuvo
el valor suficiente para atacar al siervo en un vano intento de proteger
a Jesús, ambas cosas con gran riesgo para sí mismo. Podían haberlo
matado en el acto. Pedro amaba a su maestro como para no perderlo
de vista en el campo enemigo mientras se desarrollaba el juicio. Podían
haberlo encarcelado, juzgado y condenado también. Jesús vio en Pedro
a alguien que lo amaba cuando Él no podía hacer nada para salvarse
a Sí mismo. Pedro amaba a Jesús, no solo su mensaje, o sus milagros
o su visión.

Pruebe el amor

¿Hay gente que permanece con usted aun cuando toda la ciudad lo ataca? En mi propio país, cuando estaba comenzando esta obra, solía ser ofrenda diaria en el altar de la crítica. Hoy tengo conmigo gente que permaneció a mi lado a través de todo eso, y confío en ellos con mi vida. Sin embargo, suele ser difícil reconocer quién lo ama porque quizás no sepa por qué algunas personas están con usted. Tendrá que ponerlas a prueba. Podría ser algo pequeño, como por ejemplo si están dispuestos a meter la mano en sus bolsillos para servirle. Como presidente y fundador de Bahamas Faith Ministries International, me fijo en cuáles de nuestros miembros del consejo de administración vienen a mi isla sin promesa de recibir compensación alguna y en cuántos pagan sus billetes de avión y sus cuentas de hotel. Si solo vienen porque van a dar una charla o porque se les paga, entonces cuestiono su amor por mí.

La forma de saber que la gente lo ama es permitir que su asociación con usted le cueste algo. Jesús les dijo a los discípulos que si querían seguirlo, tendrían que negar a sus madres, padres, hijos, fincas y compañías de pesca (vea Mateo 8:21-22). Los estaba despojando de todo motivo ulterior. ¿La gente está con usted porque lo ama o por lo que puede obtener de usted? Deje que estar asociados con usted les cueste algo, y verá.

Todo se refiere a usted

Por favor observe que todos estos principios se centran en *usted*. Es un paradigma de sucesión completamente nuevo. El que reúne los requisitos quizás no sea el talentoso, el educado, el famoso, el que habla bien, el que tiene carisma y personalidad, o el que tiene influencia sobre la multitud. Es el que lo ama. La elección acertada es la persona que lo ama a usted más que a su poder, su autoridad, sus dones, o todas las grandes cosas de su personalidad.

Veamos nuevamente uno de los ejemplos bíblicos. Tomemos el caso de Moisés y Josué. Después de que los israelitas se hartaron de comer maná y empezaron a quejarse de la bendición que recibían en el desierto, Dios le dijo a Moisés que reuniera a setenta ancianos para que el Señor pusiera en ellos el espíritu de Moisés. Ellos comenzaron a profetizar, pero el espíritu o la unción también comenzó a fluir hacia algunas personas que no estaban en la reunión. Estaban en sus casas, en las tiendas. Ellos también comenzaron a profetizar. Josué, el joven ayudante de Moisés, estaba en el campamento en ese momento y corrió a decirle a Moisés que esa gente estaba usurpando su trabajo. Tenía competencia. Josué quería que Moisés pusiera fin a eso. Moisés no lo hizo, pero entendió la frustración y el deseo del joven de protegerlo.

> **Números 11:26-29:** "Dos de los ancianos se habían quedado en el campamento. Uno se llamaba Eldad y el otro Medad. Aunque habían sido elegidos, no acudieron a la Tienda de reunión. Sin embargo, el Espíritu descansó sobre ellos y se pusieron a profetizar dentro del campamento. Entonces un muchacho corrió a contárselo a Moisés: —¡Eldad y Medad están profetizando dentro del campamento! Josué hijo de Nun, uno de los siervos escogidos de Moisés, exclamó: —¡Moisés, señor mío, detenlos! Pero Moisés le respondió: —**¿Estás celoso por mí?** ¡Cómo quisiera que todo el pueblo del SEÑOR profetizara, y que el SEÑOR pusiera su Espíritu en todos ellos!" (Énfasis añadido.)

"¿Estás celoso por mí?" le dijo Moisés a Josué, queriendo decir: "Entonces puedes ser mi sucesor". El que está celoso por usted y el que quiere protegerlo es la persona a la cual no debe perder de vista. Ese es el hombre o la mujer que va a hacerse cargo de la compañía. La propia hermana de Moisés, Miriam, no quería protegerlo. Ella quería su trabajo.

Él no se lo dio a Miriam. Usted recordará su actitud. Algunos de ustedes tienen esa misma actitud: "¿Quién se cree él que es? Dios también me puede hablar a mí". El hermano de Moisés, Aarón, tampoco quería protegerlo. Él y Miriam estaban preparando un golpe hasta que Dios le puso fin.

> **Números 12:1-2:** "Moisés había tomado por esposa a una egipcia, así que Miriam y Aarón empezaron a murmurar contra él por causa de ella. Decían: «¿Acaso no ha hablado el SEÑOR con otro que no sea Moisés? ¿No nos ha hablado también a nosotros?» Y el SEÑOR oyó sus murmuraciones".

Realmente, Dios dice: "Miriam, voy a matarte por tu actitud". Y le dio la lepra (vea Números 12:4-10).

Moisés eligió a Josué porque no pidió el trabajo. Los verdaderos líderes nunca piden el trabajo. El destino y la devoción los eligen.

"Si me amas..."

Para proteger a la gente que ama, elija a un sucesor que lo ame a usted. Es el que protegerá a la familia, al personal o al país que usted deja atrás. Si es presidente, quien se haga cargo amará el país de la forma en que usted lo amó. Encuentro esos ejemplos en Pedro y Josué. El joven Josué odiaba las cosas que Moisés odiaba y amaba las cosas que Moisés amaba. Pedro amaba tanto a Jesús que estaba dispuesto a arriesgar su vida.

El que lo ama:

Amará a los que usted ama. Si yo lo amo y usted es mi amigo, yo cuidaría de su vida, sus hijos, su negocio y su legado si usted muriera. Aquel que lo ama amará a la gente que usted ama. ¿Puede confiarle su cónyuge a alguien después de su muerte? ¿Podría decir: "Cuídela. Asegúrese de que provean para ella y de que tenga todo lo que necesite"? Su sucesor debería ser alguien que hiciera eso. El que brinde seguridad a sus hijos será la elección acertada. Usted tiene confianza respecto de lo que le sucederá a su familia cuando muera si la persona que lo sucede lo ama. Esa persona no solamente quiere su organización, su visión, su dinero, o su edificio, también desea verlo prosperar y que su legado perdure.

Amará lo que usted ama. Si su sucesor lo ama, él o ella amará lo que usted construyó. La persona que usted elija honrará aquello por lo que usted trabajó a lo largo de su vida. Sus valores son los valores de él o ella. El sucesor los mantendrá y los llevará a nuevos niveles.

Protegerá lo que usted ama. El sucesor correcto preservará lo que usted construyó después de que usted muera. Lo protegerá y se asegurará de que nada le suceda porque él lo respetaba y lo amaba. El amor que tiene por usted lo motiva a mantener su legado vivo y próspero. Aquel que lo ama defenderá la empresa a la que usted dedicó toda su vida. Cuidará de ella y la ayudará a crecer como tributo a usted.

Valorará lo que usted ama. Aquel que lo ama valorará su visión y el legado que ha construido. Valorará su personalidad. El sucesor que lo ama mantendrá vivas las cosas que lo hacen a usted valioso. Él mantendrá viva su memoria y jamás dirá: "Saquen su retrato". En cambio, les recordará a todos: "Este hombre puso cincuenta años de sudor y sangre en esto, y nosotros honraremos su memoria". Esa persona amará su nombre y lo protegerá. Un sucesor preservará el éxito del mentor porque él o ella ama al mentor, y quiere honrar lo que logró el líder que ama.

Jesús sabía que el amor era la clave para preservar un legado. Si usted me ama, amará a la gente que amo. Si lo amo, cuidaré de su cónyuge. Si lo amo, cuidaré de su hijo. Pasan a ser míos. He visto ejemplos horrendos de sucesiones fallidas en la iglesia después de la muerte de un pastor. Estas experiencias harían que usted dejara de creer en Dios —situaciones en las que un pastor que construyó un ministerio poderoso y próspero junto a su esposa durante cuarenta años, murió, y en una semana la junta echó del ministerio a la esposa y a los hijos del pastor —la familia entera— y los sacó de la casa pastoral. Pregunto: "¿Cómo pudieron hacer esto? Este hombre y su familia construyeron este ministerio de la nada". La junta dice: "Sí, pero ahora es nuestro tiempo".

Estos eran sus diáconos, miembros de la junta, y ancianos, el círculo íntimo, pero no lo amaban. Ese pastor, no la junta, falló, porque si hubiera elegido a alguien que lo amara para mentorizarlo y le hubiera transferido la visión, esa persona habría protegido su legado y su familia.

Para Jesús, la Iglesia era su esposa. Pedro amaba lo que Jesús amaba de tal forma que estaba dispuesto a morir por ella. La Iglesia de Jesucristo era como una mujer hermosa, a la que Apocalipsis se refiere como la esposa de Cristo (vea Apocalipsis 19:7; 21:2, 21:9; 22:17). Pedro amaba tanto a su maestro que preservó a su esposa. Si yo muriera hoy, ¿qué le sucedería a mi esposa? Sus sucesores ¿defenderán a su esposa o la echarán? ¿Sacarán a su esposo de la junta y lo echarán de su oficina? Si usted mentorizó a su gente eficazmente, lo protegerán después.

Si a usted le gusta el poder, y entrena a la gente que lo rodea para que valore el poder más que otras cosas, quizás vayan tras su poder. Si usted está en el ministerio o negocio solo por dinero, le está enseñando a la gente que lo rodea que lo valioso es el dinero. Sus valores estarán allí, e irán tras el dinero. En cambio, si perciben que usted los ama, respeta y quiere invertir en ellos, en la gente, ellos lo protegerán por gratitud.

Mentorizar garantiza la sucesión. Una de las transferencias de poder más exitosas fue la de Moisés a Josué. Normalmente, cuando vemos una transición de poder, comienza una guerra. Las reuniones de directorio se tornan violentas, estallan combates de lucha libre, y la gente comienza a buscar una posición, haciendo fila para reclamar diferentes partes de la organización.

Ninguna guerra acompañó la transferencia de poder de Moisés a Josué porque, como ayudante de su líder desde su juventud, Josué no quería sino proteger a Moisés. Usted desea ser mentor de gente que no quiera su posición, sino que quiera proteger su posición.

Quienes lo aman estarán a su lado para protegerlo como Josué lo hizo con Moisés. Cuando Josué urgió a Moisés a evitar que otros profetizaran, parecía estar pensando: "No quiero que se adueñen del trabajo de mi jefe. Debo protegerlo". Creo que en este momento Moisés decidió: "Este muchacho obtiene la compañía porque no la quiere. Él quiere protegerme a mí". Cuando la gente habla de su jefe o su pastor, ¿qué les dice? Cuando la gente chismea de su líder, ¿qué dice usted? ¿Lo protege?

"¡No le hable así a mi presidente! Basta. No hablará así de mi líder."

"Jamás debería decir eso de mi pastor. ¡Cómo se atreve!"

¿Defiende a su jefe, o se une a las críticas? Si lo hace, nunca será un sucesor.

Un verdadero sucesor se convierte en protector. Pedro y Juan valoraban a Jesús a tal punto que continuaron los milagros, la obra y las enseñanzas. Cuando los romanos los encarcelaron e intentaron evitar que predicaran y sanaran, ellos se negaron a renunciar.

> **Hechos 4:18-20:** Los llamaron y les ordenaron terminantemente que dejaran de hablar y enseñar acerca del nombre de Jesús. Pero Pedro y Juan replicaron: —¿Es justo delante de Dios obedecerlos a ustedes en vez de obedecerlo a él? ¡Júzguenlo ustedes mismos! Nosotros no podemos dejar de hablar de lo que hemos visto y oído.

¿Cuál de sus hijos debería heredar el negocio familiar? Vuelva a la lista. Elija al que lo ama a USTED. ¿A qué persona de su departamento debería usted preparar y entrenar para que ocupe su lugar? Use la lista. ¿Quién es el mejor candidato para convertirse en el próximo pastor o presidente en su lugar? Use la lista.

Ahora, repasemos los requisitos:

Los sí:

Elija a alguien que:

- Lo ame a usted, no a su visión.

- Lo ame a usted, no a su don.
- Proteja lo que usted tiene.
- Lo ame a usted más que a su poder.
- Moriría por usted.
- Se arriesgaría para beneficiarlo a usted.

Capítulo 16

¿Qué tiene que ver el amor con esto?

TODO AQUEL QUE lo ame se asegurará de que su obra no muera. En la última cena, Jesús partió el pan y dijo: "Hagan esto en mi memoria". Les dio este acto para proteger y preservar su legado. Por amor, a través del tiempo los cristianos han continuado este acto ritual como Él lo pidió. "Si todos ustedes me aman, harán lo que les diga". Frecuentemente hacemos lo que la gente dice porque nos lo ordena o porque tenemos temor. Quizás tememos que alguien nos despida. Jesús dijo: "Si me aman, harán lo que les diga". Debemos mostrar obediencia, sumisión, y cooperación por amor, no por temor.

Juan 14:15: Si ustedes me aman, obedecerán mis mandamientos.

Quizás usted piense: "Todo eso del amor suena bien para iglesias o familias, pastor Myles, pero yo trabajo en una compañía que figura en la lista *Fortune 500* (o *Riqueza 500*) ¿Quién puede esperar encontrar 'amor' en este feroz mundo corporativo?"

Esa es precisamente la razón por la que escribí este libro, porque en la actualidad ninguna de nuestras organizaciones—negocios, iglesias, gobiernos y otras— entiende ni practica programas de mentoría y planificación de la sucesión. Tienen un vacío que podría ser llenado con amor.

El solo hecho de que usted trabaje en una compañía importante no significa que los colegas no deban actuar con amor los unos para con los otros. Si los directores generales de nuestras compañías amaran a los trabajadores y ellos se respetaran mutuamente, es probable que no viéramos la corrupción y destrucción que hoy tenemos en los negocios. No leeríamos diariamente sobre el abuso de privilegios, la destrucción de los medios de vida de la gente, y la corrupción del sistema. El amor es el elemento que falta. En su lugar, suelen reinar la competencia y la malicia.

Vemos terrorismo corporativo con gente que conspira para destruir a sus colegas. Están dispuestos a sacrificar su moral y sus valores en el altar de la oportunidad para alcanzar sus ambiciones privadas.

Necesitamos una nueva cultura corporativa y política en nuestra sociedad. La cultura que existió en el siglo veinte no puede servir al siglo veintiuno.

Observe dónde estamos hoy en los negocios, la vida cívica y otras esferas. Un puñado de codiciosos CEO son culpables de iniciar la crisis económica global. Es imposible que exista la codicia si el amor está presente. Tenemos que restaurar el amor en esa ecuación.

"Cuando el respeto, el cuidado y el amor faltan en el entorno laboral, es difícil planificar una sucesión eficaz".

Espero que este libro pueda proveer la motivación y el incentivo para que los líderes vuelvan a considerar la atmósfera que existe en nuestras compañías, en nuestros departamentos, en nuestras organizaciones, e incluso en nuestras iglesias. Sí, en las iglesias también hay escasez de amor. En otras palabras, esta falta de amor no es un problema corporativo o político. Es un problema humano que debemos examinar. Si usted es CEO de una compañía o presidente de un partido político, quizás tenga que ser el primero en reinyectar amor en el sistema. Los componentes que alientan la alta productividad son el amor y el respeto recíprocos.

Los sondeos han indicado que la queja número uno que los empleados tienen de sus compañías no se refiere al dinero. La principal queja es la falta de respeto y bondad. En otras palabras, precisamente eso que no les damos a nuestros empleados es lo que ellos más quieren. La gente quiere amor y respeto más de lo que quiere compensación monetaria.

La productividad es una consecuencia del amor. En nuestra organización de las Bahamas tenemos trabajadores que han estado con nosotros durante un tiempo realmente muy largo, y tenemos una rotación de personal sumamente baja. ¿Por qué? Porque nuestra cultura corporativa es una cultura de amor y respeto. Alentamos a la gente a trabajar porque amamos la compañía, amamos el liderazgo, amamos a los empleados, y nos cuidamos mutuamente. Nuestro enfoque en el amor ha producido empleados fieles.

Arraigados en amor

Cuando el respeto, el cuidado y el amor faltan en el entorno laboral, es difícil planificar una sucesión eficaz. Recuerde el primer mandato de este libro: el primer acto de un líder es identificar a su sucesor y convertirse en mentor de esa persona. Quiero desafiar a cada alto ejecutivo que esté leyendo este libro a que las necesidades actuales de la compañía dejen de ser su primera prioridad. Permita que el futuro de su compañía sea su prioridad. Presérvelo identificando a un sucesor. Examine su personal. Observe a su equipo de ejecutivos. Hable con el directorio acerca de esta cuestión porque usted quiere dejar la compañía en buenas manos.

El CEO de hoy quizás deba revisar su equipo de ejecutivos para determinar quién tiene el mayor respeto por él. Podemos llamarlo respeto en lugar de amor en ese contexto, porque el que más lo respete y el que más crea en usted es un buen candidato a mentorizar para la sucesión. Ningún CEO debería abandonar su puesto y recomendar que el directorio apruebe a un sucesor que no tenga respeto por él.

No debería ser tan difícil encontrar amor en nuestra organización porque lo más probable es que una organización haya nacido por amor: el amor por una misión, una idea, un producto o un distrito electoral. Todo gran partido político, por ejemplo, surgió por amor. El problema es que la política toma el control. ¿Qué motivó realmente la fundación de la antigua nación de Israel? No fue la política. Fue el amor de Moisés por un pueblo. Piense en Nelson Mandela. ¿Qué lo hizo iniciar ese camino en realidad? No fue la política. Fue amor por un pueblo. ¿Qué fue lo que realmente originó el movimiento por los derechos civiles en los Estados Unidos? No fue la política. Fue el amor por la libertad y por la gente.

¿Cómo comienza un proyecto empresarial? Con amor. Un emprendedor es alguien que ama tanto una idea que está dispuesto a sacrificar su seguridad financiera por ella. El amor siempre da nacimiento a una nueva empresa, pero a lo largo del camino el amor queda expoliado por la política y la codicia.

Debemos retroceder en el tiempo. ¿Dónde está el amor en nuestra comunidad? ¿Dónde está el amor que dio origen a nuestra organización? ¿Dónde está el amor que dio nacimiento a nuestro partido político? ¿Dónde está el amor que hizo germinar el poder y el ministerio de esta iglesia? Vuelva al amor.

¿Recuerda la mayor queja que Jesús tenía de la Iglesia en el último libro de la Biblia? "Sin embargo, tengo en tu contra que has abandonado tu primer amor" (Apocalipsis 2:4). Él no dijo que volviera a su poder o a su edificio o a su equipamiento. Dijo que vuelva a su primer amor. En efecto, dijo: "Conozco tus obras. Conozco tu poder. Conozco tu fe, pero te falta la cosa que te dio origen". Él la llamo su "primer amor". En contexto, las Escrituras dicen:

> **Apocalipsis 2:2-5:** "Conozco tus obras, tu duro trabajo y tu perseverancia. Sé que no puedes soportar a los malvados, y que has puesto a prueba a los que dicen ser apóstoles pero no lo son; y has descubierto que son falsos. Has perseverado y sufrido por mi nombre, sin desanimarte. Sin embargo, tengo en tu contra que **has abandonado tu primer amor**. ¡Recuerda de dónde has caído! Arrepiéntete y vuelve a practicar las obras que hacías al principio. Si no te arrepientes, iré y quitaré de su lugar tu candelabro". (Énfasis añadido.)

Él le dice: "Yo conozco tus obras". En otras palabras: "Estás haciendo un excelente trabajo como compañía. Conozco tu trabajo. Conozco tu perseverancia". Las compañías usan estas palabras todo el tiempo. Él le dice: "Sé que no puedes soportar a los malvados". Eso significa que usted tiene integridad. Sé que "has puesto a prueba a los que dicen ser apóstoles pero no lo son". En otras palabras: "Descartaste a todos aquellos que no están comprometidos con la compañía. Perseveraste y soportaste las dificultades". Oigo a Jesús decir: "Has estado veinte o treinta años en la compañía, pero olvidaste tu *primer amor*. Olvidaste lo que dio comienzo a esta compañía".

El versículo siguiente dice: "¡Recuerda de dónde has caído!" Aplicando eso hoy, yo diría: "Cambie su forma de pensar y haga las cosas que hacía al principio. Regrese y vuelva a enamorarse de su compañía".

Sin amor, usted no puede ser mentor. No puede ser mentor en un entorno de competencia feroz. No puede ser mentor en un entorno de antagonismo. No puede ser mentor en un ambiente de desconfianza, odio y engaño, y pese a todo necesitamos ser mentores. Sin mentoría, estamos perpetuando la autodestrucción, la destrucción organizacional y la parálisis nacional. Necesitamos volver a nuestro primer amor para poder restaurar el ambiente de cuidado y respeto en nuestras instituciones.

Necesitamos amar la mentoría. Necesitamos amor para estar motivados a planificar la sucesión: amor por aquellos que dejamos atrás y amor por las generaciones por venir.

Puntos para recordar:

Es muy probable que nuestra organización haya nacido por amor.

Debemos restablecer el amor en la ecuación.

Capítulo 17

¿Quién lo ama?

El ejemplo de Pedro

Pasando su mano sobre las entradas de su cabello plateado, Jack estaba de pie cerca de la ventana mirando el vasto paisaje urbano, con altísimas torres de centros de negocios que daban forma al perfil del horizonte de la metrópolis. Su mente iba de aquí para allá entre dónde y cuándo había iniciado su compañía y lo que ha llegado a ser hoy, un imperio multimillonario que emplea a miles de trabajadores tanto en el país como en el extranjero. Esta es la noche más importante de su vida profesional y de negocios. Esta noche él va a determinar quién de sus cinco hijos lo sucederá. ¿A quién le entregará el timón de este barco que consumió su vida? ¿A qué hijo le confiará el trabajo, la inversión y el orgullo de toda su vida? ¿A quién le dará su pasado entero y la promesa del futuro?

Su rostro se tensó nerviosamente al caminar hacia su escritorio, reflexionando sobre el momento de decisión que afectaría la vida de su esposa, familia, y los miles de personas que dependen de esta compañía para su sustento. También afectaría a los niños que dependen de ellos para su futuro y a los millones de clientes que han depositado su confianza en los productos de la compañía. La decisión pesaba sobre él.

Fijando la mirada en el anotador amarillo donde había garabateado por décima vez los nombres de cada uno de sus hijos supo que era el momento de elegir. El hijo mayor era un intelectual y se había graduado de una de las universidades más importantes de la Liga Ivy del país. Era inteligente y tenía una gran personalidad. El segundo hijo era un excelente gerente que lo había ayudado a construir las cinco plantas de producción que la compañía tenía en países extranjeros. El tercer hijo había estado cerca de Jack y quería asegurarse de que siempre tuviera lo que necesitaba. No era un intelectual como su hermano mayor, ni tampoco un gerente como su segundo hermano, pero entendía la pasión de su padre.

Jack recordó haberle ofrecido al tercer hijo un alto puesto con gran influencia y poder en la sede central, pero lo rechazó, diciendo que prefería servir a su padre como asistente para poder entender mejor su corazón. Jack recordó cómo este hijo era siempre el único que estaba disponible para ir a su casa y llevar el coche al lavadero, recoger la ropa de la lavandería cada vez que lo necesitaba, y asegurarse de que su mamá estuviera segura. Jack también recordó que, cuando su compañía fue atacada por los medios, este hijo llamó a una conferencia de prensa para defender a su padre mientras que los otros optaron por irse de vacaciones para evitar la exposición negativa.

Los últimos dos hijos eran jóvenes y aún estaban en la universidad. Tenían empleos de verano en una de las fábricas de la compañía pero no estaban listos para asumir grandes responsabilidades. Jack sabía que su deseo era que todos sus hijos estuvieran relacionados con el futuro de su compañía y ya los había incluido en sus proyecciones para el desarrollo, expansión y futuro progreso de la empresa. Sabía que finalmente ellos tendrían que decidir si continuarían el legado del negocio familiar, pero también sabía que era su responsabilidad como su padre, mentor y líder, hacer las previsiones.

Jack se reclinó en su gran sillón de cuero, cerró los ojos, y meditó por un momento. Pensó: "¿Necesito a alguien con inteligencia para dirigir la compañía o pericia administrativa para hacer crecer mis recursos, o necesito a alguien que me ame lo suficiente como para proteger y preservar todo cuanto he amado todos estos años?" Esta era la pregunta más importante que tenía en mente. De pronto, inclinándose hacia adelante, Jack, bolígrafo en mano, subrayó el nombre de su tercer hijo. La decisión estaba tomada. Eligió al hijo que sentía que lo amaba. El criterio para la sucesión en la mente de Jack era cuestión de amor. Más tarde, Jack escribió un memo para convocar a su familia a una reunión, sabiendo que su decisión no estaba en conformidad con el estándar tradicional o industrial para planificar la sucesión, pero tenía una profunda sensación de paz, gozo y confianza. Luego volteó su anotador amarillo y comenzó a diseñar un programa intensivo de mentoría para su hijo David.

El hecho de que esté leyendo este libro prueba que usted es en cierta medida un líder visionario, y por lo tanto deberá hacer frente al mismo desafío que Jack: ¿Cómo elijo a un sucesor y qué criterio debería usar?

> *"Él estaba dispuesto a correr riesgos para proteger y defender al Señor".*

Yo tuve que tomar esa decisión hace algunos años y transité por el mismo camino que Jack. Nuestro conglomerado de compañías bajo el paraguas de Bahamas Faith Ministries International tiene ahora más de treinta años, y yo fundé la organización con una visión que sabía que iría más allá de mi posición inicial de liderazgo, mi territorio, mi distrito electoral y mi vida. Trabajé diligentemente para construir la visión, y hoy es una marca global. Luego llegó el día en que comencé a sentir esa urgencia de expandir la visión a la fase siguiente. Para hacerlo, era necesario soltar la posición que me tenía asido. Sabía que no podía ir adonde necesitaba ir si me aferraba al lugar donde estaba. Había nombrado a un equipo para trabajar en estrecha colaboración conmigo, y todos eran talentosos, dotados, apasionados, dedicados y estaban sometidos a la visión. Comencé a mentorizarlos para el liderazgo al mismo tiempo que juntos hacíamos crecer la organización. Todos parecían perfectos como potenciales candidatos a sucederme. Comencé a observar a mi alrededor buscando a la persona a la que pudiera transferir la confianza de miles de personas que me respetaban como líder, junto con los activos físicos y monetarios que la compañía había acumulado. Sabía que sería una decisión crítica. Había oído historias horrorosas de traspasos hostiles o manipuladores, y no quería ser parte de esa experiencia. Había leído relatos de líderes que dedican su vida entera a construir una organización para que otros, que depreciaron la visión y al visionario original, acabaran destruyéndola.

Un miembro de mi equipo fundador, Richard, era mi amigo de la universidad con el cual compartí mi visión de la vida y pasión por el mundo allá por 1974. En ese tiempo él no solo me alentó, sino que regresó a mi ciudad natal después de que ambos terminamos nuestros estudios de posgrado, y dejó su trabajo en el gobierno de las Bahamas para acompañarme a llevar adelante mi visión. También se casó con la hermana de mi esposa, y así nos convertimos en "hermanos" de dos formas.

Durante los primeros diez años que dedicamos a desarrollar la organización, él sirvió en todo lo que le pedí y sometió sus dones, talentos, ambiciones y futuro personal a la visión que yo le había compartido. Sabía que él no solo amaba la visión, sino que me amaba personalmente a mí. Por lo tanto, no me resultó difícil identificarlo como el sucesor en la posición de liderazgo. Nos amamos en dos niveles, como colegas y como familia. Le confío todo lo que llevo en mi espíritu y en mi corazón porque su amor es *por mí*. Él ha amado todo lo que he hecho y todo lo que continuamos haciendo en la organización. No vacilo en confiar en sus manos todo lo que he construido. Sé que lo protegerá, preservará, y lo desarrollará aún más. Es suyo. Él lo ama tanto como yo.

Además, lo elegí a él porque estuvo conmigo a través de mis años de duda, cuando la comunidad me malinterpretó a mí y malinterpretó lo que queríamos lograr. Él estuvo conmigo cuando me criticaron, me difamaron y me atacaron públicamente en los medios. Lo elegí porque nunca compitió conmigo, ni expresó un espíritu de celos o desconfianza. Lo elegí porque estuvo dispuesto a estar conmigo cuando todos estaban contra mí. Él me defendió en privado y en público. Lo elegí porque nunca estuvo interesado en tomar mi posición, mi influencia, mi éxito, o mis logros. Lo elegí porque todo lo que él quería era que yo tuviera éxito.

Lo elegí porque era la personificación de alguien que me ama *a mí*, no solamente a mi visión, mi don o mi poder. Cuando los tiempos lo exigían, estuvo dispuesto a protegerme y defenderme a su propio riesgo, y confío en que estaría dispuesto a morir por mí o a correr riesgos para mi beneficio. Lo he visto sacrificarse e invertir en nuestra organización. A menudo ha dejado de lado sus propias ambiciones, prioridades, necesidades o preocupaciones por mí.

Según mi experiencia, jamás codició mi don o deseó lo que yo tengo. Nunca codició o usurpó mi autoridad o me criticó de una forma que implicara que era más sabio que yo. Jamás intentó atribuirse el crédito que me correspondía, nunca intentó usurpar alguna de mis responsabilidades, incluyendo la gente. Él era la elección obvia para ser mentorizado y convertirse en mi sucesor. Lo he visto crecer y convertirse en un líder fuerte y destacado. Este es el gozo de la mentoría eficaz. En esta etapa, lo que hago en la organización es brindar guía visionaria, a largo plazo, y conexiones internacionales. Él provee el liderazgo en lo cotidiano.

¿Por qué elegir a Pedro?

Como mencioné anteriormente, cuando los líderes consideran la perspectiva de la sucesión para sus organizaciones, ministerios y negocios familiares, una tentación común es establecer criterios limitantes al talento, educación, habilidades, experiencia y logros académicos. Eso puede parecer razonable. Sin embargo, como afirmé antes, en muchos casos el resultado de este enfoque ha sido gran conflicto, desilusión e incluso fracaso organizacional. Después de muchos años de observación, interacción e investigación personal, ha concluido que estos criterios no tienen en cuenta el mejor y más eficaz prerrequisito para una sucesión exitosa.

Mi estudio detallado de casos históricos de sucesión exitosa —el libertador hebreo, Moisés, y su ayudante Josué; el profeta Elías y su protegido Eliseo; el gran rey de Israel, David, y su hijo Salomón; y finalmente Jesucristo y su estudiante Simón Pedro— indica que el prerrequisito más importante es el amor. Hágase la pregunta más importante: Este sucesor potencial ¿me ama *a mí*? Cuando Cristo tuvo que decidir quién podía continuar su ministerio, Pedro se destacó por encima de los demás, una roca en tiempos de incertidumbre y dificultad. ¿Por qué Pedro? Las razones pueden no resultarnos obvias. Usted recordará que era un inconformista.

En su primer encuentro, ni él mismo se consideró apto entre los que Jesús había elegido.

> **Lucas 5:8:** "Al ver esto, Simón Pedro cayó de rodillas delante de Jesús y le dijo: —¡Apártate de mí, Señor; soy un pecador!"

De vez en cuando, molestaba a Jesús con preguntas".

> **Juan 21:21:** "Al verlo, Pedro preguntó: —Señor, ¿y este, qué?

Inicialmente, se negó a que le lavaran los pies".

> **Juan 13:8:** "—¡No! —protestó Pedro—. ¡Jamás me lavarás los pies! —Si no te los lavo, no tendrás parte conmigo".

Pedro cuestionó a Jesús que tuviera que morir, rechazando que fuera necesario.

> **Mateo 16:22:** "Pedro lo llevó aparte y comenzó a reprenderlo: —¡De ninguna manera, Señor! ¡Esto no te sucederá jamás!"

Pedro era impulsivo. Recuerde, él fue quien cortó la oreja del siervo.

> **Juan 18:10-11:** "Simón Pedro, que tenía una espada, la desenfundó e hirió al siervo del sumo sacerdote, cortándole la oreja derecha. (El siervo se llamaba Malco.) —¡Vuelve esa espada a su funda! —le ordenó Jesús a Pedro—. ¿Acaso no he de beber el trago amargo que el Padre me da a beber?"

Pedro, como usted sabe, llegó a negar que conociera a Jesús en su momento de necesidad —y no una, sino tres veces.

> **Lucas 22: 54-62:** "Prendieron entonces a Jesús y lo llevaron a la casa del sumo sacerdote. Pedro los seguía de lejos. Pero luego, cuando encendieron una fogata en medio del patio y se sentaron alrededor, Pedro se les unió. Una criada lo vio allí sentado a la lumbre, lo miró detenidamente y dijo: —Éste estaba con él. Pero él lo negó. —**Muchacha, yo no lo conozco.** Poco después lo vio otro y afirmó: —Tú también eres uno de ellos. —**¡No, hombre, no lo soy!** —contestó Pedro. Como una hora más tarde, otro lo acusó: —Seguro que éste estaba con él; miren que es galileo. —**¡Hombre, no sé de qué estás hablando!** —replicó Pedro. En el mismo momento en que dijo eso, cantó el gallo. El Señor se volvió y miró directamente a Pedro. Entonces Pedro se acordó de lo que el Señor le había dicho: «**Hoy mismo, antes de que el gallo cante, me negarás tres veces**». Y saliendo de allí, lloró amargamente". (Énfasis añadido.)

Pedro siente que ha defraudado a Jesús y llora avergonzado.

Todas estas cosas que parecen mostrar los defectos de Pedro son ciertas, pero vuelva a mirar. Trate de ver a Pedro a través de los ojos de Jesús. Échele una nueva mirada a la forma en que la negación de Pedro revela su firme amor y lealtad hacia su mentor. Probablemente la mayoría de ustedes aprendió a ver su negación como un fracaso o traición. Es una historia que padres y maestros suelen contarles a los niños pequeños. "¡Pedro negó a Cristo tres veces!" Le advierten seriamente a la juventud que no reniegue del Señor. Las congregaciones recitan este pasaje sin falta cada Pascua, y lo oyen como una acusación de debilidad y vergüenza. Juran no ser como Pedro. Han aprendido y creído durante todas sus vidas, al igual que yo, que Pedro hizo algo malo al negar a Jesús, pero nunca nadie pone énfasis en *su amor*.

El amor en la negación

Eche otra mirada. Pedro había seguido a los soldados y se arriesgó a quedarse por ahí para estar cerca de Jesús. Incluso se quedó merodeando cuando claramente había quedado al descubierto. Los verdaderos cobardes se habían dispersado tan pronto aparecieron los soldados para apresar a Jesús. Pedro se mantuvo cerca para poder observar lo que sus acusadores le hacían a Jesús. Las Escrituras revelan que estaba tan cerca que Jesús podía verlo a medida que transcurría la dura prueba.

Si Pedro no hubiera negado ser quien era, un amigo y estudiante de este rebelde condenado y radical que estaba siendo juzgado, los guardias podrían haberlo echado del patio, o peor. Esa noche Pedro demostró, como lo había hecho en muchas oportunidades anteriores, que amaba a Jesús. Es por eso que Cristo lo dejó a cargo de su visión global de establecer el reino de los cielos en la tierra, nombrándolo en la última reunión con los discípulos, después de la resurrección.

> **Juan 21:15-17:** "Cuando terminaron de desayunar, Jesús le preguntó a Simón Pedro: —Simón, hijo de Juan, ¿me amas más que estos? —Sí, Señor, tú sabes que te quiero —contestó Pedro. —Apacienta mis corderos —le dijo Jesús. Y volvió a preguntarle: —Simón, hijo de Juan, ¿me amas? —Sí, Señor, tú sabes que te quiero. —Cuida de mis ovejas. Por tercera vez Jesús le preguntó: —Simón, hijo de Juan, ¿me quieres? A Pedro le dolió que por tercera vez Jesús le hubiera preguntado: «¿Me quieres?» Así que le dijo: —Señor, tú lo sabes todo; tú sabes que te quiero. —Apacienta mis ovejas —le dijo Jesús—".

Josué se había levantado en defensa de Moisés cuando pensó que otros se estaban copiando de él y le estaban robando protagonismo, como leímos en Números 11:26-30. Observe la respuesta de Moisés a Josué: "¿Estás celoso *por mí*?" (v. 29). Josué estaba celoso "por" Moisés, no "de" Moisés. Josué deseaba proteger la posición e influencia de Moisés.

Así como Josué defendió a Moisés, Pedro no dejó escapar la oportunidad de proteger a Jesús, recurriendo incluso a un acto violento cuando le cortó la oreja al siervo. Pedro corría riesgos. Estaba dispuesto a arriesgarse para proteger y defender a Jesús. Estaba dispuesto a merodear en territorio enemigo donde podían reconocerlo y ponerlo bajo custodia junto con su rebelde maestro. Pedro debe haber estado dispuesto a morir por su maestro porque sus acciones podían haberle costado la vida.

Toda mi vida me han enseñado que Pedro hizo mal al negar a Jesús. La mayoría de nosotros hemos aprendido a ver este episodio en la vida de Jesús de esta manera, pero podemos observar el contexto: Jesús estaba en el huerto de Getsemaní, orando en el momento más duro de su vida. Estaba a punto de cumplir su última misión. Jesús sabe que este es su último momento, y siente su peso. Les dice a los discípulos en otras palabras: "Ustedes, muchachos, quédense despiertos porque esta noche va a pasar algo. Algo se viene". Él está luchando con su misión.

Los soldados aparecen con Judas. La mayoría de sus discípulos huye. Once habían estado ahí con Él, y se suponía que eran sus mejores amigos. No obstante, en medio de todos esos soldados con dagas, espadas, lanzas y escudos, solo uno, Pedro, sacó su espada y estuvo listo para enfrentarlos. ¿Dónde está Juan al que Jesús ama tanto? ¿Dónde está Jacobo que estaba tan intensamente unido a Él? ¿Dónde está Bartolomé? ¿Dónde está Jonás? ¿Dónde están todos los demás? ¿Dónde está su lealtad? ¿Por qué han abandonado a su gran maestro ahora? Solo uno estaba dispuesto a morir por Jesús. Solo uno se hubiera enfrentado a una guardia entera, y Cristo le permitió blandir la espada para cortarle la oreja a uno de los atacantes.

Jesús pudo haber detenido a Pedro antes de que hiriera a Malco, pero veo esto como una prueba. Jesús permitió que eso pasara para ver quién lo amaba más. Solo después de que Pedro hubo dado el golpe, Jesús le dijo a su defensor que guardara el arma, y sanó a Malco en el acto.

Imagine el tiempo que va desde este momento en Getsemaní hasta el último encuentro donde Pedro es nombrado como el sucesor (Juan 21:15-17, como leímos anteriormente en este capítulo) como un periodo de transición. Comenzó cuando Pedro sacó esa espada. Con ese acto, en esencia, Pedro está diciendo: "Muchachos, antes de llevarse a mi jefe, tendrán que llevarme a mí". Esta es la calificación más alta para la sucesión. Pedro estaba dispuesto a morir, dispuesto al sacrificio.

En efecto, Pedro dio su vida por Jesús antes de que Él diera su vida por Pedro. Jesús le permitió hacerlo. Jesús tenía poder para detener el ataque, pero dejó que siguiera su curso. Él estaba probando. "Tengo a once muchachos aquí conmigo. Veamos quién hace algo para protegerme".

El único que lo hizo fue Pedro. Jesús ya sabía que sería Pedro, y tenía poder para detener su ataque, pero quería probar algo. Cuando Jesús le dijo a Pedro que enfundara la espada, estaba diciendo: "Está bien. Tú cumples los requisitos. Tú eres el elegido".

Jesús demostró su poder deshaciendo el daño que había hecho Pedro. Más tarde, como contó Lucas, Jesús sanó la oreja del siervo, como diciendo: "Muchas gracias, Pedro, pero vamos a recoger esta oreja y a ponerla de vuelta, ahora que has demostrado cuál es tu posición y pasado mi prueba".

Lucas 22:51: "—¡Déjenlos! —ordenó Jesús. Entonces le tocó la oreja al hombre, y lo sanó".

Si Jesús pudo hacer eso, ciertamente tenía poder para prevenir el acto.

Más tarde, cuando Pedro negó a Jesús, su rol como sucesor no disminuyó en nada. Había probado su amor. Puesto que Cristo había predicho la negación, probablemente Jesús estaba contento de que sucediera. Esencialmente, Jesús le dijo de antemano: "Asegúrate de negarme. A propósito, sabes, cuando lo hagas, el gallo me dará la señal". En otras palabras, Jesús le dio a entender: "Tienes que negarme. Es necesario. Si no me niegas, no tendrá lugar la edificación de mi Iglesia".

Estar cerca del Maestro

Cuando Jesús se entregó a los soldados, lo encadenaron, lo ataron y se lo llevaron para juzgarlo ya entrada la noche. El relato que hace Mateo de estos sucesos pone de relieve el valor y la determinación de Pedro.

Mateo 26:56-58: "Pero todo esto ha sucedido para que se cumpla lo que escribieron los profetas. **Entonces todos los discípulos lo abandonaron y huyeron.** Los que habían arrestado a Jesús lo llevaron ante Caifás, el sumo sacerdote, donde se habían reunido los maestros de la ley y los ancianos. Pero Pedro lo siguió de lejos hasta el patio del sumo sacerdote. Entró y se sentó con los guardias **para ver en qué terminaba aquello".** (Énfasis añadido.)

Si alguien que amamos es acusado de un delito, o es víctima de uno, queremos estar en la sala del juicio "para ver en qué termina aquello". Si nuestro ser querido está siendo juzgado, queremos asegurarnos de que las autoridades lo traten con justicia. Pedro quería saber qué suerte correría Jesús.

Se quedó lo más cerca posible, solo en un ambiente hostil. Juan 18:15 dice que otro discípulo que no se nombra había seguido a Pedro y pudo entrar al patio con Jesús porque el sumo sacerdote lo conocía. Más tarde, este colega consiguió que Pedro también entrara.

Juan 18.16: "Pedro, en cambio, tuvo que quedarse afuera, junto a la puerta. El discípulo conocido del sumo sacerdote volvió entonces a salir, habló con la portera de turno y consiguió que Pedro entrara".

Mientras esperaba entre extraños, quizás Pedro pensaba: "No me importa lo que me suceda. Me voy a quedar cerca de mi jefe. No puedo estar con Él, pero voy a seguirlo aunque sea peligroso".

¿Sus asociados han permanecido a su lado cuando el país entero lo criticaba? ¿La gente ha denunciado a su iglesia como secta? ¿Su equipo se quedó junto a usted cuando los medios sembraron mentiras sobre usted? ¿Quién vino a la sala del tribunal cuando lo estaban procesando o demandando? ¿Quién prestó declaración para defenderlo? ¿Hubo miembros de su personal que dijeran: "Sigo estando aquí. Estoy detrás de él. Sé que no es capaz de hacer una cosa así. Le sigo creyendo y me voy a quedar con él"? ¿Quién corrió riesgos por usted? ¿O bien todos salieron corriendo?

Como líder, quizás se enfrente a tiempos en que lo desacreditarán o malinterpretarán. Es cuando muchos seguidores lo abandonarán. Hasta los jóvenes que lo han tenido como mentor se esfumarán, o aún peor, se unirán al bando rival. Una vez que usted haya limpiado su nombre y recuperado su fama y fortuna, algunos de estos antiguos socios querrán volver sigilosamente al redil. Usted puede perdonarlos e incluso aceptarlos bajo sus términos, pero no merecen ser sucesores.

Pedro amaba tanto a Jesús que pensó: "Debo darle apoyo moral. Debo estar allí". ¿Tiene usted ayudantes que lo amen así? Pedro sabía que si lo atrapaban, podían matarlo. No obstante, como muestra la historia, se quedó donde Jesús pudiera verlo. Creo que cuando Cristo miró a su alrededor en esa sala del tribunal y vio a Pedro en ese rincón, pensó: "He hallado un sucesor. Es el único que está aquí. "No está ninguno de los que se daban aires de importancia".

La negación era amor. El deseo de quedarse fue tan fuerte que mintió por amor. Dice: "No soy uno de ellos". Lo dijo porque quería quedarse. La forma que los cristianos tienen hoy de contar la historia es muy injusta con Pedro, haciendo que parezca que hizo algo malo. Yo diría que los otros, los que se escondieron, hicieron lo malo. Querían proteger sus propios pellejos, no a su líder.

Por generaciones se ha aceptado la creencia de que Pedro falló, cuando de hecho este creyente era el más calificado para suceder a Jesús por su acto de amor. Las iglesias enseñan que Pedro estaba intentando distanciarse de Jesús, pero si hubiera sido así, no se habría arriesgado a esperar a que lo dejaran entrar. Esa podría haber sido otra oportunidad de huir. En cambio, se acercó a lo que estaba pasando. Hubiera sido ilógico insistir en quedarse después de que alguien lo identificó. Sus acciones dicen: "No me importa lo que digan todos ustedes, o quién digan que soy, yo me quedo para estar cerca de mi maestro. Quiero saber qué le están haciendo. Quiero que Jesús sepa que estoy aquí con Él".

Parecería que después de exponerse a sí mismo al peligro de que los guardias del templo lo arrestaran por atacar a uno con la espada, la motivación de Pedro para seguir a Jesús era mayor que el temor a perder su propia vida. Tengo la convicción de que la motivación que lo obligó a negar a Jesús para poder quedarse cerca del juicio fue su profundo amor hacia su Maestro.

Al negarlo, estaba diciendo: "No conozco al hombre, pero déjenme quedarme con Él". Para la mente lógica, esto es contradictorio. Dice: "Como no lo conozco, voy a permanecer cerca de Él. Quiero ver lo que todos ustedes le están haciendo a este hombre". Los otros fueron quienes negaron a Jesús. Ni siquiera estaban lo suficientemente cerca como para decir que no lo conocían. El hecho de que Pedro tuviera que decirlo es prueba de que amaba a Jesús y quería permanecer cerca de Él.

Después de negar por tercera vez estar asociado con su Maestro, Jesucristo, dándose cuenta de que su motivación para quedarse con Él estaba en conflicto con su conciencia, por tener que inventar una justificación para quedarse cerca, lloró con profundo remordimiento y arrepentimiento personal. No creo que Pedro haya llorado por haber deseado estar cerca. Creo que lloró por la justificación que usó para quedarse cerca de su Maestro.

El temerario

Esto no resultaba extraño en Pedro. Era el que siempre daba un paso al frente. Fue el que le dijo a Jesús que jamás lo abandonaría.

Lucas 22:33: "—Señor —respondió Pedro—, estoy dispuesto a ir contigo tanto a la cárcel como a la muerte".

Esas son palabras muy fuertes, y el único discípulo que las dijo fue Pedro. Juan había querido sentarse a la derecha de Jesús, Jacobo a su izquierda. Querían ser grandes como Jesús, pero Pedro quería proteger la grandeza de su líder. Le dijo a Jesús que estaba preparado para morir por Él, y Jesús supo que Pedro era el próximo líder.

Pedro había mostrado gran fe en una ocasión distinta. Cuando algunos de los discípulos habían ido mar adentro en un bote, Cristo caminó por el agua hacia ellos. Después de divisar a Jesús, solo Pedro tuvo el valor suficiente para dar un paso de fe e ir hacia Él. Todos los demás tuvieron miedo de caminar sobre el agua. En efecto, solo Pedro preguntó: "Maestro, ¿eres Tú? ¿Puedo ir?" Tan pronto le dijo que fuera hacia Él, Pedro comenzó a caminar. Así lo describe la Biblia:

> **Mateo 14:26-29:** "Cuando los discípulos lo vieron caminando sobre el agua, quedaron aterrados. —¡Es un fantasma! —gritaron de miedo. Pero Jesús les dijo en seguida: —¡Cálmense! Soy yo. No tengan miedo. —Señor, si eres tú —respondió Pedro—, mándame que vaya a ti sobre el agua. —Ven —dijo Jesús. Pedro bajó de la barca y caminó sobre el agua en dirección a Jesús".

Solo cuando permitió que el miedo se apoderara de él comenzó a hundirse, pero Jesús lo sujetó y lo llevó de vuelta al bote. Observe que la primera reacción de Pedro fue creer y obedecer a Jesús. Parece pensar: "Bueno, si el Maestro dice que puedo caminar sobre el agua, entonces puedo. Solo voy a pisar el mar". Siempre era el que pensaba: "Voy a creerle a mi Maestro. Voy a quedarme con mi Maestro."¡Qué persona asombrosa debe haber sido!

¿Quién soy?

Pedro también había sido el primero en reconocer e identificar a este extraño y joven rabino como el Mesías. Quizás usted recuerde la historia:

> **Lucas 9:18-20:** "Un día cuando Jesús estaba orando para sí, estando allí sus discípulos, les preguntó: —¿Quién dice la gente que soy yo? —Unos dicen que Juan el Bautista, otros que Elías, y otros que uno de los antiguos profetas ha resucitado —respondieron. —Y ustedes, ¿quién dicen que soy yo? —El Cristo de Dios —afirmó Pedro".

Mateo también nos da este relato:

> **Mateo 16:15-16:** "—Y ustedes, ¿quién dicen que soy yo? —Tú eres el Cristo, el Hijo del Dios viviente —afirmó Simón Pedro".

Pedro reconoció la grandeza de Jesús. Pedro supo que Él era el Mesías y vio quién era realmente.

Revise los criterios

Cuando Jesús estuvo listo para anunciar un plan de sucesión, seguramente recordó todas estas cosas. Llamó a toda la junta a una última reunión. Para este tiempo ya ha resucitado y está a punto de identificar a su sucesor.

Hace reunir a sus asociados, y tiene que anunciar una decisión. Está a punto de decidir quién quedará a cargo de una organización que con el tiempo serviría a dos mil millones de creyentes al mismo tiempo. Sería una compañía global con un producto global —la salvación—, y Jesús esencialmente les ordenaría a los equipos de ventas y distribución que —Vayan a todo el mundo y lleven mi producto—. Estaba a punto de entregarle miles de miles y miles de millones de personas, almas y recursos a un líder máximo. Está a punto de entregar una misión terrenal definida a un ser humano de carne y hueso. Es una decisión muy importante. ¿Quién es el elegido?

Primero, observemos *cómo* eligió Jesús. ¿Le pregunta a Pedro: "¿Eres famoso? ¿Eres inteligente? ¿Tienes buena personalidad? ¿Eres competente? ¿Tienes habilidades? ¿Qué pericia tienes? ¿Tienes experiencia? ¿Amas mi visión? ¿Quieres mi poder? ¿Valoras mi misión?"? ¿Pregunta por los logros académicos de Pedro, sus referencias, o su estilo de gestión? ¿Le pregunta qué tan bien se lleva con los otros asociados? ¿Le pregunta incluso cuántos convertidos trajo al redil o cuántos milagros hizo?

Jesús está a punto de transferir la organización más grande de la historia. ¿Son sus criterios: "¿Eres muy culto? ¿Tienes credenciales académicas? ¿Eres un planificador estratégico eficaz? ¿Tienes lo necesario para ser un CEO?"?

¡No! Jesús pregunta: "¿Me amas?"

Eso es. Esa es la prueba. Jesús le pregunta esto tres veces (nuevamente, vea Juan 21:15-17), y Pedro debe de estar pensando: "¿Cómo puede Jesús siquiera hacerme semejante pregunta?" Ya hace mucho tiempo que demostré quién soy. Hasta me quedé cerca de la sala del tribunal cuando yo mismo podía ir a la cárcel. Soy aquel a quien podrían haber decapitado por cortarle la oreja a ese hombre. Incluso antes de eso, fui quien pudo haberse ahogado tratando de caminar sobre el agua. Él sabe que lo amo".

Pedro amaba a Jesús más que los otros. Había pasado la prueba. Estaba a cargo. Jesús le entregó las llaves a él.

¿Pedro tenía defectos? Por supuesto. ¿Era descarado? Seguro.

¿Impulsivo? Sí. ¿Difícil de controlar? Ciertamente. Pero Jesús vio la cualidad que necesitaba en este siervo particular: amor.

Los criterios usados por Jesús para elegir a su estudiante Pedro para hacerse cargo de su visión global no fueron su intelecto, personalidad, experiencia, contactos, capacidad de gestión, sabiduría o logros. Aunque todas estas cosas son muy valiosas y útiles para todos los líderes, Jesús usó el simple criterio de: "¿Me amas?" Este criterio desafía todas las teorías usadas en la industria del entrenamiento y desarrollo de líderes, y establece un nuevo estándar para mentorizar a un sucesor.

Quizás los líderes de hoy deberían estudiar la sabiduría de este gran líder y aplicar sus principios para la longevidad de la visión, y su criterio para la elección de un sucesor.

El traspaso

La instrucción que Jesús le dio al sucesor elegido de supervisar la obra continua de su visión global —"Apacienta mis ovejas"—también era importante. En los días que Jesús vivió en la tierra, también estaban activos muchos otros "rabinos", o maestros fundadores de escuelas de pensamiento e institutos de enseñanza. Sus estudiantes se llamaban simplemente discípulos. Por lo tanto, es esencial saber que Jesús fue el fundador de la asombrosa escuela que enseñó una visión de expansión global de la influencia del reino celestial de Dios en la tierra. En otras palabras, su visión era la colonización de la tierra por el reino de los cielos. Era una visión enorme y requería el entrenamiento de la especie humana para entenderla e implementarla en generaciones subsiguientes.

En Juan 21:15-17, Jesús usa la metáfora de "ovejas" para describir a toda su escuela de estudiantes-discípulos. Valiéndose de una imagen frecuentemente invocada en las Escrituras, Jesús se veía a sí mismo como el "pastor" o guía de enseñanza de su escuela. La había construido para que llegara a ser respetada e influyente en la comunidad y la nación. Miles de personas seguían su escuela de ciudad en ciudad, y muchos formaron parte de su instituto. Ahora está a punto de partir y decide entregar su organización entera —los recursos humanos, la reputación, el crédito, y la buena voluntad— a aquel que había elegido, Pedro. Debe haber sido un momento definitorio para Jesús, Pedro y todos los demás estudiantes. La transferencia ese día fue la lección más grande de la historia sobre el mentoreo y la sucesión. Fue Dios quien estaba transfiriendo una visión celestial a un hombre terrenal. Pedro pasó la prueba y mostró el requisito para la sucesión: el amor.

Pedro amaba la iglesia porque es lo que Jesús amaba, y Jesús sabía que esta era la persona que la protegería.

> **Mateo 16:18:** "Yo te digo que tú eres Pedro, y sobre esta piedra edificaré mi iglesia, y las puertas del reino de la muerte no prevalecerán contra ella".

Cuando llega el tiempo de elegir un sucesor, ¿usted sabe si alguno de sus socios podría pasar la prueba? ¿Sabe si alguno de ellos lo ama? ¿Están engañando, tramando cosas, y buscando poder? Como líder, usted conoce las intrigas. Reconoce el compromiso. Sabe quién es serio en el trabajo con usted. Sabe si los miembros de su personal están trabajando por dinero o por amor. ¿A quiénes de los miembros de su personal podría dejar a cargo? ¿Quién lo ama?

¿Sabe lo que motiva a la gente que lo rodea? Yo sé qué personas de las que están a mi alrededor están motivadas por el amor. Preguntan cosas de mi vida que solo alguien que me ama preguntaría. Cuando llego de regreso de un largo viaje, cocinan algo y lo traen a casa. Dicen: "Esto es para el pastor. Sé que está cansado, y nadie ha tenido tiempo de cocinar". Eso es amor. Pensar con esa anticipación es amor.

Busque gente como esa. Elija a esas personas para su equipo de liderazgo. No busque expertos. Busque gente que ame. Usted quiere rodearse de personas que lo protejan y lo amen. Quiere gente que ame y proteja lo que usted ama. Cuando llegue el momento de la sucesión, no tendrá que preguntar: "¿Me amas?" Habrá visto el amor en acción.

Puntos para recordar:

Pedro demostró su amor por Jesús muchas veces, al punto de arriesgar su propia vida.

Pedro amaba lo que Jesús amaba.

El amor es la credencial más importante de un sucesor.

Capítulo 18

Todo queda en familia

SENTIR EL AMOR

UN DÍA, HACE algunos años, mi madre me llamó al trabajo y me preguntó: "¿Puedes venir ahora mismo?"

"Mamá, estoy trabajando", respondí. "No puedo hacer eso."

Ella insistió, así que salí del trabajo y fui a verla.

Cuando mi mamá quería hablar, me hacía señas para que me acercara a su cama. Me dijo: "Siéntate aquí". Cuando me senté, continuó: "Hijo, tú sabes que no sé cuánto voy a vivir. No sé qué va a suceder. Tu papá y yo estamos hablando sobre el futuro y sobre lo que va a pasar con tu hermana menor. Aquí tengo algo de dinero, algunos ahorros".

Me enteré de cosas que nunca había sabido. Ella tenía ahorros debajo del colchón.

"Sé que no eres el mayor", dijo. "Pero quiero que sepas que tu papá y yo queremos dejarte nuestro patrimonio. Vamos a darte todos nuestros libros, todos los números de nuestras cuentas bancarias. Queremos que te ocupes de todo".

Comencé a protestar, diciendo: "Pero tengo tres hermanos, siete hermanas. Estoy seguro de que mi hermano mayor espera ciertas cosas".

Soy el hijo del medio de una familia de once hijos. Generalmente, por ley, dicho rol lo debería asumir el hermano mayor.

Ella dijo: "Hijo, no digas nada".

Yo dije: "Mamá, ¿por qué yo?"

Puso su mano sobre mi cabeza y simplemente dijo: "Hijo, porque tú eres mi muchacho. Sé que me amas".

En una semana, mi mamá había muerto. Su razonamiento al escogerme no fue quién estaba calificado por ley para heredar este rol, sino quién estaba calificado por amor.

Desde ese momento en adelante, me ocupé de mi padre. Hasta este día, él no trabaja. Le dije: "Por el resto de tu vida, haz lo que quieras". Me ocupé de mi hermana menor, que en ese entonces aún vivía en casa. Mi mamá me dijo que cuidara de ellos. Creo que fue un traspaso de liderazgo, un rito de sucesión.

Todos mis hermanos y hermanas saben cómo me siento respecto de ellos. Si necesitan que se haga algo, basta con que me llamen. Todos recurren a mí. Si quieren que se haga algo, llaman. Es una cosa tácita, pero creo que así es porque nunca quise algo para mí y jamás pedí nada. Soy el que siempre quiso asegurarse de que todos los otros estuvieran bien. Esa fue siempre mi posición y mi punto de vista. Toda familia parece tener una persona así, alguien que mantiene todo unido. Es el que está calificado por amor.

"El liderazgo no se hereda automáticamente".

Ahora, además de ser su hermano, soy pastor de todos mis hermanos en mi ministerio en las Bahamas. Creo que mi llegada a esta posición de liderazgo en la familia es similar a lo que le sucedió a Pedro en el día de Pentecostés. Todos sabían que había ocurrido algo extraño, pero cuando llegó el momento de que alguien hablara, todos miraron a Pedro, al que el Maestro había dejado a cargo. Él asumió su rol y comenzó a predicar.

Hechos 2:12-14: "Desconcertados y perplejos, se preguntaban: «¿Qué quiere decir esto?» Otros se burlaban y decían: «Lo que pasa es que están borrachos». Entonces Pedro, con los once, se puso de pie y dijo a voz en cuello"...

Continuó predicando de cómo Aquel que fue crucificado había venido como el Hijo de Dios, y de su plan de salvación. La Biblia dice que alrededor de tres mil personas se convirtieron en creyentes bautizados ese día. Por hablar en voz alta, Pedro había asumido el liderazgo para el que Cristo lo había preparado.

Más fuerte que la sangre

Si usted es dueño de un negocio familiar, quizás dé por sentado que su hijo o hija es el heredero natural y está listo para dar un paso adelante y continuar con su empresa. Sin embargo, el solo hecho de que alguien sea de su familia no significa que él o ella sea el sucesor natural. No dé por sentado que la persona que lo suceda en lo que sea que haga tenga que ser un miembro de su familia. Quizás usted prefiera que sí, pero no tiene por qué serlo. Sea que haya levantado una compañía o construido un proyecto, puede desear que su familia lo herede, pero no significa que sus hijos vayan a protegerlo.

Incluso en una familia, usted puede ver la destrucción de su sueño. He oído muchas historias de familias que construyeron negocios exitosos, pero que cuyos hijos no tenían la pasión del padre o de la madre para el negocio y lo vendieron por casi nada. Destruyen el negocio de la familia porque no tienen interés en lo que sus padres construyeron.

La sangre no califica a alguien para sucederlo a usted. Ella no le da los mismos intereses, habilidades, impulso, o determinación que usted tenía. Tener su ADN no lo hace un líder. El parentesco no garantiza una visión compartida. Y, lo que es más importante, no garantiza que alguien lo amará lo suficiente para proteger su legado.

¿Cuál de sus hijos lo ama? Las familias son extrañas. Usted ama a sus parientes porque está obligado a hacerlo, no porque los haya elegido. Quizás comenzó cortando césped y con el tiempo levantó una compañía de arquitectura paisajista que ahora vale millones. Uno de sus hijos podría estar dispuesto a renunciar a una carrera para evitar que lo que usted levantó se muera, pero sus hijos dejaron de cortar césped hace mucho tiempo. Usted pudo enviarlos a las mejores escuelas, y después se convirtieron en profesionales. Ahora usted se está poniendo demasiado viejo como para dirigir los asuntos diarios de la firma. Un hijo dice: "Papá, soy médico, pero no quiero ver que lo que tú iniciaste muera. Voy a dejar de practicar la medicina para hacerme cargo de la compañía". Ese hijo lo ama tanto como para continuar su legado a expensas de su carrera.

Otro hijo dice: "Bueno, ese es el negocio de mi padre. Lo respeto, pero no es lo que quiero hacer con mi vida. Si muere con él, es su problema. Yo soy odontólogo; tengo que ocuparme de mi carrera dental". Él no está dispuesto a sacrificar lo suyo por su sueño, y debería ser comprensible. Ese hijo está dotado en determinada área y debe perseguir su propio propósito. Elegirlo como sucesor e insistir en que continúe su legado sería un desastre.

Muchos negocios familiares mueren porque nosotros como fundadores damos por sentado que nuestros hijos lo continuarán. Usted trabaja por años levantando la compañía que ha provisto su sustento, se la da a su hijo, y en cinco años él está en bancarrota porque no amaba lo que usted amaba. No pudo apreciar el costo que usted pagó para levantar esa compañía. No la valoró.

He visto padres que acumularon millones de dólares en bienes raíces o finanzas y se los dieron a un hijo que perdió todo en diez años. No reunía las condiciones de aquel que amaría, protegería y defendería lo que los padres construyeron. Elija a aquel que asuma el riesgo de protegerlo y defenderlo.

El que lo ame a usted y proteja su legado quizás no sea un pariente. Un líder puede pensar: "Bueno, si construí este enorme legado, debería heredarlo mi familia".

El liderazgo no se hereda automáticamente. Sus hijos tienen sus dones propios y deben perseguir su propio propósito. Ellos pueden contribuir al futuro de su empresa, pero usted debería buscar un sucesor en alguna otra parte.

Dios es más grande que su familia privada. Deje que sus hijos hagan aquello para lo que Dios los creó.

Desaprovechar la visión

Algunas de las personas más infelices de la tierra son aquellas que son forzadas a entrar al negocio familiar, y algunos de los mayores fracasos son los de las dinastías, donde el legado pasa a un heredero familiar. Yo no estoy buscando que mi familia herede la organización que construyo. Podría suceder, pero quizás no. Busqué a la persona que me ama por quien soy. Él amará esas cosas que yo amo cuando no esté.

La sucesión no debería estar determinada por una relación, sino por amor. Esto se sigue aplicando a las familias hoy. Los hijos de familias muy ricas pueden destruir la fortuna familiar porque no respetan el precio que sus padres pagaron para lograrla. Les va mucho mejor a las organizaciones ricas que se encomiendan a quienes, sin ser parientes, les importa el legado familiar y se esfuerzan mucho por proteger ese nombre.

Muchas veces los miembros de la familia están más interesados en el dinero acumulado que en la fuente o producto de la pasión visionaria. Creo que Paris Hilton es un buen ejemplo de eso. Su bisabuelo, Conrad Hilton Sr., levantó una compañía global de hotelería. Su padre y abuelo continuaron de forma similar. Ella quiso ir a jugar y comprar ropa.

No se es sucesor porque se tenga algún derecho

Muchas organizaciones fundadas por un individuo tienden a sufrir del "síndrome de derecho a", una afección en la que parientes de sangre de esa persona sienten que la organización está obligada a elegirlos como sucesores naturales. Este concepto no surge de ninguna verdad bíblica o modelo de negocios sensato. Hoy en día conozco muchos ministerios y compañías fundados por individuos que obligaron a los miembros de su familia a entrar en la misma línea de trabajo o profesión. En muchos casos, estos herederos destruyeron la organización. En otros casos, solo estaban allí porque sus familias lo esperaban de ellos, no porque quisieran estar allí. Como resultado, padecían mucho estrés, trabajaban bajo coacción, no les iba bien y no estaban cumpliendo su propio propósito.

Cuando Dios lo llama a usted a hacer algo, no es garantía de que vaya a llamar a su descendencia a hacer lo mismo. No hay seguridad de que su familia vaya a ser una dinastía. El liderazgo no es una dinastía de parentesco. La dinastía de Dios se basa en la condición de los corazones, no en genética.

Cuando observamos los ejemplos bíblicos, vemos que Pedro no era pariente de Jesús. Pero fue el sucesor elegido. Jesús eligió al que lo amaba, no al que estaba emparentado con él. Creemos que Jesús tenía medio hermanos y hermanas, pero no eligió a ninguno de ellos como sucesor para el liderazgo de su organización.

Josué no era pariente de Moisés. Él podría haber elegido a un familiar. Moisés tenía una hermana, Miriam, y un hermano, Aarón, pero le entregó la totalidad de su organización a Josué, no a sus hermanos. Miriam estaba celosa y Aarón no era confiable, pero Josué lo amaba. Josué era el que lo amaba. Y defendió a Moisés, se quedó con él, y fue al monte con él.

> **Éxodo 24:12-13:** "El Señor le dijo a Moisés: «Sube a encontrarte conmigo en el monte, y quédate allí. Voy a darte las tablas con la ley y los mandamientos que he escrito para guiarlos en la vida». Moisés subió al monte de Dios, acompañado por su asistente Josué".

Parece que Miriam se puso celosa cuando su hermano comenzó a estar con este joven Josué. Ahí fue cuando comenzó a hablar de la esposa de Moisés y de oír de Dios directamente (vea Números 12:1-2, como discutí anteriormente en el capítulo 15).

Ella daba a entender que Moisés estaba pasando demasiado tiempo con este adolescente. "No pasas tiempo con tu hermana mayor. ¿Quién te crió?"

Algunas personas sienten que usted está obligado a elegirlas porque han estado con usted mucho tiempo. La sucesión tampoco es cuestión de antigüedad. Es por amor. Quizás tenga gente que ha estado con usted durante veinte años. Pero usted no ha prometido que alguno de ellos pueda hacerse cargo cuando usted se vaya. Ahora algunos de ellos están enojados con usted por eso. Luego viene uno que solo estuvo con usted durante tres años, y usted pasa horas derramando su vida en esa persona. Los que llevan más tiempo con usted sienten celos y enojo. Incluso atacan a la persona nueva o hablan de usted y su relación a sus espaldas.

En cada uno de los casos que leemos en la Biblia, vemos una tendencia a que quien sucedía al líder era el que lo amaba, como en los casos de Jesús y Pedro, y después Pablo y Timoteo. No estaban emparentados. La Biblia menciona ciertos casos en que la sucesión fue a un pariente. David y Salomón, por ejemplo, eran padre e hijo. Sin embargo, con mayor frecuencia, los sucesores bíblicos no eran parientes.

Cuando llega el momento de elegir a un sucesor, ore y observe a todos los que lo rodean en su organización. Estudie al personal, mire atentamente a cada miembro de la familia e intente discernir quién reúne las condiciones. Si decide que su empresa debería ir a uno de sus hijos, debería ser a aquel que lo ama. El objetivo de la vida familiar es cultivar un ambiente donde la gente pueda expresar y comunicar su amor recíproco. Sin embargo, no conozco principio alguno que afirme que la sucesión debe ser el resultado de un código genético o una relación dinástica. Por lo tanto, ningún hijo de ninguna familia debería sentirse obligado a seguir la profesión del progenitor. Es muy importante permitir que la gente descubra y persiga el propósito de Dios para su propia vida.

Incluso hijos de los mismos padres pueden tener propósitos completamente diferentes. Nos encantaría que nuestros hijos trabajaran en el ambiente que construimos, pero no tienen por qué trabajar en el mismo puesto que nosotros teníamos. Si usted levanta una empresa familiar y tiene cuatro hijos, cada uno de ellos podría tener dones muy característicos que pueden resultar útiles de diferentes maneras. Pero todos ellos podrían tener dones apropiados para propósitos muy distintos a los suyos. Pero todos estos hijos podrían ser útiles en la misma compañía.

Aunque no hereden su posición, podrían participar por medio de sus dones en esa compañía que usted levantó –si tienen ese propósito. Uno es un artista que podría ser útil para diseñar nuevos productos o trabajar en publicidad. El otro es un genio financiero que podría reorganizar los sistemas contables o guiar a la compañía hacia nuevas estrategias de inversión. Quizás ninguno sea un maestro del marketing como usted, pero juntos podrían cubrir esa función o contratar a alguien para que lo haga si usted se fue.

Diferentes clases de dones

Necesitamos aprender a no hacer que nuestra descendencia se sienta obligada a seguir nuestros pasos. En la iglesia, he visto gente que cree que sus hijos deberían heredar el ministerio automáticamente, y algunos hijos lo intentan. Eso no significa que tengan éxito.

Yo no aliento a mis hijos a que me sigan en el ministerio. Esto contradiría mi propia enseñanza. No puedo predicar en todo el mundo, diciéndole a la gente que debería desarrollar sus propios dones y perseguir su propósito, y luego venir a casa y obligar a mis hijos a seguir mis pasos. Ellos están ocupados en sus propios propósitos.

La gente me pregunta: "Usted tiene un hijo y una hija. ¿Cuál va a entrar al ministerio?"

Probablemente ninguno. Les dije a mis hijos que no quería que se sintieran obligados a adoptar este ministerio. No es mío. Yo solo soy mano de obra contratada por Dios.

"Encuentra tu propio llamado a tu propia generación", suelo decirles. "Encuentra tu propósito. Persíguelo. Yo te entrenaré, te enseñaré, y te daré todo lo que tengo. Quiero que sueñes sueños más grandes que el mío. Quiero que aprendas todo de Dios por ti mismo. El ritmo sigue". No tengo planes de que ellos sigan este ministerio. No puedo dar algo que no es mío. No podemos llamar a alguien al ministerio. Dios lo hace.

Mi hijo, Chairo, o Myles Jr., y mi hija, Charisa, han aceptado llamados completamente distintos para sus vidas. Ciertamente parecen tener propósitos distintos al mío. Mi hijo está estudiando administración de negocios, y mi hija está estudiando psicología y trabajo social. No debo forzarlos a ser yo.

El ministerio que levanté a lo largo de treinta años no es su herencia. El ministerio no es una monarquía. Mi inversión al levantarlo no garantiza el futuro de mis hijos. Su propósito quizás sea más grande que este ministerio, y quiero que encuentren su sitio, su lugar único, y luego florezcan.

Cuando mi hijo tenía dificultades para encontrar trabajo en su área después de la universidad, yo inicié un negocio familiar de acuerdo con sus dones e intereses para que pudiera usarlos dirigiendo lo suyo propio. Le dije a mi hija que si lo desea, cuando termine su educación en los Estados Unidos, puede trabajar en el negocio familiar con mi hijo y pueden heredarlo. Quizás no sea su deseo o llamado.

No quiero forzar a ninguno a entrar al ministerio. No puedo atraparlos en él. Ni siquiera considero que el ministerio sea toda mi vida. Es solo un aspecto de ella. No es mi misión permanente. Voy camino a algo más, aceptando el consejo que doy en el capítulo 12. Es importante dejar libres a los hijos para que no se sientan obligados o con derecho a seguir los pasos de un pariente exitoso. Deben conocer su propio llamado.

Lo que Dios tiene para usted

Veo un buen ejemplo de esto en las palabras de Jesús cerca del mismísimo final del Evangelio de Juan. El Jesús resucitado estaba a punto de dejar la tierra. Inmediatamente después de que Jesús acribillara a Pedro con preguntas sobre si amaba a su mentor y de que le diera el rebaño, hallamos algo muy interesante. Tiene que ver con la expectación y la sucesión. Las Escrituras dicen que Pedro se volvió y vio que otro discípulo los seguía mientras hablaban.

> **Juan 21:20-22:** "Al volverse, Pedro vio que los seguía el discípulo a quien Jesús amaba, el mismo que en la cena se había reclinado sobre Jesús y le había dicho: «Señor, ¿quién es el que va a traicionarte?» Al verlo, Pedro preguntó: —Señor, ¿y este, qué? —Si quiero que él permanezca vivo hasta que yo vuelva, ¿a ti qué? Tú sígueme no más".

"¿Y este, qué?" Para mí, esas palabras implican que Pedro quería que Jesús eligiera a Juan para que se uniera a él como líder. Jesús le da la espalda, diciendo en efecto: "¿Qué tiene que ver contigo? Lo que tengo para Juan no te incumbe. Ya te asigné tu tarea".

También podemos observar que, aunque Jesús le dio el ministerio a Pedro, el Maestro ya había hecho a Juan su sucesor para el cuidado de su familia.

> **Juan 19:26-27:** "Cuando Jesús vio a su madre, y a su lado al discípulo a quien él amaba, dijo a su madre: —Mujer, ahí tienes a tu hijo. Luego dijo al discípulo: —Ahí tienes a tu madre. Y desde aquel momento ese discípulo la recibió en su casa".

Estas acciones apoyan la idea de que cada uno de nosotros tiene su propia misión. Jesús nos diría: "Hijo, no necesitas ser como tu padre, e hija, no tienes que ser como tu madre. No, lo que tengo para ellos quizás no tenga nada que ver con lo que tú haces".

Lo que Dios quiere para nuestros hijos no es lo que nosotros podríamos desear. Eso queda estrictamente entre Dios y ellos.

> **1 Corintios 12:4-7:** "Ahora bien, hay diversos dones, pero un mismo Espíritu. Hay diversas maneras de servir, pero un mismo Señor. Hay diversas funciones, pero es un mismo Dios el que hace todas las cosas en todos. A cada uno se le da una manifestación especial del Espíritu para el bien de los demás".

Puntos para recordar:

El parentesco no califica a la gente para sucederlo.

Sus hijos deben perseguir sus propios propósitos.

Si decide que debería sucederlo un pariente, elija a aquel que lo ama.

Parte 5

La práctica: Cómo hacer que la sucesión funcione

Capítulo 19

El liderazgo se "capta"

Iba a dar una charla en una conferencia. Cuando llegué al aeropuerto, mi anfitrión había enviado a un conductor a recogerme. Durante el viaje, le pregunté: "¿A qué te dedicas?"

Él dijo: "No tengo un trabajo. Soy un hombre de negocios. Fui director de área de una cadena de pollo frito".

Esto obviamente parecía un trabajo de seis cifras, entonces pregunté: "¿Qué hace recogiéndome a mí?"

Solo dijo: "Soy su chofer durante los próximos tres días".

Yo estaba impresionado de que un ejecutivo quisiera llevarme. Era listo. Creo saber por qué quería hacer esto, y pronto descubriría que tenía razón. Había visto mis programas de televisión. Pude ver uno de mis libros en el asiento del coche. Era una copia muy usada,

Estuve muy ocupado durante este viaje y, mientras me llevó de un lugar a otro durante los siguientes tres días, no hablamos mucho. Cuando terminó, dije: "Quiero orar por ti antes de irme". Entonces oramos. Le pregunté por su familia y me contó acerca de su esposa.

Me llevó al aeropuerto y dijo: "¿Sería usted mi mentor?"

Lo miré. Me gustaba su espíritu. Solo quería servir. Y dije: "Seré su mentor, pero le costará".

Él dijo: "Lo que sea necesario. Lo seguiré a las Bahamas. Pasaré tiempo con usted. Solo estaré con usted".

Fui su mentor. Hoy tiene su propia firma de entrenamiento de emprendedores y líderes, y da charlas en mis conferencias.

Algunas de las personas que me tienen por mentor están en otros países. A veces les digo que se encuentre conmigo en algún destino para acompañarme por el resto del viaje. Soy su mentor mientras viajamos. Ellos pueden ver cómo manejo problemas, decisiones, estrés, malos entendidos u orientación. Están en mi entorno. Así es como se aprende. Eso es lo que quiero decir cuando digo que el liderazgo se "capta", no se enseña.

Tengo otro asociado al que estoy muy orgulloso de mentorizar. Todo lo que le decía que hiciera, lo hacía. No cuestionaba mis instrucciones, aun cuando no las entendía. Invirtió dinero en su propio desarrollo. Cuando le dije: "Quiero que vengas conmigo a África", dijo que tendría que pedir dinero prestado para hacerlo, y lo hizo.

Compró un billete de avión y vino conmigo a África. Yo no le compré el boleto porque él me seguía para que lo mentorizara, pero yo quería que fuera conmigo para que experimentara la vastedad de mi audiencia. Cuando lo vi invertir, me sentí feliz de darle el micrófono para que hablara ante una gran multitud mientras estábamos de viaje, porque había mostrado su disposición para aprender. Había hecho un sacrificio para hacerlo.

"El estudiante aprende mediante la interacción con su mentor".

Cuando la gente me pide que sea su mentor, les pido que me escriban una carta y que oren al respecto porque lo que me piden exigirá un duro esfuerzo. No para mí, sino para ellos. Voy a darles muchas cosas para hacer. "Espere a recibir mi paquete de mentoría", digo. "Lamentará haberme pedido que sea su mentor. Lea estos cuatro libros esta semana y entrégueme un informe".

"¡Vaya por Dios! ¿En qué me metí?", preguntan.

"Y a propósito", agrego. "También quiero que ore una hora al día por estas veinte cosas".

Nuestro programa formal de mentoría en Bahamas Faith Ministries International atrae a aspirantes de todo el mundo. Lo que les pido a quienes forman parte del programa no es nada comparado con lo que Jesús exigió de sus protegidos.

Jesús les dijo a sus discípulos que dejaran a sus familias. "Si quieren venir conmigo, deben dejar algo. ¿Están seguros de que quieren venir conmigo?"

Mateo 8:21-23: "Otro discípulo le pidió: —Señor, primero déjame ir a enterrar a mi padre. —Sígueme —le replicó Jesús—, y deja que los muertos entierren a sus muertos. Luego subió a la barca y sus discípulos lo siguieron".

Para ser un buen mentorizado hay que estar presente. El estudiante debería estar con el mentor en cada oportunidad. El mentorizado aprende mediante la interacción con el mentor y por medio de los ambientes, experiencias y oportunidades que le brinda el mentor. Esta clase de asociación transforma el pensamiento del protegido. Ser mentor tiene más que ver con la asociación que con la mera instrucción. Estar con un mentor es más importante que recibir instrucción de él. Cuando se asocia, puede transformar su vida.

La mentoría es una calle de doble mano. El mentor accede a serlo, y el "mentorizado" debe someterse para ser preparado. Para aprender, usted debe someterse al maestro, y el maestro debe aceptar la responsabilidad de transferirle conocimiento.

Sígame

Desde una perspectiva histórica, un discípulo era un estudiante que vivía con el maestro, de la misma forma en que muchos atletas olímpicos en la actualidad dejan sus familias o incluso sus países para prepararse con un entrenador destacado. Durante gran parte de la historia, todo aquel que deseaba aprender un arte, un oficio o una profesión tenía que estar de aprendiz esto es, dejar su hogar a tierna edad para ir a vivir, observar y trabajar con un maestro en ese campo. De manera similar, los preadolescentes o adultos jóvenes que querían convertirse en rabinos, sacerdotes, monjes o monjas, dejaron a sus padres para vivir y estudiar con sus instructores.

Cuando Jesús comenzó su propio ministerio, sus discípulos o estudiantes dejaron sus hogares y vivieron con Él durante tres años y medio. Viajaban con Él. Comían con Él. Dormían cerca de Él. La mayor parte de lo que aprendieron fue por la observación y la interacción. Así como los cachorros del león aprenden observando, ellos aprendieron viendo cómo Él trataba diversas cuestiones. Por eso tuvieron tanto éxito como sucesores.

Solo mediante la asociación se puede producir la transformación. Usted no puede mentorizar a una persona si no se asocia con usted. También es importante observar que los discípulos no solo se reunieron alrededor de Jesús. Él los eligió, y ellos accedieron a seguirlo. Otros podían observar pero, en esencia, dijo: "Si van a ser mis aprendices, tienen que estar conmigo". Les dijo que tendrían que dejar sus familias para poder servirle. "Si están asociados conmigo, tienen que estar conmigo".

Lucas 9:57-62: "Iban por el camino cuando alguien le dijo: —Te seguiré a dondequiera que vayas. —Las zorras tienen madrigueras y las aves tienen nidos —le respondió Jesús—, pero el Hijo del hombre no tiene dónde recostar la cabeza. A otro le dijo: —Sígueme. —Señor —le contestó—, primero déjame ir a enterrar a mi padre. —**Deja que los muertos entierren a sus propios muertos, pero tú ve y proclama el reino de Dios** —le replicó Jesús. Otro afirmó: —Te seguiré, Señor; pero primero déjame despedirme de mi familia. Jesús le respondió: —**Nadie que mire atrás después de poner la mano en el arado es apto para el reino de Dios**". (Énfasis añadido.)

Juan 12:26: "**Quien quiera servirme, debe seguirme**; y donde yo esté, allí también estará mi siervo. A quien me sirva, mi Padre lo honrará". (Énfasis añadido.)

A menudo usted debe dejar los lugares y la gente que le son familiares para poder aprender y crecer. Debe salir de su zona de comodidad. En la relación de mentoría, usted debe entrar en el entorno del mentor.

Puntos para recordar:

Para ser un buen mentorizado, usted debe estar presente.

El liderazgo, más que enseñarse, se "capta".

Capítulo 20

La mentoría se hace por mutuo acuerdo

Me paré en la línea de recepción, rodeado por la élite de nuestra sociedad: el gobernador, diplomáticos, políticos, ricos propietarios de negocios, banqueros, jueces, y una nube de otros integrantes de la alta sociedad, reunidos en un lugar hermoso y privado. Todos estábamos a la espera de conocer y estrechar la mano de un hombre que el mundo había llegado a amar, respetar y admirar: Nelson Mandela.

Recuerdo el histórico momento de la noche en que tuve el privilegio de conocer a este ícono mundial, el primer presidente de la nueva Sudáfrica. Acababa de ser liberado de la prisión de Robben Island, pocos días antes, y su primer viaje oficial fue a mi pequeña nación isleña, las Bahamas. Su decisión de viajar hasta allí fue el resultado de su relación con nuestro primer ministro, Sir Lynden Pindling, que había sido compañero de universidad del Sr. Mandela en Inglaterra. Pindling fue el líder mundial que presentó a las Naciones Unidas el caso de privación de libertad del Sr. Mandela, para exigir que el gobierno basado en el apartheid lo liberase de la prisión de Robben Island.

En cuanto a mí, como hombre criado en un ambiente de racismo y opresión en esta excolonia británica, comprendía la naturaleza del prejuicio, y siempre había admirado el sacrificio, el compromiso y la dedicación de este luchador por la libertad. Yo lo había adoptado como una fuente de inspiración a la distancia. Para mí, fue un mentor. Al menos, eso es lo que yo pensaba.

Finalmente, llegó mi turno de estrechar esas manos que habían llegado a ser tan duras y callosas, después de veinticinco años de partir la dura roca de la isla de Robben Island con un hacha de mano durante su encarcelamiento. El primer ministro de las Bahamas en ese momento, el Sr. Hubert Ingraham, me presentó a esta gran figura que para mí era más grande que la vida. Extendí mis manos y sentí que me fundía bajo el cálido resplandor de una sonrisa que nunca olvidaré. Mis ojos se llenaron de lágrimas cuando sentí que mis manos tocaban la historia. Me rendí a las emociones del momento y lo abracé.

"Gracias, señor, muchas gracias", me oí musitar.

Él me abrazó contra su corazón y dijo sencillamente: "Gracias, hijo".

Ahí estaba yo a la sombra de mi "mentor" a larga distancia y tocando a una leyenda que iba a cambiar la visión del mundo de la dignidad humana.

Aquellos de nosotros que estábamos en la línea de recepción fuimos invitados a una cena privada ofrecida en su honor, y me senté unos pocos asientos de distancia del presidente Mandela. Durante la comida, yo lo miraba de cerca y observaba todo lo que decía y hacía. Su forma de ser de espíritu amable, gentil en todas las respuestas, y sin malicia, odio ni amargura me redujo a un asombro infantil. Muchos le preguntaron por sus sentimientos hacia sus opresores, y sobre el impacto que su experiencia había tenido en su vida. Su respuesta fue siempre de perdón y reconciliación. Vi el amor en su forma pura y tomé la decisión que trataría de emular siempre a este monumental ejemplo de liderazgo.

> *"Las dos partes de una relación de mentoría deben llegar a un acuerdo y tener un entendimiento explícito para iniciarla".*

A medida que la noche avanzaba, escuché como un estudiante, deleitándome en la profundidad de conocimientos y experiencias que salían de los labios de este raro espécimen humano. Comencé a reconocer que aunque se había considerado al Sr. Mandela como mi mentor personal durante años, yo no lo conocía. Tuve que aceptar el hecho de que no era mi mentor, sino más bien una fuente de inspiración y motivación para mí.

Esa noche pude observarlo directamente y ver cómo él escuchaba atentamente a los otros, esperaba, considerando reflexivamente antes de responder con calma las preguntas sobre su doloroso pasado. Me di cuenta de cómo utilizaba sus manos para gesticular y la forma en que vestía la singular camiseta que se ha convertido en su sello característico.

Yo estaba comprendiendo por primera vez lo que es la verdadera mentoría, incluso aceptando que esa no era la naturaleza de nuestra relación. Yo estaba interactuando con una verdadera personalidad.

Me di cuenta de que la mentoría implica más que la observación a distancia de una personalidad o persona. La mentoría es algo más que leer los escritos de un autor, a pesar de que hacerlo pueda inspirar y motivar a actuar según sus ideas. La mentoría es más que aprender acerca de los logros y éxitos de otra persona o admirar su dedicación a una causa o una visión. Esas cosas pueden encender su pasión y animarlo a soñar y creer en su visión, pero no son ejemplos de mentoría.

Llegué a entender que la verdadera mentoría es el sometimiento intencional de una persona a la influencia personal, consejo, instrucción, corrección, observación, suplencia, e íntima exposición a la vida de otra persona, su entorno, estilo de vida, acciones y comportamiento. Eso incluye el procesamiento de ideas y la gestión de una variedad de circunstancias de la vida. La sumisión a mentoría requiere expectativa y rendición de cuentas de ambas partes. Esta sumisión se realiza con un entendimiento verbal u oficial y estando de acuerdo en que la relación tiene el propósito de ser una mentoría. En esencia, la mentoría requiere el mutuo acuerdo de las partes.

Tuve que aceptar el hecho de que el presidente Mandela fue una personalidad inspiradora, un modelo a seguir, un icono motivacional y un ejemplo de sacrificio y de compromiso con una causa, pero no mi mentor oficial. No teníamos ningún acuerdo o consentimiento mutuo como maestro y estudiante. Se podría decir que mi relación con el presidente Mandela fue de "aprendizaje a distancia".

Desde entonces he viajado a Sudáfrica casi todos los años para promover seminarios de capacitación en liderazgo y dar conferencias, y lo ha encontrado solamente en otra ocasión, pero el Sr. Mandela siempre será una inspiración y motivación para mí.

Malentender la relación

Para que la mentoría sea eficaz y exitosa, las dos partes de esa relación deben llegar a un acuerdo y tener un entendimiento explícito desde el principio. Al igual que en el matrimonio, la relación va a funcionar mejor si cada uno entiende las expectativas del otro.

"Usted ha sido mi mentor durante años", me dice la gente.

"¿Cómo es eso posible?", respondo normalmente. "Yo no lo conozco."

"Oh, he leído sus libros", dicen. "Veo sus programas de televisión."

Yo les digo: "Entonces puedo haberlo inspirado o motivado, pero no podría decir que soy su mentor."

Eso es la mentoría en su verdadero sentido. Como he dicho antes, eso es educación a distancia, no mentoría. Usted puede convertirse en discípulo de los líderes a través de sus recursos, materiales o programas, pero eso es diferente de la mentoría. La mentoría implica cierto tipo de comunicación cara a cara, directa e interactiva.

Creo que hemos sido testigos de un malentendido sobre el acuerdo de mentoría durante la campaña presidencial de 2008 en los Estados Unidos. Los medios de comunicación con frecuencia caracterizaron al pastor norteamericano Jeremiah Wright como un "mentor" de Barack Obama, quien entonces era senador y candidato a la nominación presidencial demócrata. Es evidente, sin embargo, que entre ellos no había existido ningún acuerdo de mentoría.

Cuando Obama llegó a la iglesia de Wright años atrás, no fue como un mentorizado que buscaba dirección. Fue allí como un adulto que buscaba un lugar para satisfacer sus necesidades espirituales y su deseo de ayudar a la comunidad, no para ser mentorizado por el reverendo Wright. El joven Obama había oído que la iglesia vivía sus valores cristianos a través del tipo de proyectos para la comunidad que él también quería hacer.

El frecuente uso del término "mentor" en el contexto de esa relación era injusto. Por lo que sabemos, el reverendo Wright nunca dijo: "Voy a entrenarlo a usted y a ser su mentor. Usted va a hacer lo que yo le diga. Sígame". No. El hecho de que Obama haya asistido a la iglesia no significa que el pastor fuera su mentor. Obama no le dijo al ministro: "Estoy aquí para aprender de usted. Me someto a su autoridad y a su enseñanza. Quiero que sea mi mentor". Tampoco que esa relación debía desarrollarse hacia una mentoría. Nunca hubo un acuerdo.

Este es un punto esencial, ya que millones de personas se comprometan en muchas iglesias, mezquitas, templos, clubes y otras organizaciones cívicas o religiosas. Ellos u otros que los observan, podrían caer en el error de considerar que su relación con el líder de ese entorno es una relación oficial de mentoría. No es necesariamente así. Si usted asiste a una iglesia, el pastor no es automáticamente su mentor. Él es su pastor e instructor espiritual. Sus palabras y su ejemplo puede inspirarlo a usted, pero los dos no tienen un acuerdo personal para una verdadera mentoría.

Como he señalado anteriormente, la mentoría es un acuerdo intencional, consciente entre dos personas. Es íntimo. Es explícito. Para determinar si existe una mentoría, examine los detalles de la relación. ¿Estuvo Barack Obama al lado del Pastor Wright? ¿Obama llevaba la Biblia del ministro, o pasaba unos días en su casa? ¿Obama viajó con su pastor? No. Entonces no hay allí un acuerdo de mentoría.

También personas que tienen una relación pueden suponer que existe un acuerdo tácito de mentoría, pero no se puede dar por hecho que alguien es su mentor o mentorizado. El mentor debe aceptar de manera consciente y explícita ser mentor. A veces, podemos suponer que estamos entrenando a alguien, o que alguien nos está entrenando, cuando no es así. Muchas veces la gente quiere que usted la entrene, la ayude, o la desarrolle, pero entre las dos partes no ha tenido lugar una comunicación. Eso es como esperar que un matrimonio se realice cuando las partes no han tenido la primera cita, no hubo cortejo, no hubo compromiso, y no se expidió un certificado. La mentoría tiene que ser un acuerdo. Usted me quiere a mí como mentor, y yo decido hacerlo.

Una vez más, la mentoría requiere compromiso, dedicación, sumisión, responsabilidad y, lo más importante, rendición de cuentas. Una de las razones por las que es muy importante tener un acuerdo, es que la relación requiere que el mentor asigne tareas, brinde corrección, o aplique disciplina. Las partes deben ponerse de acuerdo de antemano en que el mentorizado realizará tareas y aceptará la disciplina del mentor.

Estar de acuerdo en acordar

Uno de los mayores ejemplos de un acuerdo de la mentoría es la relación entre el líder más grande de la historia, Cristo Jesús, y sus mentorizados. Echemos un breve vistazo a su oficial de relaciones acuerdo de proceso. A los treinta años, este maestro judío o un rabino, Jesús, era claro lo que quería lograr. Él sabía que su visión y misión, y él se dedicó a cumplirlas. Usted puede recordar su primer encuentro con tres de los hombres que se convertiría en su primera mentorizados. Estos hombres eran los dueños de negocios. Operaban un negocio de pesca en un pequeño pueblo de la costa norte del Mar de Galilea, el gran lago que desemboca en el río Jordán, que fluye hasta el Mar Muerto en el sur. Pedro y su hermano Andrés, junto con Santiago y

Juan y su padre Zebedeo, eran compañeros que habían trabajado en estas aguas la mayor parte de sus vidas.

El relato de su primer encuentro con Jesús nos dice que el encuentro tuvo lugar una mañana a las orillas del lago. Ellos habían pescado toda la noche, pero no tuvieron éxito en obtener una buena captura. Podemos suponer que estaban deprimidos, frustrados y desanimados. Después de todo, esta actividad era su vida y profesión a tiempo completo. Fue en estas circunstancias que el campesino judío Jesús se acercó a ellos. Después de resolver su problema económico y de negocios, él intencionalmente los invitó a una relación de mentoría. Vamos a leer este relato:

> **Lucas 5:4-11:** "Cuando acabó de hablar, le dijo a Simón: —Lleva la barca hacia aguas más profundas, y echen allí las redes para pescar. —Maestro, hemos estado trabajando duro toda la noche y no hemos pescado nada —le contestó Simón—. Pero, como tú me lo mandas, echaré las redes. Así lo hicieron, y recogieron una cantidad tan grande de peces que las redes se les rompían. Entonces llamaron por señas a sus compañeros de la otra barca para que los ayudaran. Ellos se acercaron y llenaron tanto las dos barcas que comenzaron a hundirse. Al ver esto, Simón Pedro cayó de rodillas delante de Jesús y le dijo: —¡Apártate de mí, Señor; soy un pecador! Es que él y todos sus compañeros estaban asombrados ante la pesca que habían hecho, como también lo estaban Jacobo y Juan, hijos de Zebedeo, que eran socios de Simón. —No temas; desde ahora serás pescador de hombres —le dijo Jesús a Simón. Así que llevaron las barcas a tierra y, **dejándolo todo, siguieron a Jesús**". (Énfasis añadido.)

El Nuevo Testamento registra en el evangelio que el ex recaudador de impuestos y contador, Mateo, que también era un mentorizado oficial de Cristo, también relata esto:

> **Mateo 4:18-22:** "Mientras caminaba junto al mar de Galilea, Jesús vio a dos hermanos: uno era Simón, llamado Pedro, y el otro Andrés. Estaban echando la red al lago, pues eran pescadores. "Vengan, síganme —les dijo Jesús—, y los haré pescadores de hombres." Al instante dejaron las redes y lo siguieron. Más adelante vio a otros dos hermanos: Jacobo y Juan, hijos de Zebedeo, que estaban con su padre en una

barca remendando las redes. Jesús los llamó, y **dejaron en seguida la barca y a su padre, y lo siguieron**". (Énfasis añadido.)

Es importante notar que Jesús no permitió que simplemente anduvieran tras Él. Los invitó específicamente y estableció las expectativas y los factores de responsabilidad de la relación de mentoría: "Vengan, síganme, y los haré pescadores de hombres". ¿Estuvieron ellos intencionalmente acuerdo y aceptaron la invitación?

Los evangelistas confirman que lo hicieron.

Lucas 5:11: "Así que llevaron las barcas a tierra y, dejándolo todo, siguieron a Jesús".

Mateo 4:21-22: "Jesús los llamó, y dejaron en seguida la barca y a su padre, y lo siguieron".

Aquí está claro que los invitó, y ellos aceptaron. Después de eso lo seguían diariamente, observando, escuchando, viendo y aceptando su corrección durante más de tres años. Su relación requería un acuerdo de mutuo compromiso, dedicación, sumisión y rendición de cuentas. La suya fue una verdadera relación de mentoría. Todo estaba en el acuerdo.

Los motivos correctos

El mentor debe tener cuidado de elegir sabiamente a la persona adecuada para mentorizar. En mis viajes por el mundo dando conferencias de liderazgo y seminarios de capacitación empresarial, muchas personas se me acercan y me expresan el grado de influencia que una de mis conferencias, libros o emisiones radiales ha tenido sobre ellas. Este tipo de comentarios siempre me humillan, y encuentro que son una fuente de aliento y satisfacción personal. Sin embargo, muchas personas también vienen y me dicen que quieren que sea su mentor. Por lo general responde haciéndoles preguntas para entender los motivos de su solicitud. Los observo por un rato y escucho atentamente sus respuestas.

Me parece que muchos de ellos están realmente interesados en recibir ayuda y quieren aprender. Si siento que alguno podría ser considerado como candidato potencial para mi programa de mentoría, le pido que me escriba para recibir mi paquete de introducción de mentores. Incluye una serie de artículos introductorios, junto con un cuestionario y la solicitud, para comprobar su motivación profunda y su comprensión de las demandas de la mentoría.

Sin embargo, de vez en cuando también encuentro a los que realmente no quieren ser mentorizados o enseñados por mí, sino que quieren *ser* yo. En esencia, ellos quieren lo que tengo más bien que querer aprender cómo lo conseguí. Se dejan llevar más por la ambición personal que por un deseo personal que someterse, aprender y crecer a través de un proceso. Estos son del tipo de personalidad que cree que puede agitar una varita mágica y hacer todo instantáneamente. Ellos no tienen la actitud correcta.

Como figura pública que ha logrado cierto éxito, siempre atraeré a personajes interesantes. Mucha gente se me acercó y me dijo que quería servirme como asistente o voluntario para aprender de mí. A veces les permito trabajar en torno a mí para poder observar su actitud y el contenido de su corazón.

Después de un tiempo sus verdaderos motivos quedan expuestos. Algunos realmente quieren servirme, pero otros quieren usarme. Descubrí que su verdadero motivo era usar su asociación conmigo para aumentar su estatus, ampliar su red personal, o para utilizar la antiquísima ventaja de mencionar mi nombre para poder decir que me conocen. No son potenciales mentorizados. Son parásitos a evitar. Yo he experimentado estos espíritus sombríos con tanta frecuencia durante años, que ahora soy capaz de discernirlos muy temprano y no darles acceso a mi espacio personal o a un tiempo muy valioso. He aprendido que no todo el que quiere "ayudar" es un ayudante.

He identificado algunas cualidades que presentan estas personas que son señales de alerta a tener en cuenta si usted es el mentor. Estas actitudes eliminarán a cualquier persona como candidato para ser mentorizado:

- Están interesados en su trabajo y visión más que en usted.
- Son agresivos en presencia de sus asociados.
- Se presentan ellos mismos a sus colegas y su círculo de influencia en vez de dejar que usted lo haga.
- Hablan frecuentemente de un día en que tendrán el mismo poder, influencia o autoridad que usted ha ganado.
- Tratan de darle consejo no solicitado.
- Sugieren o creen saber más que usted acerca de su propio trabajo y visión.
- Poseen un espíritu de celos por lo que usted ha logrado, y a menudo sugieren que podrían hacer lo mismo.

- Cuestionan lo que usted hace, en lugar de hacer preguntas para saber cómo lo hizo.

- Tratan de mantener a otras personas lejos de usted, para poder tenerlo para ellos mismos.

- Tienden a competir con usted en lugar de sujetarse a usted.

El acuerdo de mentoría

Suponiendo que usted ha encontrado el candidato idóneo para mentorizar, ¿qué debería decir el acuerdo? Le sugiero que incorporar estos conceptos para que el mentor y el mentorizado:

El mentor:

Las siguientes afirmaciones deben constituir el compromiso de todos los mentores y el objetivo por el cual entrar en una relación de mentoría.

Estoy de acuerdo en ser mentor. Como mentor, usted debe estar dispuesto a considerar y aceptar el compromiso, el costo y la dedicación requerida para la mentoría. Usted debe ser fiel a su decisión de ser mentor.

Entiendo que el liderazgo es "captado" más bien que enseñado. Como mentor, usted debe reconocer que una mentoría exitosa demanda una relación interactiva con su mentorizado, proporcionándole la oportunidad de observar, escuchar, hacer preguntas, ser su suplente, y aprender de su entorno.

Veré el potencial de cada persona de la que sea mentor. Como mentor, usted debe ver el tesoro escondido en el mentorizado y estar motivado por lo que puede llegar a ser, en vez de juzgarlo por lo que es ahora.

Toleraré errores. Como mentor, usted debe estar dispuesto a dar lugar al proceso de aprendizaje de los mentorizados, siendo siempre consciente de que usted mismo es el producto de muchos fracasos y errores, que fueron parte de su proceso de desarrollo.

Demostraré paciencia. Como mentor, usted debe cultivar un alto nivel de tolerancia para el proceso de desarrollo del mentorizado y ampliar su capacidad para manejar los errores de su estudiante.

Me haré tiempo para estar con el mentorizado. Como mentor, usted debe estar dispuesto a invertir su tiempo y compartir espacio físico con el mentorizado, así como a aceptar que la mentoría demanda tiempo y esfuerzo de parte de usted.

Le proveeré oportunidades para que aprenda. Como mentor, usted debe estar dispuesto a posibilitar o invitar al mentorizado a compartir su plataforma y a que exponga en diferentes ambientes y situaciones, con el propósito de su desarrollo personal y entrenamiento.

Seré sincero en la corrección y generoso con los elogios. Como mentor, usted debe estar dispuesto, cuando sea necesario, a confrontar al mentorizado con problemas, y a no perder ninguna oportunidad de convertir las situaciones negativas en momentos de enseñanza. También debe alentar y motivar al mentorizado con expresiones de afirmación y elogiarlo cuando sea apropiado.

Le ofreceré reconocimiento. Como mentor, usted debe estar dispuesto a reconocer el valor del mentorizado y a compartir ese valor con otros en su esfera de influencia.

Me concentraré en gestionar cosas y desarrollar personas. Como mentor, usted debe estar siempre dispuesto a poner el factor humano por encima de las cosas materiales o mecánicas. El desarrollo humano será su motivación principal.

Entiendo que la transformación solo viene a través de la asociación. Como mentor, usted debe aceptar la responsabilidad de transferir su conocimiento, sabiduría, recursos, relaciones y oportunidades a su mentorizado a través de una estrecha relación con usted.

Veré a la gente como oportunidades, no como interrupciones. Como mentor, usted debe estar dispuesto a permitir que el mentorizado entre en su espacio personal cuando sea apropiado, y a hacerse siempre accesible. El mentorizado no debe sentir que él o ella es una carga o interferencia en su vida.

Voy a tener una perspectiva a largo plazo. Como mentor, siempre debe tener en cuenta que el propósito y objetivo de la mentoría es el futuro. Es obligatorio mantener una visión integral dentro de un contexto amplio.

El mentorizado:

Para que un mentorizado entre en un acuerdo de mentoría debe estar preparado para hacer las siguientes afirmaciones:

Voy a iniciar la búsqueda de un mentor. Como mentorizado, usted debe estar dispuesto a activar su propio interés personal en la búsqueda de un mentor y no esperar a que el mentor lo busque a usted.

Me sujetaré a mi mentor. Como mentorizado, usted debe estar dispuesto a sujetarse al mentor y cooperar con las instrucciones del mentor, sus consejos, correcciones y procesos de entrenamiento.

Voy a aceptar que el mentor está actuando para mi mejor interés. Como mentorizado, usted debe estar dispuesto a aceptar que el mentor tiene la intención —a través de acciones, instrucciones, represiones o correcciones—, de beneficiarlo en su proceso de desarrollo y no restringir o perjudicar su progreso.

Estaré dispuesto a aceptar el consejo del mentor. Como mentorizado, usted debe estar dispuesto a recibir el asesoramiento del mentor, porque confía en su sabiduría y en que está comprometido a que usted tenga éxito.

Nunca abusaré de los privilegios ofrecidos por un mentor. Como mentorizado, debe tener cuidado de no olvidar nunca que tener un mentor es un privilegio y no un derecho y que cualquier ventaja, oportunidad, acceso o privilegio que el mentor le dé debe ser protegido y respetado. En ningún momento se debe utilizar una relación con alguien que su mentor le haya presentado, para su beneficio o interés personales, teniendo en cuenta que la relación es propiedad del mentor y puede haber tardado años en cultivarse. La mentoría es un privilegio por el cual siempre hay que estar agradecido.

Voy a aprovechar el poder de las preguntas. Como mentorizado, usted debe entender que el mentor es como un tesoro enterrado y que la mejor manera de llegar al tesoro es desenterrarlo. Las preguntas son las palas que la vida utiliza para descubrir la sabiduría y el conocimiento ocultos. En cada oportunidad, haga preguntas a su mentor. Recuerde que las preguntas automáticamente generan un aula y momentos de enseñanza de los que siempre se va a beneficiar la persona que hace las preguntas.

Voy a invertir recursos personales en seguir al mentor. Como mentorizado, usted debe estar dispuesto a invertir su tiempo, finanzas, y recursos en su propio desarrollo, entendiendo que la mentoría es costosa y solo tendrá valor en la medida en que usted esté dispuesto a invertir en ella.

Nunca voy a competir con el mentor. Como mentorizado, usted debe entender que el mentor que ya ha obtenido gran parte del éxito en la vida que usted está buscando y que lo hizo a través de muchos años de lucha, sacrificio personal y fracasos. Nunca podrá lograr en su tiempo con el mentor lo que a él o ella le llevó toda una vida lograr. Recuerde que el propósito de ser mentor es equiparlo a usted para que viva su vida, no para que trate de adoptar o competir con la vida del mentor.

Nunca tomaré como algo personal el consejo o la crítica del mentor. Como mentorizado, usted debe estar dispuesto a recibir corrección o consejo como herramientas de enseñanza y a no considerar nunca la corrección del mentor como un ataque personal a su carácter, sino a aceptarlo como una expresión de cariño y preocupación. Recuerde que el mentor no tiene nada que ganar con la mentoría, excepto la satisfacción de que usted tenga éxito, para que él o ella pueda compartir el crédito.

Nunca tendré celos del éxito del mentor. Como mentorizado, siempre debe mantenerse consciente de que lo que lo llevó al mentor fue ese éxito del líder, el logro de objetivos importantes, o la superación de grandes retos con carácter y resiliencia. Su objetivo en la búsqueda de ese mentor era aprender de sus logros. Lo que él ha logrado es el resultado de una vida de trabajo, sacrificio y fidelidad. Usted nunca debe estar celoso de la historia ya vivida. Usted debe centrarse en hacer su propia historia.

Voy a ser honesto en la relación con el mentor. Como mentorizado, usted se da cuenta de que el tiempo y el esfuerzo del mentor son bienes preciosos de los que nunca se debe abusar, devaluar, o utilizar mal. El mayor acto de respeto y aprecio por un mentor se demuestra a través de una relación honesta y abierta. Los mentores no puede mentorizar a un mentorizado deshonesto.

En el próximo capítulo hablaremos más de los que buscan mentores y ampliaremos sobre las funciones y responsabilidades de los mentorizados, pero estos puntos deben darle una idea de lo que se espera.

El mentor y el mentorizado pueden no recitar estas afirmaciones literales ni ponerlas por escrito, pero ellas les ofrecen pautas a tener en cuenta cuando se contempla una relación de mentoría. Los acuerdos de mentoría puede ser oficialmente declarados o no declarados. Es por eso que he escrito este libro. Los líderes y los padres del siglo XXI deben alejarse del entrenamiento al azar, de la confusión y de las "conjeturas", y comprender su obligación y responsabilidad de proveer un liderazgo efectivo para la siguiente generación, para llevar a cabo su visión. Se deben establecer oficialmente relaciones de mentoría, y hacerlo intencionalmente.

Puntos para recordar:

La mentoría requiere un acuerdo explícito entre las dos partes.

La mentoría demanda compromiso, dedicación, entrega, responsabilidad y rendición de cuentas.

Ser mentor es un privilegio.

Capítulo 21

El Mentor elige / El mentorizado sigue

La mentoría es siempre prerrogativa del mentor. El mentor determina si la mentoría se realizará. Si usted está leyendo este libro porque tiene necesidad de mentoreo, entienda que hay dos caras de la moneda de la mentoría.

La primera cara es la mentoría iniciada por un líder que está en busca de un potencial candidato a la sucesión. Intrínsecamente, todos los verdaderos líderes saben que están en transición y por lo tanto, deben centrarse no solo en la gestión del presente, sino también en asegurar el futuro de su organización. Es imperativo que ellos sean mentores de futuros líderes, y por lo tanto deben iniciar el proceso para elegir a quién mentorear. Mucha gente podría buscar a un líder específico para que sea su mentor, pero como prioridad y responsabilidad, el líder debe elegir un mentorizado e iniciar la relación. Podría ser mentor de muchos individuos en una organización antes de reducir la selección para elegir un sucesor.

En este caso, el mentor tiene la prerrogativa de seleccionar una o varias personas y las invita a someterse a su tutelaje, entrenamiento y disciplina. Esto es lo que hizo el gran líder Jesucristo cuando inició la selección de sus doce discípulos. Mucha gente seguía a Jesús antes de que Él eligiera intencionalmente a los doce.

> **Lucas 6:12-16:** "Por aquel tiempo se fue Jesús a la montaña a orar, y pasó toda la noche en oración a Dios. Al llegar la mañana, **llamó a sus discípulos y escogió a doce de ellos,** a los que nombró apóstoles: Simón (a quien llamó Pedro), su hermano Andrés, Jacobo, Juan, Felipe, Bartolomé, Mateo, Tomás, Jacobo hijo de Alfeo, Simón, al que llamaban el Zelote, Judas hijo de Jacobo, y Judas Iscariote, que llegó a ser el traidor". (Énfasis añadido.)

> **Juan 15:16:** "**No me escogieron ustedes a mí, sino que yo los escogí a ustedes** y los comisioné para que vayan y den fruto, un fruto que perdure". (Énfasis añadido.)

Marcos 3:13-15: "Subió Jesús a una montaña y **llamó a los que quiso,** los cuales se reunieron con él. Designó a doce —a quienes nombró apóstoles—, para que lo acompañaran y para enviarlos a predicar y ejercer autoridad para expulsar demonios". (Énfasis añadido.)

Es importante señalar que de todos los que se unieron a su grupo, Jesús intencional y deliberadamente eligió individuos *"que él mismo quiso"* para que estuvieran con él. Estas declaraciones están cargadas del espíritu del mentor e indican un deseo del mentor de entrenar y desarrollar a la futura sucesión.

En este contexto, el mentor selecciona al mentorizado. El mentor invierte su tiempo, energía y muchas veces dinero en el mentorizado. Sin embargo, a medida que la relación avanza, el mentorizado debe experimentar una transferencia de responsabilidad y comienza a perseguir al mentor, al darse cuenta de que la relación es para beneficio del mentorizado. Esta dinámica se evidencia en Jesús, que después de llamar a algunos hombres para que lo sigan los desafía a sacrificarlo todo por la relación con Él, con el fin de beneficiarse del entrenamiento. Por ejemplo:

Mateo 16:24-25: "Luego dijo Jesús a sus discípulos: —Si alguien quiere ser mi discípulo, tiene que negarse a sí mismo, tomar su cruz y seguirme. Porque el que quiera salvar su vida, la perderá; pero el que pierda su vida por mi causa, la encontrará".

El líder puede elegir una o varias personas para establecer la relación de mentoría, pero el elegido también debe elegir o seguir al mentor a quien se sujetará para que el proceso tenga éxito.

La segunda cara de la mentoría es que el mentorizado sigue al mentor. Los que desean ser mentorizados deben buscar personas a quienes sujetarse para este propósito. Si realmente quieren y están dispuestos a someterse a un mentor para el proceso, primero tendrán que encontrar un posible mentor y persuadir a esa persona de que los mentorice. Luego usted deberá continuar siguiendo al mentor si desea beneficiarse con la relación.

La genuina naturaleza del liderazgo, que en última instancia es la realización de una visión del futuro que excede la duración de la vida del líder, hace de la mentorización de un sucesor una prioridad y un imperativo. Un verdadero líder sabe que él o ella tiene la obligación de ser mentor y preparar a un sucesor, pero la selección de una persona en concreto es su prerrogativa, y no es algo que pueda hacer usted. Los mentores son, por definición, personas de éxito cuyo tiempo puede ser limitado. Muchas personas pueden estar siguiendo al mismo mentor, y todos o la mayoría de ellos pueden ser dignos de la atención de él. Solo unos pocos se destacan lo suficiente para conseguirla. La clave es hacerse verdaderamente disponible para estar al servicio del maestro, lo elija a usted o no. Su objetivo es aprender y beneficiarse de los conocimientos del mentor, su sabiduría y experiencia.

> *"Primero usted deberá encontrar un posible mentor y persuadir a esa persona de que lo mentorice".*

Como líder, yo estoy dispuesto a ser mentor de individuos que me sigan seriamente en busca de ayuda y que estén dispuestos a sujetarse a mí para ser entrenados. Los mentorizados siguen. Los mentores eligen o aceptan mentorizados. Sin embargo, los mentores suelen ser más proclives a tomar mentorizados que muestran un verdadero deseo de ser tutelados y que demuestran un esfuerzo sincero.

A veces la motivación del potencial mentorizado para buscar un mentor es negativa o dudosa. Puede estar motivado por una ambición egoísta, por el deseo de asociarse con el poder y la posición, o para utilizar la relación para lograr objetivos personales. El mentor con discernimiento rechaza esta actitud y el espíritu de manipulación.

No está listo para comprometerse

Los mentores nunca tutelan a un mentorizado que no está dispuesto, no se compromete, *no se sujeta*. Uno de los ejemplos más gráficos de este principio es el relato de la sucesión del gran profeta bíblico Elías y la mentoría de su sucesor, Eliseo.

La primera medida tomada en la historia de Elías y su relación con Eliseo fue la indicación de Elías de que deseaba ser mentor de Eliseo.

> **1 Reyes 19:15-21:** "El Señor le dijo: Regresa por el mismo camino, y ve al desierto de Damasco. Cuando llegues allá, unge a Jazael como rey de Siria, y a Jehú hijo de Nimsi como rey de Israel; unge también a Eliseo hijo de Safat, de Abel Mejolá, para que te suceda como profeta. Jehú dará

muerte a cualquiera que escape de la espada de Jazael, y Eliseo dará muerte a cualquiera que escape de la espada de Jehú. Sin embargo, yo preservaré a siete mil israelitas que no se han arrodillado ante Baal ni lo han besado. Elías salió de allí y encontró a Eliseo hijo de Safat, que estaba arando. Había doce yuntas de bueyes en fila, y él mismo conducía la última. **Elías pasó junto a Eliseo y arrojó su manto sobre él.** Entonces Eliseo dejó sus bueyes y corrió tras Elías. Permítame usted despedirme de mi padre y de mi madre con un beso dijo él, y luego lo seguiré. **Anda, ve respondió Elías. Yo no te lo voy a impedir.** Eliseo lo dejó y regresó. Tomó su yunta de bueyes y los sacrificó. Quemando la madera de la yunta, asó la carne y se la dio al pueblo, y ellos comieron. Luego partió para seguir a Elías y se puso a su servicio". (Énfasis añadido.)

Este relato de la mentoría y sucesión ofrece al líder del siglo veintiuno, lecciones que pueden salvar muchas organizaciones de la ruina. Veamos un poco más de cerca esta impactante historia.

En primer lugar, Elías, el mayor en la relación, fue intencionalmente a buscar a Eliseo para entrenarlo como su mentor, como se le había indicado (vea 1 Reyes 19:16).

Entonces Elías elige a Eliseo para mentorizarlo: "Elías pasó junto a Eliseo y arrojó su manto sobre él" (1 Reyes 19:19). Este acto significaba que el mentor había elegido al mentorizado o le confería el manto de autoridad. Sin embargo, el *elegido* no estaba *buscando*. Fue una invitación para que el mentorizado lo siguiera. Eliseo no respondió con compromiso en un primer momento, a pesar de que el manto indicaba que había sido elegido como mentorizado y potencial sucesor. Así que Elías no siguió a Eliseo, sino que prosiguió su camino. Para Eliseo, sus padres eran su prioridad. Regresó a su hogar y continuó con su familia por un tiempo. En esencia, Elías y Eliseo no tenían todavía un mutuo acuerdo mentor / mentorizado. Eliseo quería poner otras cosas primero. "Eliseo dejó sus bueyes y corrió tras Elías. Permítame usted despedirme de mi padre y de mi madre con un beso dijo él, y luego lo seguiré" (1 Reyes 19:20). Aquí vemos una falta de disposición a celebrar el acuerdo y hacer el sacrificio necesario para ser mentorizado.

Elías reconoce que Eliseo no está listo. "Anda, ve respondió Elías. Yo no te lo voy a impedir. Eliseo lo dejó y regresó" (1 Reyes 19:20-21). Vemos que Elías desistió de poner a prueba a Eliseo en compromiso, dedicación e interés. Elías podría haber insistido o correr detrás de Eliseo. Al final, Eliseo hizo algo que es simbólico de lo que todos los verdaderos mentorizados tienen que hacer. "Tomó su yunta de bueyes y los sacrificó. Quemando la madera de la yunta, asó la carne y se la dio al pueblo, y ellos comieron. Luego partió para seguir a Elías y se puso a su servicio" (1 Reyes 19:21).

Vemos por estos actos el máximo sacrificio, compromiso y dedicación al mentor, que son la base del mutuo acuerdo necesario para que la mentoría pueda tener lugar. Este es el cumplimiento de la segunda cara de la mentoría: el mentorizado sigue al mentor. Vemos a Elías aceptar finalmente a Eliseo cuando demostró su compromiso con su sacrificio.

Dejar ir lo viejo

Eliseo volvió con la actitud correcta. Quemó su arado, vendió su granja, y asó el buey a la parrilla. Apareció en la puerta de Elías sin nada. Por su sumisión, dio a entender: "Estoy dispuesto a ser mentorizado por usted. Lo que usted quiera que haga, estoy dispuesto a hacer".

Elías, en efecto, dice: "Ahora puedes venir conmigo, y si te quedas conmigo, tendrás el poder. Obtendrás el ministerio. Obtendrás la compañía, porque ahora está claro que estás dispuesto a servirme". Tenga en cuenta que Eliseo vino como un "asistente". Esta palabra designa un vínculo de siervo: uno que estaba marcada para estar con su amo para siempre.

Elías lo aceptó. La quema de los bueyes y la venta de la finca por Eliseo fueron las claves para estar calificado para convertirse en el sucesor. Mientras tuvo la granja y los bueyes, no estuvo completamente comprometido o dedicado. Eliseo sabía que siempre habría algo a lo cual recurrir en caso de que las cosas no funcionaran con Elías. Dondequiera que haya una alternativa o una opción, no puede haber pleno compromiso y dedicación al primer objetivo. Por esta razón, según mi experiencia, los matrimonios con acuerdos prenupciales casi nunca funcionan. El acuerdo es "una cláusula de escape", que dividirá el botín cuando el matrimonio se termine. El compromiso y la dedicación no son posibles donde existe una opción para escapar.

Hasta que entregó todo, Eliseo había seguido teniendo una posición a donde recurrir. Podía correr de vuelta a casa. Cuando Elías vio que Eliseo había renunciado a sus comodidades, sus garantías y su seguridad, en esencia, dijo: "Ahora voy a ser tu mentor". Eliseo había demostrado que estaba dispuesto a invertir en la relación. Había salido de su zona de confort. Si usted va a seguir un mentor, no puede dar excusas. Como mentorizado, usted debe estar dispuesto a someterse, comprometerse, e incluso al sacrificio.

Transferencia de poder: la verdadera sucesión

La parte más importante de esta historia de Elías y Eliseo es el acuerdo mutuo y el profundo amor que Eliseo desarrolló por su mentor. Lea su declaración de lealtad y amor a Elías:

> **2 Reyes 2:1-15:** "Cuando se acercaba la hora en que el Señor se llevaría a Elías al cielo en un torbellino, Elías y Eliseo salieron de Guilgal. Entonces Elías le dijo a Eliseo: Quédate aquí, pues el Señor me ha enviado a Betel. Pero Eliseo le respondió: Tan cierto como que el Señor y tú viven, te juro que no te dejaré solo. Así que fueron juntos a Betel. Allí los miembros de la comunidad de profetas de Betel salieron a recibirlos, y le preguntaron a Eliseo: ¿Sabes que hoy el Señor va a quitarte a tu maestro, y a dejarte sin guía? Lo sé muy bien; ¡cállense! Elías, por su parte, volvió a decirle: Quédate aquí, Eliseo, pues el Señor me ha enviado a Jericó. Pero Eliseo le repitió: Tan cierto como que el Señor y tú viven, te juro que no te dejaré solo. Así que fueron juntos a Jericó. También allí los miembros de la comunidad de profetas de la ciudad se acercaron a Eliseo y le preguntaron: ¿Sabes que hoy el Señor va a quitarte a tu maestro, y a dejarte sin guía? Lo sé muy bien; ¡cállense! Una vez más Elías le dijo: Quédate aquí, pues el Señor me ha enviado al Jordán. Pero Eliseo insistió: Tan cierto como que el Señor y tú viven, te juro que no te dejaré solo. Así que los dos siguieron caminando y se detuvieron junto al río Jordán. Cincuenta miembros de la comunidad de profetas fueron también hasta ese lugar, pero se mantuvieron a cierta distancia, frente a ellos. Elías tomó su manto y, enrollándolo, golpeó el agua. El río se partió en dos, de modo que ambos lo cruzaron en seco. Al cruzar, Elías le preguntó a Eliseo: ¿Qué quieres que haga por ti antes de que me separen de tu lado? Te pido que sea yo el heredero de tu espíritu por partida doble respondió Eliseo. Has pedido algo difícil le dijo Elías, pero si logras verme cuando me separen de tu

lado, te será concedido; de lo contrario, no. Iban caminando y conversando cuando, de pronto, los separó un carro de fuego con caballos de fuego, y Elías subió al cielo en medio de un torbellino. Eliseo, viendo lo que pasaba, se puso a gritar: «¡Padre mío, padre mío, carro y fuerza conductora de Israel!» Pero no volvió a verlo. Entonces agarró su ropa y la rasgó en dos. Luego recogió el manto que se le había caído a Elías y, regresando a la orilla del Jordán, golpeó el agua con el manto y exclamó: «¿Dónde está el Señor, el Dios de Elías?» En cuanto golpeó el agua, el río se partió en dos, y Eliseo cruzó. Los profetas de Jericó, al verlo, exclamaron: «¡El espíritu de Elías se ha posado sobre Eliseo!» Entonces fueron a su encuentro y se postraron ante él, rostro en tierra".

¡Qué bella historia de mentoría y sucesión eficaces. Elías fue el mentor consumado, y Eliseo, el excelente mentorizado. Tenga en cuenta que Eliseo no solo recibió el manto de Elías, sino también recibió su influencia y su escuela de profetas. Observe también que Eliseo siguió a Elías hasta el final y se convirtió en su sucesor. Eliseo le dijo a Elías: "Tan cierto como que el Señor y tú viven, te juro que no te dejaré solo".

Antes de que la relación de mentoría puede comenzar, usted debe identificar un mentor que valga la pena. Así que hay dos perspectivas de la mentoría, una es la del mentor que elige intencionalmente al mentorizado con el propósito de entrenarlo y preparar a esa persona como potencial sucesor. El otro es el de un mentorizado que, con el deseo de ser tutelado, identifica un mentor y le indica su voluntad de someterse a él y servirlo. Hace esto con el fin de beneficiarse con la sabiduría, el conocimiento, la experiencia y el moldeo del mentor. En ambos casos, el mentorizado debe seguir al mentor para que la mentoría tenga éxito.

El mentor *elige pero no sigue al mentorizado*. Cualquiera que pueda ser considerado un mentor eficaz probablemente estará ocupado y consumido por sus prioridades y su pasión. Por lo tanto, el candidato ideal no estará esperando con indiferencia a que alguien venga adelante a pedirle que sea su mentor, ni tampoco este destacado dirigente estará preocupado por buscar a alguien para ser su mentor. En realidad, una persona digna de ser mentor ya debe tener muchas personas que buscan su atención y sabiduría. La cuestión es que un líder sólo puede mentorizar con eficacia a unas pocas personas.

El mentor en última instancia elige los beneficiarios, pero solo después de que el mentorizado ha mantenido una relación y demostrado su voluntad de ser guiados. En esencia, sea que el mentor elija al mentorizado o que el mentorizado elija al líder como mentor, la iniciativa y la responsabilidad siguen recayendo sobre el mentorizado.

Cómo elegir un mentor

Elegir a alguien a quien usted pueda rendir su vida, planes, metas, ambiciones, sueños, visiones y destino es una decisión realmente seria. Elegir a alguien para que lo ayude a formar sus prioridades, valores, convicciones morales y vida laboral futura es crucial. Usted debe tomar la decisión con mucho cuidado. ¿Cuáles son algunas de las cualidades que puede buscar en un potencial mentor, y donde podría encontrar una persona así? Aquí tiene algunos puntos que deseo someter a su consideración. Un mentor debe ser alguien que haya:

- Vivido lo suficiente para tener un carácter sido probado por el tiempo tanto por sus partidarios como por sus enemigos, y sea digno de confianza.

- Superado los principales obstáculos, oposiciones, retos, desaliento, y fallas en procura de lograr una visión o una causa por el interés de la humanidad.

- Demostrado sabiduría, conocimiento y comprensión de la naturaleza integral de la vida que hace que su consejo como mentor sea confiable.

- Exhiba coherencia, estabilidad y fidelidad a una causa, una visión, o un llamado.

- Hecho grandes sacrificios personales y demostrado voluntad de asumir el costo de un sueño y una pasión, así como de ayudar a otros a tener éxito o lograr sus objetivos.

- Administrado efectivamente el fracaso y éxito y muestre un espíritu de humildad y franqueza.

- Muestre voluntad de proteger su integridad y carácter sin transigir.

Conseguir que alguien así sea su mentor no es difícil, ya que he experimentado que todo verdadero líder o persona verdaderamente exitosa quiere, desea y se siente obligado a ser mentor de otros como una forma de devolver lo recibido. Los únicos requisitos o exigencias serían que el mentorizado sea serio, comprometido y dedicado a ser tutelado. Los líderes no quieren perder su tiempo. Por lo tanto, pedirle a un líder, o a alguien de quien usted desea aprender, si él o ella puede ser su mentor es el primer paso. Sin embargo, tal como hizo Elías, el potencial mentor pondrá a prueba su interés y compromiso.

Listo y dispuesto

Si quiere que alguien considere ser su mentor, usted debe adoptar el correcto estado de ánimo y demostrar la actitud correcta. Debes estar:

- Estar dispuesto a servir al mentor y no a su ambición personal.

- Estar dispuesto a sacrificar sus intereses personales para servir los intereses del mentor.

- Estar dispuesto a someterse totalmente a las instrucciones del maestro, su consejo, asesoramiento, reprensión y corrección.

- Estar dispuesto a permanecer en segundo plano hasta que sea invitado.

- Ser cauteloso respecto a las debilidades del mentor y no intentar sacar ventaja de ellas o utilizarlos como apalancamiento para la explotación o el chantaje.

- Estar vigilante y consciente de todo lo que rodea a su mentor y ser capaz de aprender de sus hábitos, deseos, preferencias, intereses y prioridades.

- Ser respetuoso de las relaciones o amistades del mentor, y no tratar de sacar ventaja de ellas para su beneficio personal.

- Estar dispuestos a estudiar el proceso y los principios de su mentor, no solamente sus resultados.

- Estar alerta para no cultivar un espíritu que tenga celos de su mentor, entendiendo que nunca podrá aprender de alguien si está celoso de él.

- Estar abierto a aprender cómo no apoyarse en su mentor.

Recuerde que ser mentorizado es un privilegio y no un derecho. Esté eternamente agradecido y expréselo a menudo. La gratitud siempre atraerá ayuda.

El perfecto mentorizado

Una vez más podemos ver a Josué y Moisés como uno de los más grandes, más perfectos ejemplos de mentoría y sucesión. Una cuidadosa revisión de su relación como mentor y mentorizado nos proporciona un excelente estudio de caso para elegir un mentorizado y someterse a un mentor. Leamos algo de su historia y extraigamos los singulares principios de mentoría y sucesión que se demuestran en su relación:

> **Éxodo 24:13-14:** «Moisés subió al monte de Dios, acompañado por su asistente Josué, pero a los ancianos les dijo: "Esperen aquí hasta que volvamos"».

> **Números 11:28-29:** "Josué hijo de Nun, uno de los siervos escogidos de Moisés, exclamó: ¡Moisés, señor mío, deténlos! Pero Moisés le respondió: ¿Estás celoso por mí?"

> **Números 27:18-23:** "El Señor le dijo a Moisés: Toma a Josué hijo de Nun, que es un hombre de gran espíritu. Pon tus manos sobre él, y haz que se presente ante el sacerdote Eleazar y ante toda la comunidad. En presencia de ellos le entregarás el mando. Lo investirás con algunas de tus atribuciones, para que toda la comunidad israelita le obedezca. Se presentará ante el sacerdote Eleazar, quien mediante el *urim* consultará al Señor. Cuando Josué ordene ir a la guerra, la comunidad entera saldrá con él, y cuando le ordene volver, volverá. Moisés hizo lo que el Señor le ordenó. Tomó a Josué y lo puso delante del sacerdote Eleazar y de toda la comunidad. Luego le impuso las manos y le entregó el cargo, tal como el Señor lo había mandado".

> **Deuteronomio 1:37-39:** "Por causa de ustedes el Señor se enojó también conmigo, y me dijo: Tampoco tú entrarás en esa tierra. Quien sí entrará es tu asistente, Josué hijo de Nun. Infúndele ánimo, pues él hará que Israel posea la tierra".

> **Deuteronomio 3:27-29:** "Sube hasta la cumbre del Pisgá y mira al norte, al sur, al este y al oeste. Contempla la tierra con tus propios ojos, porque no vas a cruzar este río Jordán. Dale a Josué las debidas instrucciones; anímalo y fortalécelo, porque será él quien pasará al frente de este

pueblo y quien les dará en posesión la tierra que vas a ver."

Y permanecimos en el valle, frente a Bet Peor".

Estos relatos contienen todos los principios importantes de la mentoría y la sucesión. Si usted estudia la relación de Josué y Moisés, en primer lugar se dará cuenta de que:

El mentorizado debe someterse al mentor y poseer un espíritu de estudiante y de servidor.

Como dice Números 11:28: Josué "había sido ayudante de Moisés desde su juventud". La mentoría había comenzado. Tenga en cuenta que el mentorizado *ayudaba* al mentor primero. En otras palabras, la mentoría se inicia con el servicio al mentor. Si usted quiere aprender de alguien, tiene que someterse a él o ella. Para aprender de alguien, tiene que estar dispuesto a servir. Por lo tanto, la mentoría comienza realmente con la disposición a servir.

El mentorizado debe ser enseñable y no debe estar compitiendo con su mentor.

La segunda cosa que encontramos acerca de Josué es que las Escrituras no le llaman siervo de Dios. Siempre lo llaman ayudante de Moisés (vea Éxodo. 24:13; 33:11 y Números 11:28). Eso es importante porque usted no puede ser tutelado cuando compite con su mentor. Si quiere que alguien sea su mentor, usted no puede tratar de ser igual a su mentor. Josué solo quería ser un siervo de Moisés. Él tenía la actitud correcta.

El mentorizado debe estar presente, pero no ser demasiado insistente y agresivo con el mentor.

Josué se quedó con Moisés todo el tiempo. Sin embargo, las Escrituras citan poco de lo que dijo, por lo que podemos inferir que no hablaba mucho. Era tranquilo, pero estaba presente. Eso me fascina y me intriga. Josué estuvo siempre con Moisés porque el Profeta fue su mentor. Josué siguió cuando Moisés partió, pero no se impuso por sí mismo.

El mentorizado tendrá acceso al entorno del mentor, pero nunca debe abusar de ello.

Josué tenía este tipo de acceso. La Escritura dice que el joven se dirigió a la montaña con su líder (vea Éxodo 24:13). Josué acompañó a Moisés al tabernáculo de reunión. Este era una carpa especial que Moisés había construido y donde se reunía con Dios. Ellos tendrían allí conversaciones íntimas, y la única persona que entró a la carpa con

Moisés fue Josué. Un mentor puede introducirlo a lugares. La Biblia dice que Moisés salió de la tienda de reunión, y Josué se quedó (vea Éxodo 33:11). Quizás estaba disfrutando de la grandeza de Dios. Un mentor puede introducirlo en la presencia de la grandeza, y usted puede estar allí porque el grande empezará a hablar con usted. Aun entonces, el mentorizado debe tener cuidado de no abusar de la relación.

El mentorizado debe aprender en silencio cuando se le permite estar en los lugares privilegiados de su mentor.

Nadie sabe lo que, en todo caso, Dios le dijo a Josué durante esos momentos en la Carpa del Encuentro, o si Josué dijo algo. Tal vez la experiencia de Josué no lo iba a preparar para el futuro liderazgo. Josué experimentó a Dios de una manera en que ninguna otra persona lo hizo, porque fue llevado a la presencia de Dios por su mentor. Un mentor puede abrir puertas que nadie más puede abrir. La influencia compartida y las conexiones son elementos importantes de la mentoría y la sucesión.

El mentorizado no tiene que competir con su mentor ni sentir celos de él.

Cuando Josué percibió una amenaza a su mentor, expresó celos. Eran celos no *de* Moisés sino *por* Moisés, que son cosas muy diferentes.

El mentorizado no debe usurpar la posición de su mentor, sino que debe protegerla y defenderla.

Vemos a Josué expresar un interesante espíritu de "celo del mentorizado". Josué quería que Moisés detuviera a los nuevos "profetas", porque el leal ayudante los vio como una competencia para su mentor. Este es el tipo de persona de quien usted desea ser mentor. Josué quería proteger a Moisés de la competencia y no competir con Moisés. A Moisés le impresionó que este joven quisiera proteger a su posición, no tomarla. Moisés se dio cuenta de que Josué tenía interés, no solo en servirlo sino también en defenderlo. Josué no se preocupaba por sí mismo. Él estaba protegiendo el territorio de Moisés.

El mentorizado no debe abusar de los privilegios de su mentor.

Finalmente, Josué no usurpó la autoridad de Moisés. Él estaba en la presencia del Dios de Moisés, pero nunca trató de reclamar para sí mismo la relación que Moisés tenía con Dios. La Biblia muestra que Josué no solo conocía su lugar, sino que también quería proteger la grandeza o la autoridad de su líder. Él quería asegurarse de que los demás no invadieran las facultades del profeta.

Como vemos en el ejemplo de Moisés y Josué, la mentoría supone un "menor" y un "mayor" en una relación. La mentoría implica que el menor está aprendiendo del mayor a través de la interacción, el contacto interpersonal, la observación y las experiencias. Los mentores proporcionan acceso a sus vidas, a los procesos de toma de decisiones, al banco de su sabiduría, y a su entorno. El mentorizado tiene acceso a las relaciones y recursos del mentor. Los recursos pueden ser personas, material, y secretos que el mentor pueda tener. Así que la mentoría es un tema muy personal y, en algunos casos, una relación muy privada. Esto la separa de las relaciones interpersonales comunes.

Entrenar para el éxito

Uno de los más importantes procesos de la mentoría es aprender no solamente de la experiencia del mentor, sino también de las situaciones que el mentor le permitirá experimentar. El mentor es como un entrenador de gimnasia.

Una tarde estaba viendo un documental sobre la gimnasia que mostraba cómo estos increíbles atletas profesionales entrenaban para convertirse en competidores de clase mundial. Vi que el entrenador sujetaba las correas de seguridad para una chica joven. Después de colocarla sobre la estera, el entrenador la lanzó al aire como si fuera un pájaro, mientras que él estaba justo debajo de ella. Cada vez que ella tocaba tierra, él la tomaba por la cintura y la lanzaba de nuevo. Él nunca dejó su puesto. Vi el miedo inicial en los ojos de la niña, pero a medida que el ejercicio avanzaba, me di cuenta de que el miedo se convertía en una sonrisa de confianza.

El documental continuó al día siguiente y allí estaban de nuevo, pero esta vez las correas no estaban y el entrenador la seguía capturando. Finalmente, cuando llegó el quinto día, el entrenador se mantuvo al margen con una sonrisa de confianza en su rostro. Miró a su estudiante pisar el suelo como una profesional y con estilo, gracia y pasión, completar su rutina sin un solo error y tocar tierra con un sentido de madurez que sorprendió incluso a los lo más difíciles jueces del tribunal. Él había mentorizado con éxito a una futura líder de la gimnasia que con el tiempo pasó a competir en los Juegos Mundiales.

Muchas veces puede parecer que un mentor está ahí para hacerle experimentar una medida del fracaso, pero la realidad es que lo está preparando para el éxito y está en espera para el caso de que usted falle. Los buenos mentores proporcionan oportunidades para que usted participe en una situación que podría dejarle una lección o que le permite usar sus dones para prevalecer. El mentor sabe que una falta o error temporal es un paso necesario hacia el aprendizaje y la calificación para su futuro éxito como líder.

El trabajo del mentorizado

Con el fin de sacar el máximo provecho del proceso de mentoría, usted debe entender ciertos principios.

El mentorizado:

Debe someterse al mentor. Es imposible aprender de alguien si usted no se someten a esa persona. Es como una clase que no acepta la autoridad del maestro. Sumisión no significa que usted renuncie a su independencia, singularidad, derechos, o a su voluntad. No quiere decir que el mentor sea más inteligente o más talentoso que usted. Significa que el mentor sabe algo que usted desea aprender. Sea sumiso a los consejos e instrucciones. A veces encuentro personas que me piden que los guíe, pero que luego rehúsan mi consejo o instrucción. De inmediato eso anula nuestro acuerdo. No puedo ayudar a alguien que no se somete. La sumisión en este caso significa que usted comprender y valora las aportaciones que el mentor puede hacer a su vida. Que está dispuesto a entregar su tiempo y su capacidad de aprender y recibir de ese mentor. La sumisión es el primer acto del mentorizado.

Debe aceptar que el mentor está actuando por el mejor interés del mentorizado. Usted *debe* creer que todo lo que el mentor le recomienda, enseña o asesora es en beneficio de su interés. Las instrucciones de su mentor no parecen tener sentido en ese momento, y puede ser que lo hagan sentir incómodo. El consejo del mentor puede parecerle a usted extraño o ponerlo en un ambiente desconocido. Usted debe confiar en su juicio y llevar a cabo (dentro de lo razonable) las instrucciones de su mentor. Los buenos mentores nunca obrarán para destruirlo. Lo prepararán para que se desarrolle, si usted los deja hacerlo.

Los mentores n su futuro más allá de lo que usted ve, por lo que debe confiar en su visión. Muchas veces le dirán que *no* haga esto o aquello, o que haga algo. Ellos lo están preparando para algo que ven que usted hará diez años más adelante.

Debe estar dispuesto a aceptar el consejo del mentor. No ignore sus instrucciones. A menudo decimos que nos sometemos a nuestros mentores, pero seguimos sin aceptar lo que nos dicen. Si usted desea beneficiarse del mentor, debe tomar el consejo que le ofrece. Si usted me pide que sea su mentor y no tome mi consejo, yo lo dejo inmediatamente en libertad. No desperdicie mi tiempo, por favor. Si usted decide someterse a la enseñanza y guía de un mentor, se supone que cree que la persona tiene algo que usted necesita. Para obtener el beneficio, usted tiene que aceptar el consejo que se le ofrece. Cuando alguien rechaza los consejos, los mentores con frecuencia se niegan a continuar la relación, poniendo fin a la oportunidad de mentoría. Continuar es una pérdida de tiempo para todos. El mentorizado debe confiar en el juicio del mentor. Usted no puede guiar a gente que no le tiene confianza, y no puede aprender de alguien en quien no confía. Recuerde, un buen mentor no quiere nada de usted. El mentor no lo perseguirá. Si el mentor le da consejos, significa que son para su bien.

No debe abusar nunca de los privilegios brindados por un mentor. Un mentor le dará acceso a cosas tales como sus contactos privados, su entorno o su hogar. Los mentores le darán acceso a las cosas que están leyendo, tal vez a sus amistades y otras relaciones, o incluso a lugares, mercados y audiencias. El mentorizado debe tener mucho cuidado de no abusar de ninguno de esos privilegios.

Si el mentor le da su número privado, usted no puede darlo a otros para demostrar que conoces a alguien poderoso o famoso. Esto es un abuso. Tener ese número es un privilegio. Por otra parte, si el mentor le presenta a uno de sus contactos, usted no puede ir tras él para tratar de llegar por su cuenta a un acuerdo con ese contacto. Eso es un abuso de la relación y una vergüenza para el mentor. Al mentor puede haberle tomado cuarenta años hacer esa conexión, y puede dárselo a usted por propia voluntad en cuarenta segundos, pero no abuse de eso.

Yo presento a mis mentorizados en mis programas de televisión, en los encuentros con mis editores, o les doy el micrófono para hablar a diez mil personas durante unos minutos. Lo hago porque quiero desarrollar su confianza y ayudarlos, pero si el mentorizado le solicita en secreto al anfitrión que los invite a hablar solo la próxima vez, está abusando de este privilegio. Hay personas que le dijeron a otros que soy su amigo, cuando solo nos vimos una vez en una iglesia de algún lugar y me dio la mano. No abuse de las oportunidades ofrecidas por su mentor. Usted puede decir: "Sí, he conocido a esa persona. Me estrechó la mano hace un tiempo", pero no decir que esa persona es su amigo cuando no es cierto. Yo podría darle acceso a la cabeza de un país, por el hecho de estar conmigo. Eso no quiere decir que usted es sea su amigo. Yo soy su amigo, y usted no me debe faltar el respeto llamando la próxima semana a la persona para una charla informal. Él no lo conoce a usted, y sería un abuso de los privilegios que le ofrece el mentor. Si usted tiene un mentor, tendrá acceso a la vida de esa persona. No abuse de ello. Respete, honre, proteja y salvaguarde los privilegios que le brinda el mentor.

Debe comenzar a, o continuar aprendiendo del mentor. Una vez que tiene un mentor, la búsqueda continúa. Debe buscar lo que quiere aprender del mentor. Si, por ejemplo, usted dice que quiere que yo sea su mentor, debe demostrar su hambre, pasión y voluntad de someterse a mi autoridad. El alumno no debe sentarse y esperar a que el mentor le enseñe a él o la perfeccione a ella. Cualquier persona a quien vale la pena tener como mentor está plenamente dedicado a su trabajo y otras obligaciones. El que quiere aprender debe seguir al mentor, cultivando el espíritu de iniciativa.

A veces usted puede sentir que el mentor lo está ignorando, pero recuerde que los mentores están ocupados. Solo tiene que seguirlo y ver. Si usted le dice su mentor: "Quiero ver cómo manejar la presión, la gente, y el estrés", el mentor no vendrá a enseñarle los cinco puntos sobre la forma de manejar el estrés. Usted tiene que mirar para ver cómo lidia con las presiones. El mentoreo no se limita a la observación de instrucciones; usted debe seguir al mentor. Eso fue lo que hizo Eliseo. Al final, él fue a Elías. Eso fue lo que hicieron los discípulos de Jesús. Dejaron sus empresas pesqueras y siguieron a Jesús dondequiera que iba. Comieron con Él y fueron con Él a pequeños pueblos. La palabra *discípulo* —del latín y el griego para "estudiante" o "el que aprende"—, significa estudiante perpetuo. Esto implica que es algo continuo. No es una palabra religiosa, aunque ha llegado a quedar asociada con los doce socios más cercanos a Jesús durante su ministerio en la tierra. Se refiere a alguien que sigue aprendiendo. El instructor solamente enseña a los que tienen hambre de educación. El que quiere aprender debe seguir al maestro.

Debe aprovechar el poder de las preguntas. Como líder emergente, usted debe hacer preguntas a los mentores, accediendo a uno de los mayores mecanismos de la mentoría. El protegido persigue la mente, los métodos, los mecanismos y la misión del maestro al iniciar las preguntas. Hágale preguntas al mentor. Ninguna herramienta de aprendizaje es más poderosa que las preguntas. Los mentores siempre saben más de lo que le dicen. Los mentores siempre pueden hacer más de lo que le muestran. Siempre pueden llevarlo a lugares a donde usted nunca ha estado, pero hay que iniciar el viaje a través de preguntas. Un mentor es como un depósito, lleno de conocimiento e información, experiencia y sabiduría —todas sustancias maravillosas y poderosas—, y usted necesita extraerlas de ellos. Hacer una pregunta es como hacer un agujero en una presa. Cuantas más preguntas haga usted, tendrá más agujeros por donde asomarse. Si hace suficientes preguntas, brotará un torrente de sabiduría.

Los buenos estudiantes no hablan mucho. Preguntan. Cuando un mentorizado se encuentra en presencia de un mentor, debe hablar poco y dejar que hable el mentor. Esto se hace usualmente por el mecanismo de preguntar. Cuando estudié el proceso usado por Jesús para enseñar a los discípulos, me sorprendió descubrir que la mayoría de sus lecciones eran resultado de una pregunta que alguien le formuló. Los evangelios están llenos de ejemplos como estos:

> **Lucas 17:20:** Los fariseos **le preguntaron** a Jesús cuándo iba a venir el reino de Dios, y él les respondió: —La venida del reino de Dios no se puede someter a cálculos.

> **Marcos 13:4:** —Dinos, ¿cuándo sucederá eso? ¿Y cuál será la señal de que todo está a punto de cumplirse?

Jesús compartió su sabiduría con los que se lo pidieron. Para extraer información del mentor, usted tiene que preguntar por ella. Siempre les digo a mis estudiantes, dondequiera que esté en todo el mundo, que cuando usted está en presencia de una persona sabia o grande, hace preguntas y guarda silencio. Cada vez que me encuentro con alguien con mucha más experiencia y sabiduría, y con grandes logros y éxito, empiezo a hacerle preguntas. Preguntar le dará automáticamente la capacidad de ser estudiante. Los mentorizados deben hacer preguntas. El que habla, aprende solo lo que él sabe y el que escucha, aprende lo que el otro sabe. Mediante la escucha te vuelves más sabio. De esta manera, los mentorizados inician su propio aprendizaje.

A veces usted puede estar tan decidido a impresionar a los mentores que habla demasiado. Si usted siempre está hablando, el mentor puede llegar a irritarse bastante. Si usted quiere respuestas, no le diga al mentor las grandes cosas que hace y lo poderoso que es, lo ungido que está, lo buen administrador que es. ¿Cómo puede usted aprender si se lo pasa hablando?

Debe invertir sus recursos personales en seguir al mentor. Algunos mentorizados esperar que el mentor pague para que se desarrollen. Con frecuencia la gente me pregunta: "¿Quiere ser mi mentor?" Y yo respondo: "Bueno, está bien, pongámonos de acuerdo en que voy a su mentor. Como parte de mi programa de mentoreo, le ofrezco el privilegio de élite de permitirle viajar conmigo para que experimente mi entorno". Me resulta muy extraño cuando alguien responde: "¡Genial! ¿Me pueden enviar un ticket?" ¿Quién se supone que se sigue a quién? Si quiere aprender de mí, usted debe estar dispuesto a invertir su tiempo, dinero y recursos en la búsqueda de ese conocimiento.

Tenemos que entender el poder del seguimiento. Si usted quiere aprender de mí, entonces invierta su tiempo, su dinero y sus recursos en pos de mí. Usted debe invertir en su propia vida. Tengo libros, CD, DVD, y seminarios. Si usted es mi mentorizado, espero que comprar todos los libros, porque necesita conocer mi mente, mi corazón. Mis cuarenta años de experiencia están en esos libros. Cuando compra el libro del maestro, usted no solo va a comprar el libro. Usted está comprando la persona.

En ocasiones, un mentorizado me ha hecho una pregunta, y me he negado a contestarla porque ya la había respondido en un libro que escribí. Les digo que lean el libro. Invierta esos veinte dólares para encontrar la respuesta por sí mismo. Como mentor suyo, no quiero su dinero, pero quiero que invierta en su propio desarrollo. Recuerde siempre lo siguiente: el trabajo de un maestro no es dar respuestas, sino estimular a los estudiantes a ir a buscar las respuestas por ellos mismos. Nada es suyo hasta que usted lo entiende.

No debe competir nunca con el mentor. El mentorizado debe ser muy consciente de que no está en la relación para competir, sino para aprender. En primer lugar, esto es asunto de motivación. Un mentorizado es alguien que quiere aprender, que quiere llegar a ser como el mentor en muchos diferentes aspectos, que desea beneficiarse de los conocimientos del mentor, de su experiencia y su sabiduría. No es fácil aprender de alguien cuando se está tratando de competir con él.

Usted encontrará que los mentores resistirán el espíritu de competencia de un mentorizado, ya que revela un espíritu de orgullo o arrogancia. También revela un espíritu de desconfianza.

Nunca debe tomar personalmente el consejo o la crítica del mentor. Si el mentor dice cosas en un momento de ira o lo corrige, es para prevenir el daño que a usted le ocurriría o para darle una lección. Cuando Elías le dijo a Eliseo: "Anda...Yo no te lo voy a impedir" (1 Reyes 19:20), debe haber sonado duro, pero era necesario. Cuando Jesús le dijo a Pedro que estaba lleno del diablo, las palabras le deben haber picado (vea Mateo 16:23). Cualesquiera sean las circunstancias, cuando el mentor habla en el calor del momento, la persona receptora debe tener cuidado de no tomar las palabras personalmente.

El mentor puede decir: "Hijo, ¿por qué estás vestido así en este lugar? Vete a casa y ponte el traje". No lo tome como algo personal. Él está tratando de protegerlo, porque sabe que la gente que asiste a este evento se viste de una manera determinada, y que lo juzgarán o incluso podrán negarse a admitirlo que si no está vestido de una manera similar. La invitación decía "corbata negro", y usted vino con zapatillas de tenis blancas; era ropa bonita, pero no la correcta.

Un mentor puede decir: "No vengas aquí todavía. Por favor espera afuera". No lo tome como algo personal. Tal vez sea una cuestión de protocolo: Hoy solo se permite entrar a personas de cierto rango o miembros de un grupo de hermanos. Tal vez se esté discutiendo un asunto personal que es confidencial.

Él puede decir: "Usted no podrá venir a esta recepción conmigo. El presidente o primer ministro estará allí, y la seguridad es estricta. Usted no tiene autorización. Debe esperar en el vestíbulo". A veces, el mentor no pueda o no está dispuesto a dar una explicación. No lo tome como algo personal. Él sabe cosas que usted no sabe.

Un mentor le dará instrucciones que lo harán sentir incómodo. Puede decirle cosas que hieren sus sentimientos. Confíe en que esto también es para su beneficio. "Lo averiguaré más tarde. Me duele ahora, pero es por mi propio bien". Después que Jesús le dijo a Pedro que estaba lleno del diablo, el discípulo se presentó en la próxima reunión. Usted no lo tome como algo personal. En un momento de ira, un mentor puede decir cosas que causan escozor. Jesucristo estaba enojado porque Pedro había dicho: "No morirás" (vea Mateo 16:21-22). Pedro estaba atacando la visión. Jesús corrigió a Pedro, y no se lo dijo muy bien.

La ira es parte del proceso de mentoría, ya que el mentor ve su futuro y ataca el peligro que lo amenaza. No es personal. Es amor. El líder quiere darle una lección. Cuando un mentor habla en el calor del momento, usted tiene que manejar la situación. Ser maduro, aspirar hasta el estómago, volver y decir: "Gracias". Más adelante dirá: "¡Guau! Ahora entiendo por qué lo hizo". No desprecie la ira de su mentor. También ella es por su bien.

No debe estar nunca celoso del éxito del mentor. Frecuentemente, un líder joven y emergente ve la vida del maestro y supone que él podía conseguir al instante eso a cuya creación el maestro dedicó años de esfuerzo —una vida de trabajo. En algunos casos, el mentor ha experimentado errores, fracasos, pérdidas, vergüenza, depresión, o una quiebra y volvió a salir y a superarse antes de alcanzar lo que hoy tiene. La pregunta más importante que un mentorizado debe formular a un maestro no es: "¿Cómo puedo tener lo que usted tiene?" Esa es la pregunta equivocada. Más bien debe preguntar: "¿Cuánto le costó obtener eso? ¿Cuál es el precio que pagó para lograrlo?" El estudiante debe aprender el proceso y las experiencias necesarias para lograr el objetivo.

El mentorizado debe tener mucho cuidado de no cultivar celos respecto a los logros que observa en su mentor. Si usted busca un mentor, es porque esa persona tiene éxito. Usted no puede aprender de alguien si está celoso de él o ella. A menudo, los líderes emergentes ven la vida que el mentor tiene y desean tenerla. Los mentorizados sienten la tentación de querer al instante lo que el mentor ha obtenido con el tiempo.

El director general tiene un jet, un coche de lujo, una casa en la playa, y más dinero de lo que usted nunca soñó, pero usted no sabe que le costó: cincuenta difíciles años de vida. ¿Codicia usted el avión? ¿Por qué no le pregunta lo que cuesta llegar a tener un jet privado? La respuesta probable es: "Oh, veinte años de crítica, cinco años de depresión, dos años de ostracismo y diez años de bancarrota. Luego, por fin volví sobre mis pasos y pasé otros diez años construyendo mi negocio hasta el momento en que me pude permitir todo esto. Ahora viajo 300 días al año, y casi nunca veo a mi hermosa esposa y mis queridos hijos. No he tenido una comida hecha en casa o dormido en mi cama en las últimas semanas". Olvídelo. No vale la pena pagar ese precio. Nunca tenga celos de nadie, especialmente de su mentor.

Debe seguir las instrucciones, aunque le demanden sacrificio personal. Muchas veces un mentor le dará al mentorizado una asignación, una instrucción, o un proyecto que puede exigirle un sacrificio de tiempo, recursos, energía o relaciones. El mentorizado debe confiar en el mentor al punto de obedecerle. Esa es una palabra espantosa, pero tiene que obedecer el mentor porque él sabe más que usted. Él ya ha estado en donde usted planea ir y ha hecho lo que usted se propone hacer. Si el mentor le da instrucciones, usted tiene que obedecerlas. Es difícil para algunos de ustedes hacer eso, porque su orgullo es tan alto que ni siquiera Dios puede estar por encima de ellos. Los mentorizados también tienen que creer que el mentor cree en ellos. Da miedo hacer algo por primera vez. El mentor puede darle una oportunidad que usted nunca experimentó antes, pero el hecho de que él se la haya dado evidencia que cree en usted, aunque usted mismo no crea. Esa es la forma en que el mentor desarrollar su autoconfianza.

Si usted desea tener un mentor, tiene que sacrificarse. Ahora, tenga cuidado porque algunas personas que dicen que quieren ser sus mentores realmente quieren que usted les compre cosas —anillos y prendas de vestir, por ejemplo. No son mentores. Son artistas en desplumar. Los buenos mentores hacen que gaste dinero en usted mismo, no en ellos. Tenga cuidado con la persona que profesa ser su mentor, pero quiere que usted lo haga rico. Eso no es un mentor. Si los llamados mentores toman de usted, no son los mentores. Si le demandan que mejore su estilo de vida o que haga algo contrario a la Palabra de Dios, la Biblia, no es una mentoría. Es un abuso.

Debe ser honesto en la relación con el mentor. Ninguna pretensión, falsedad o falta de integridad debe entrar en la relación de mentoría. El mentor no puede permitirse el lujo de perder el precioso tiempo que dedica a una relación dañada o devaluada. Las dos partes deben demostrar respeto mutuo, integridad y honestidad. No trate de hacerle creer que es algo que usted no es. El mentor lo advertirá. No le mienta a un mentor. El mentor lo expulsará. Sea abierto, transparente. No trate de falsearse a sí mismo para impresionar al mentor. Usted debe tener integridad.

Dígale al maestro sus vulnerabilidades, sus debilidades, y sus luchas. Sea honesto respecto a lo que no sabe. Esta persona lo puede ayudar. Si usted es perfecto, ¿para qué necesita un mentor? El mentor puede manejar sus secretos. El mentor sabe cómo manejar su fragilidad. Los mentores pueden ayudarlo a reparar las grietas de su carácter. Los mentores no utilizar su información privada para obtener beneficios personales. Ellos están allí para mejorarlo a usted, así que sea sincero con ellos.

El mentor no puede permitirse el lujo de dejar que usted abuse de su precioso tiempo. Tal vez yo lo he estado preparando a usted para una determinada posición, y descubro más tarde que usted no está disponible o se descalifica por algo más está sucediendo en su vida o que ocurrió en su pasado. Ambos hemos perdido el tiempo. Si pasé cinco meses siendo su mentor, y me entero de que está haciendo en secreto algo que anula todo lo que hice, usted ha abusado de mi tiempo. La mentoría exige honestidad.

El programa de educación continua

Someterse a un mentor es una decisión inteligente. No es degradante. No lo hace a usted menos. Lo hace más. La mentoría es fundamental. El mentor no está en eso para ganar. El mentor es en eso para ayudarle a usted a ganar. Aprecie el privilegio y no abuse nunca de él. Si usted no elige beneficiarse de los privilegios otorgados por el mentor, el mentor nunca pierde. El mentor sabe lo que sabe, es quien es. Si usted elige no beneficiarse, nunca llegará a ser todo lo que podría ser porque no ha completado el proceso de mentoría.

El mentorizado está más en deuda con el mentor que el mentor con el mentorizado. Sin embargo, cada uno tiene un papel que desempeñar y responsabilidades en la relación. Los mentores respetan a los mentorizados. No ignoran su valor. Ellos saben que usted es importante. De hecho, un mentor lo respetará sencillamente porque usted decidió entrar en la relación de mentoría.

Usted nunca estará más alto que los mentores. Siempre debe estar bajo alguien. El día que usted piense que no necesita un mentor, usted será una amenaza para la humanidad. Yo me someto rápidamente a mis mentores. Cada vez que estoy en presencia de alguien que tiene gran sabiduría, soy un interrogador profesional. Cuando conocí a Nelson Mandela, me encontré con la historia. No he tenido momentos así muchas veces en mi vida. No quería pasar mi limitado tiempo con él diciéndole quién era yo, de dónde soy, y lo que estaba haciendo. En lo que a mí concierne, me había encontrado con un padre y yo era un niño.

Empecé a hacerle preguntas, porque tenía que aprender mucho en poco tiempo. Yo no debía usar tiempo para hablar de mí, porque ya sé de mí. Mis preguntas me dieron el poder de extraer su sabiduría y aprender de él. Yo fui su alumno, aunque fuera brevemente, y me sometí a su instrucción

Algunas personas que se inscriben en mi programa de mentoría tienen setenta y cinco años de edad. Ellos siguen aprendiendo, y se dan cuenta de que tengo algo que ellos necesitan. La mentoría no es una cuestión de edad. Pedro era mayor que Jesús. El mentor ya ha alcanzado un nivel de éxito y eficacia independientemente de su edad. Los mentores recogen recompensas por cumplir con su propósito, no por sus años. El mentorizado es el que necesita el desarrollo, el cultivo.

No abuse, use incorrectamente, ignore o desvalorice los privilegios que le brinda el mentor ni desperdicie las oportunidades de aprender. Respete, aprecie y valore la relación. Usted será el beneficiario.

Puntos a recordar:

El mentor elige, pero el mentorizado sigue.

El mentorizado debe someterse a la guía del mentor, hacerle preguntas, y apreciar la relación.

Capítulo 22

Tome el crédito y alégrese por el éxito de su mentorizado

La gente que trajo consigo se hace cargo. Su sucesor está listo. Aprenda a decir: "Yo la entrené; mira cuán lejos ha llegado", "Yo fui su mentor. ¿No es genial?", o "Yo les enseñé. Estoy muy orgulloso de sus logros". A continuación, siéntese y deje que tome la empresa a un nivel más alto de lo que usted pudo hacerlo a su turno.

Cuando alguien que usted mentorizó está haciendo las cosas bien, dígale a la gente: "¡Ese es mi muchacho!" El éxito de esa persona es su éxito. Ese es su mentorizado, su protegido.

Dios se sintió de la misma manera respecto a su prototipo, como se ha señalado varias veces en los evangelios. Él dejó que la gente supiera que era su hijo.

> **Mateo 3:17:** Y una voz del cielo decía: "Éste es mi Hijo amado; estoy muy complacido con él."

Dios tomó el crédito. ¿Está usted listo para tomar el crédito por haber sido el mentor de los líderes emergentes que lo rodean? Si usted ha tenido éxito en producir líderes exitosos y en elegir a su sucesor, será difícil soltar, pero se puede hacer si usted se da cuenta de que el sucesor es la medida de su éxito.

Los buenos líderes reclaman el crédito por el éxito de su sucesor y se regocijan en el éxito de otros. Si usted ha hecho su trabajo como líder, su sucesor o sucesores van a tener muchos éxitos. Usted puede estar tranquilo y llevarse el crédito por gran parte del éxito de ellos. Un líder se gloría en el éxito de otros. Los verdaderos líderes no deben tener miedo de los dones y el éxito de sus seguidores. No tienen razón para estar celosos o resentidos. Después de todo, ellos nutrieron esos dones y ayudaron a producir los líderes que hoy vemos.

El liderazgo se mide por el éxito de su sucesor. Así es como usted se prueba sí mismo. Veamos los líderes que usted produjo.

Esta es una prueba

Los mentores quieren que el mundo descubra a sus protegidos y les proporcione oportunidades de demostrar sus verdaderas capacidades. Los mentores incluso crear oportunidades para que las personas pongan a prueba sus dotes. Vea ejemplos en que Moisés dio asignaciones de Josué. Le dijo a Josué que peleara una guerra, y se regocijó en su victoria.

> **Éxodo 17:9:** Entonces Moisés le ordenó a Josué: "Escoge algunos de nuestros hombres y sal a combatir a los amalecitas. Mañana yo estaré en la cima de la colina con la vara de Dios en la mano".

De manera similar, Jesús proveyó oportunidades para sus estudiantes pusieran a prueba sus habilidades, y él se emocionó mucho cuando los discípulos lo lograron. Un verdadero líder hace lo que Jesús hizo. Él envió a sus seguidores a probar algunas cosas y se alegró cuando le informaron lo que habían logrado.

> **Marcos 6:7:** Reunió a los doce, y comenzó a enviarlos de dos en dos, dándoles autoridad sobre los espíritus malignos.

Jesús les había dado el modelo de comportamiento y del tipo de ministerio que esperaba de ellos. Luego el Maestro los soltó para que practicaran. No solo les dio conferencias o predicaciones y esperó que salieran por su propia cuenta sin un periodo de prueba. Él les mostró y les dio la experiencia de campo.

"Un líder se gloría en el éxito de otros".

Podemos recordar que Jesús incluso dijo que esperaba que los que tuvieran fe en él no solo hicieran lo que Él hizo sino también "cosas mayores", cuando Él se fuera (vea Juan 14:11-13).

Los líderes seguros eligen deliberadamente personas que tienen el potencial de ser mejores que ellos. No tenga miedo de las personas que son más fuertes que usted. No tenga miedo de sus debilidades. Contrate siempre a personas que son más inteligentes que usted, porque lo hacen lucir bien. Aplique este principio a su vida personal. Cásese con alguien que sea más inteligente que usted. Su cónyuge le hará lucir bien. Si sus hijos superar su éxito, el crédito es para usted.

Los líderes seguros brindan a otros la oportunidad de encontrar y cumplir el propósito que Dios les ha dado y alcanzar su máximo potencial. Si me paro a hablar ante diez mil personas y una de mis mentorizadas está conmigo, la invito a hablar durante cinco minutos o menos. Ella puede decir: "¡Está loco! No puedo hablar ante toda esta gente". Pero insisto en que la gente la está esperando. "¿Cómo vas a aprender a hablar a miles de personas si no lo haces? Usa mi credibilidad y practícalo ahora". Esta es una oportunidad para coliderar. Dejo que ella sienta todo lo que siento: la ansiedad, las mariposas, el sentido de cómo relacionarse con una multitud. Esta líder en formación puede experimentar todo el ambiente. Esos cinco minutos pueden valer más que diez semanas de estudio en el aula, porque en vez de escuchar mis conferencias al respecto, la persona lo experimenta.

Los programas de mentoría deben ser más que instrucción. Deben basarse en la experiencia. Como dije anteriormente, la mentoría se diferencia de la enseñanza o instrucción, porque la enseñanza le puede dar información, pero no le muestra el modelo de la lección. La mentoría es dar el modelo, con el fin de entrenar experimentando las relaciones. La mentoría tiene más que ver con las relaciones que con la instrucción.

Lugar para todos

En la parte superior hay lugar para todos. Un mentor cree que su mentorizado debe ser mejor de lo que él es. Un mentor trabaja para hacer mejores a los demás. Moisés no se molestó cuando Josué le dijo que la gente trataba de profetizar como él lo hacía. Moisés deseaba que todos ellos profetizaran; todo el campamento. Esta es mi filosofía de liderazgo, que el modelo original de liderazgo se basó en el principio fundamental de que no hay que centrarse en la creación de una organización con un líder, sino más bien en la construcción de una organización de líderes. Es mi deseo como presidente de nuestra organización y director ejecutivo de la compañía internacional que todos descubran, desarrollen cultiven y manifiesten todo el potencial de sus dones de liderazgo.

Esta misma idea entusiasmó a Moisés. Básicamente, dijo: "Yo deseo que todos ellos profeticen. Todo el mundo está a cargo. Deseo que todos estén haciendo lo que yo hago. ¡Qué trabajo!"

Eso significa que Moisés no creyó que necesitara seguidores para ser un líder. Moisés probablemente midió su liderazgo por el hecho de que se estaba volviendo innecesario. Él no tendría que profetizar si los demás podían oír a Dios por sí mismos. Así es como pensó Moisés. Terminó su admonición a Josué diciendo que deseaba que el Señor pusiera su espíritu sobre los demás de la misma manera que lo había puesto sobre él mismo.

El líder promedio no piensa de esa manera. Los líderes comunes desean que nadie vaya a tener lo que ellos tienen, para poder seguir estando a cargo siempre. Se olvidan de que un verdadero líder trabaja para sacarse a sí mismo de su puesto de trabajo. No comprenden que un verdadero líder desea llegar a ser innecesario.

Dígales a una persona joven que lo sigue que le va a hacer un proyecto de mentoría. "Antes de dejar o morir, yo te voy a enseñar todo lo que sé". Cuando esa persona llegue al éxito, él o ella le dirá a todo el mundo que usted fue el responsable. Tome el crédito.

Ir, ser mejor

En una reciente conferencia presenté a Jerónimo Edmondson, un joven de quien había sido mentor. Él dejó su casa y pasó un año entero conmigo. Él y su esposa invirtieron una gran cantidad de dinero en esta experiencia de mentoría. Jerome ha viajado conmigo a África, Europa y Sudáfrica, así como por todos los Estados Unidos y el Caribe.

Después de ese año, este hombre es mejor que yo. Me dijo que es el primer hombre negro en ser propietario de una franquicia de una cadena de restaurantes en particular. Jerome publicó recientemente un libro que se convirtió en un éxito de ventas. Tuve la oportunidad de ayudarlo en eso. No hace mucho tiempo, me mostró una carta que decía que iba a recibir una subvención de un millón de dólares. Mi gozo está en su éxito. Él es un asociado de mi entorno. Es un ejemplo de cómo capacitar a las personas para que sean mejores que usted.

Mi mayor alegría es que mi mentorizado es más grande que yo. Es por eso que trabajo tan duro. Mi mayor legado está en la gente que me supera. Cuando mi mentorizado llega a ser grande y poderoso, yo puedo pasar a hacer algo más grande en esta vida o ir a recibir mi recompensa en el cielo. Yo quiero ser como mi mentor, Jesucristo.

Obras mayores haréis. En eso consiste la mentoría. Se trata de hacerlo a usted mejor, más grande, más influyente y más poderoso. Se trata de ayudarlo a superar sus propias expectativas.

Me gustaría tomar el crédito por eso.

Puntos para recordar:

Hacer que otros sean más grandes y tomar el crédito.

Los buenos líderes se regocijan en el éxito de otros.

Capítulo 23

"Ahora ve tú":

Transferencia de la visión

Mi primer mentor fue mi padre. Él me enseñó a amar el trabajo mientras proveía todo para sus once hijos. Él demostró la madurez necesaria para liderar un hogar, tanto espiritual como emocionalmente. Me tuteló dejándome observarlo mientras preparaba sermones. Lo vi ministrar públicamente a multitudes. Desde mi adolescencia, vi cómo se enfrentaba con el estrés. Incluso me enseñó a estar casado con una mujer, dándole el ejemplo al estar casado con mi madre durante cincuenta años, hasta su muerte. Por estas y otras razones, él fue mi mentor más importante como hombre.

Mi madre fue mi segundo mentor. Pude observar cómo ella tenía hambre de la Palabra de Dios. Mi madre me enseñó a leer la Biblia. Mi padre me enseñó a predicar la Biblia, pero mi madre me enseñó a leerla. Ella me enseñó a amar a la gente. Creo que nunca he visto a nadie que amara a los pobres tanto como mi madre. Mientras criaba once hijos, ella prácticamente quitaba comida de nuestra mesa para darla a personas pobres. Ella fue mi mentora en el cuidado de las personas que son menos afortunadas.

Mi madre también fue mi mentora en la oración. Yo solía escucharla y verla orar, aunque ella no sabía que la estaba observando. Esa es una verdadera mentoría: cuando la gente puede ver el acto espiritual de una persona. Su ejemplo dejó una gran huella en mi vida, y oro diariamente como ella lo hacía.

Además de esta gran experiencia de mis padres, yo tuve dos poderosos mentores en la Universidad Oral Roberts. Uno era profesor en la escuela de teología donde enseñaba una clase de estudios del Nuevo Testamento, el Dr. Jerry Horner. Tomé esa clase y al instante me di cuenta de que este hombre sabía mucho de lo que yo quería aprender. Me sometí a él. Hoy, el Dr. Horner está en mi consejo de administración y sigue siendo uno de mis principales mentores. Él lleva conmigo más de treinta y cinco años. He podido observarlo de cerca durante años, visitar su casa y ver a su familia. Jerry duerme en mi casa cada vez que viene a las Bahamas para hablar en una de nuestras conferencias. Es importante tener en cuenta que él es blanco, y yo soy descendiente de africanos. La gente que mentoreo viene de muchos grupos étnicos diferentes.

Otro gran mentor mío, Oral Roberts, falleció en fecha reciente. Recuerdo vivamente una vez que estuve en un programa de televisión cuando era estudiante. Tan pronto como vi las cámaras, empecé a temblar visiblemente mientras él me entrevistaba. Quedé petrificado, porque nunca había estado en la televisión. Este orador en jefe, que había predicado en miles de presentaciones en vivo y en el mundo a través de las ondas de radio, actuó instintivamente para calmar mis temores. Sosteniendo el micrófono con una mano, estiró la otra y acarició suavemente mi rodilla mientras me hablaba. Su toque derritió todo el miedo. Él sabía lo que hacía. Estaba calmando a un mentorizado asustado, y nunca lo olvidé. Han pasado más de treinta y cinco años desde aquel día, pero todavía puedo recordar su toque. El poder de afirmación del toque de un mentor le durará toda la vida.

Cuando volví a las Bahamas en 1980, después de la universidad y la escuela de posgrado, comencé este ministerio. Algunas personas me dijeron que era una secta. Hablaban mal de mí en la radio y la televisión, y algunos

> *"Así como recibí el don de la mentoría, tengo el deber de pasarlo".*

ministros predicaron contra mí. Yo solía ser el material del sermón. Uno de los más altos elogios que me aplicaron fue: "Él piensa que es Oral Roberts". Eso fue adulación. Por lo menos no se me asociaba con un predicador que no estuviera haciendo nada, o que engañara a la gente. Me alegré de ser asociado con alguien que estaba haciendo algo.

Todavía otra de mis mentores, la Dra. Fuchsia Pickett, me enseñó a tener celo por las cosas de Dios. Ella me enseñó a buscar a Dios con pasión, como ayunar, y como sacrificarse por la grandeza. También me afirmó en mi deseo de entrenar líderes. En realidad, ella me dijo que debía continuar con mi pasión global por el desarrollo de líderes de países del Tercer Mundo.

A medida que maduraba como líder, tuve acceso a todas estas

personas. Las podía llamar en cualquier momento. Me podían reprender, corregir o instruir. Muchas veces me amonestaron en ciertas áreas de mi vida. Eso fue y sigue siendo importante para mí. Sigo siendo mentorizado, aunque soy mentor de miles de personas a distancia y de cientos de personas directamente.

Piense en el león

En la introducción a este libro, hablé de los leones. Consideramos a esta criatura la más exitosa en el reino animal. La eficacia de los leones en supervivencia y su capacidad para enfrentarse a otras criaturas, independientemente de su tamaño, peso o poder nos impresiona. El león es un ejemplo perfecto de una criatura con las cualidades necesarias para un liderazgo eficaz. Eso incluye su valor, gracia y fuerza, pero lo más importante es la forma en que el león mentoriza a sus hijos.

En primer lugar, los leones no se asocian con ningún otro animal. Esto es interesante porque si usted quiere ser un líder o mantener su liderazgo, primero debe ser consciente de las asociaciones que forma. Usted quiere estar con personas que piensan como usted, gente que camina y habla como los líderes lo hacen, personas que tienen experiencia en el liderazgo. Usted quiere aprender de ellos.

La segunda cosa sobre el león es que anda en manadas. Eso es una familia de leones que viven, cazan y trabajan juntos. De esta manera, los leones han creado un entorno para la mentoría de sus hijos.

Eso es lo que me parece más interesante del león. Al comienzo del libro, hablé de nuestro safari en Sudáfrica, donde tuve el privilegio de ver a los leones cazar. Me di cuenta de que había cachorros de poco de tiempo, y vi a la leona madre recoger a los cachorros con la boca, por la parte posterior del cuello, llevarlos a la sombra de una zarza cerca de un árbol, y dejarlos de a uno a la vez. Volvió, tomó otro, lo llevó hasta el árbol, y lo dejó allí.

Entonces vi algo extraño. Ella se alejó, y ellos se levantaron a mirarla, pero no se movieron. Otras cuatro leonas se unieron a ella. Todas comenzaron a agacharse hacia su presa. Los cachorros no se movieron y miraron a sus madres. Yo estaba intrigado al ver esa estrategias de las leonas, ya que se arrastraban por la hierba, moviéndose hacia el objetivo: una a la izquierda, una a la derecha, una sobre el costado, y una se quedó atrás. Todas ellas estaban en posición, trabajando para el ataque.

Sin embargo, los cachorros nunca se apartaron, pero levantaron y observaban cada movimiento. De repente, me di cuenta de que eso era la mentoría en acción. Esta era una oportunidad de preservar el futuro de la manada. Entonces me di cuenta de que la leona no había puesto a sus crías cerca del arbusto debajo de un árbol, sino que los había instalado en un pequeño montículo en el que tenían una vista perfecta de toda la acción. La madre eligió un lugar alto para que ellos pudieran observar cada movimiento.

No es de extrañar que el león siga siendo el rey de la selva. El león no deja el entrenamiento del liderazgo librado a la experimentación. No se arriesga a errores ni deja que la próxima generación aprenda por ensayo y error. La entrena intencionalmente.

Lo que también me parece interesante es que las leonas son los verdaderos cazadores en la manada de leones. En el reino del león, el padre no hace la matanza. Las hembras salen a buscar la carne. Las leonas llevan a los cachorros con ellas cuando van de caza, y buscan un lugar seguro para que puedan observar cómo, cuándo, dónde y por qué matar. Los cachorros pueden ver los movimientos de las leonas, sus estrategias, sus sistemas, sus modos de ataque. Esta es la mentoría por observación. Esta es la razón por la que el león es tan exitoso. Ellos siguen reproduciendo el liderazgo.

Usted es responsable de crear una mentalidad de "manada de leones" entre los que mentoriza. Vamos a ver cómo hacer las cosas. En nuestros días, muchas veces los líderes ocultamos lo que hacemos de la gente que nos rodea. No queremos que observen lo que hacemos porque somos inseguros. Creemos que si se enteran de lo que hacemos, perderemos nuestra posición. Sin embargo, nos olvidamos de que todo el propósito del liderazgo es reproducir líderes y que la mayor medida del éxito de un líder es ser mentor de un potencial reemplazo. Para esto, los leones son una gran inspiración.

Así como he recibido el don de la mentoría, tienen el deber de transmitirlo. La mayor obligación de un verdadero líder es transferir un depósito a la siguiente generación. Como líder a usted le dieron un don, usted desarrolló una visión, y lo lleva a cabo con lo mejor de sus habilidades durante su mandato. Tal vez supere sus propias expectativas, o no termine. De cualquier manera, como parte del proceso de mentoría, usted ha tratado de inculcar sus valores y su visión en la próxima generación de líderes. Si usted hace las cosas bien, ellos "captan" su visión. El tiempo se acabó. Usted debe ceder el control, pasar el testigo, y confiar en que sus sucesores tengan éxito.

Su sucesor no siempre hace las cosas tal como usted las habría hecho, y quizás no piense: "Me pregunto qué habría hecho él ahora". Incluso como padre, posiblemente tenga que aceptar que sus hijos no siempre van a pensar: "¿Qué harían mamá o papá?" Dentro de cincuenta años, los miembros de su iglesia no van a decir: "El reverendo Jones siempre decía..."

Algunos de nosotros nos preguntamos: "¿Qué haría Jesús?", como expresa el dicho popular. Sin embargo, frecuentemente sabemos muy bien lo que hubiera hecho, porque la Escritura nos describe claramente su visión. Sus parábolas prescriben qué hacer en muchas situaciones clave que podemos aplicar a lo que hacemos hoy. Sus principios, sus reglas de vida y liderazgo, tienden a operar sea que usted aspire a ser cristiano o no, esté en la iglesia o la sala de juntas o en las calles. Del mismo modo, a los líderes públicos frecuentemente les gusta leer acerca de sus predecesores, y animamos a nuestros jóvenes a leer sobre los héroes nacionales, con la esperanza de que sus vidas guarden claves para las nuestras propias —, que esa visión se les contagie.

La clase avanzada

Los evangelios nos dan muchas pistas acerca de cómo Jesús mentorizó a sus discípulos. Me parece interesante que de entre los doce aprendices o estudiantes, haya elegido a un grupo de tres para mentorizar en un nivel diferente. Pedro, Santiago y Juan recibieron una mentoría más íntima que los otros nueve. Usted puede observar que en muchas ocasiones en las Escrituras, Jesús llevaba a esos tres a ciertos ambientes y dejaba a los otros nueve fuera de ellos. Lo hizo porque quería que experimentaran ciertas cosas. Su conocimiento de Él creció a un nivel más profundo. Sus posiciones de liderazgo en la iglesia de Jerusalén estaban en un nivel superior. Trabajaron y enseñaron la doctrina en un nivel diferente. Anteriormente, hice hincapié en que el mentor debe dedicar tiempo a la gente a la que mentoriza. Jesús pasó tiempo extra con estos tres.

Usted encontrará que Jesús a menudo eligió exponer a estos tres mentorizados prioritarios a diferentes eventos y no llevar a los otros discípulos. Por ejemplo, cuando quiso levantar a la joven muerta, la Escritura dice que dejó fuera a todos, excepto los tres y procedió a levantarla de entre los muertos. Esa fue una oportunidad que Jesús proveyó para los tres que había elegido para atender de cerca.

> **Lucas 8:51-56**: "Cuando llegó a la casa de Jairo, **no dejó que nadie entrara con él, excepto Pedro, Juan y Jacobo**, y el padre y la madre de la niña. Todos estaban llorando y se lamentaban por ella. —Dejen de llorar —les dijo Jesús—. No está muerta sino dormida. Entonces ellos empezaron a burlarse de él porque sabían que estaba muerta. Pero él la tomó de la mano y le dijo: —Niña, ¡levántate! Recobró la vida y al instante se levantó. Jesús mandó darle de comer. Los padres se quedaron atónitos, pero él les advirtió que no contaran a nadie lo que había sucedido". (Énfasis añadido.)

Estos mismos tres estaban con él en la Transfiguración.

> **Mateo 17:1:** "Seis días después, **Jesús tomó consigo a Pedro, a Jacobo y a Juan, el hermano de Jacobo**, y los llevó aparte, a una montaña alta". (Énfasis añadido.)

Solo ellos estaban con Jesús, al orar en Getsemaní, en la víspera de su muerte.

> **Marcos 14:33:** "**Se llevó a Pedro, a Jacobo y a Juan**, y comenzó a sentir temor y tristeza". (Énfasis añadido.)

Estos ejemplos muestran cómo Jesús compartió tiempo y sentó las bases para transferir su conocimiento y espíritu a estos tres en particular. Eso implicaría: "Miren, quiero que solo vengan estos tres". ¿Qué hace Jesús? Él los está llevando a un entorno en el que no quería a los otros nueve. Quería mentorizar a estos tres en un nivel diferente y les permitió ver cosas que no dejó que otros presenciaran. Él les decía que no dijeran a nadie lo que habían visto. Los estaba probando.

Jesús también expuso sus vulnerabilidades. La mentoría requiere que usted exponga sus vulnerabilidades cuando la ocasión lo merece para que el mentorizado pueda comprender lo que usted siente. Cuando Jesús preguntó: "¿No pudiste mantenerte despierto ni una hora?" (Marcos 14:37), mostró su temor o ansiedad a las personas más cercanas a él. ¿Tiene en su organización gente a quien puede llevar a algunas partes íntimas de su corazón?

Normalmente usted confiaría la sucesión a los que conocen sus puntos fuertes *y* sus debilidades. Para que el protegido pueda superar los obstáculos de su vida a fin de entender su visión, usted debe ponerse en evidencia. Tiene que transmitir su pasión, y alentar al mentorizado a enamorarse de lo que usted ama. Su sucesor debe amarlo a usted, a su pasión: a lo que a usted lo despierta por la mañana. Si el mentorizado no capta eso, él o ella nunca tendrá éxito como sucesor suyo.

Que todos profeticen

A veces, Jesús compartió lecciones con todos los discípulos y les dio a todos ellos su autoridad. Cuando los envió a todos de dos en dos para ir por todo el mundo a llevar el mensaje del reino, estaba compartiendo una oportunidad con ellos. La Biblia dice que Él les dio autoridad para ir, lo que significa que Jesús quería que experimentaran ese ambiente, salieran y llevaran un mensaje, trataran con la gente.

Moisés transfirió su espíritu de una manera similar. Cuando Dios le dijo a Moisés que necesitaba ayuda para hacer su trabajo, le dijo que llamara a setenta personas del grupo para que Dios pudiera transferirles a ellos el espíritu de Moisés.

> **Números 11:16-17:** "El Señor le respondió a Moisés: Tráeme a setenta ancianos de Israel, y asegúrate de que sean ancianos y gobernantes del pueblo. Llévalos a la Tienda de reunión, y haz que esperen allí contigo. Yo descenderé para hablar contigo, y compartiré con ellos el Espíritu que está sobre ti, para que te ayuden a llevar la carga que te significa este pueblo. Así no tendrás que llevarla tú solo".

Las personas que deben estar en su ministerio o cerca de usted en su negocio deben ser gente con su espíritu. Deben tener la actitud correcta. Deben pensar lo que usted piensa, creer lo que usted cree y querer lo que usted quiere.

La Biblia dice que una vez que estos setenta tuvieron el espíritu, se pusieron a hablar. La palabra de la Escritura usa es "profetizar". Comenzaron a hablar lo que Moisés estaba hablando. En otras palabras, ellos sonaban igual que Moisés.

Esta transferencia de la unción de Moisés también se filtró a gente que ni siquiera estaba presente. Estaban en el campamento, y ellos también empezaron a hablar y sonaban como Moisés. Josué llegó a ponerse un poco nervioso.

Fue entonces cuando le pidió a Moisés que los detuviera. "¡Todos van a tener su trabajo!" Eso era, de alguna manera, lo que estaba diciendo.

Mire la respuesta que Moisés dio. "Pero Moisés le respondió: ¿Estás celoso por mí?" (Números 11.29) Esa es una declaración importante.

Digo otra vez: la persona que está celosa *por* usted debería sucederlo.

Josué estaba defendiendo a Moisés. Es entonces cuando Moisés muestra su madurez de liderazgo, cuando sugiere en otras palabras: "Quiero que todos sean líderes. Quiero que todo el mundo sea profeta".

¿Es así como usted piensa? ¿Desea a todos los de la oficina pudieran tener su trabajo? ¿Está usted diciendo: "Deseo que todos ustedes puedan hacer este trabajo. Voy a entrenarlos a todos para que tengan mis habilidades?"

Los verdaderos líderes no están casados con una posición. Los líderes andan por ahí con una deuda hacia la humanidad. "Voy a pagar mi deuda y seguir pagando al mentorizar y elegir el sucesor correcto." Así es como me siento cada día. Les debo a todos ustedes lo que estoy enseñando. Tengo que hacer esto. Les debo esto. Esto no es un trabajo para mí. Esto es una obligación.

Moisés era auténtico. Estaba seguro de su posición, al igual que Josué estaba seguro de la suya. Él era el servidor, el ayudante, en otras palabras, el que estaba allí para hacer cualquier cosa y todo lo que el líder necesitara. De hecho, un ayudante es más listo que usted, siempre mira para ver lo que está pensando en hacer a continuación y lo hace por usted. El ayudante piensa: "Va a tener sed, así que vamos a conseguir un poco de agua. Va a necesitar que alguien frote sus pies. Está cansado. Ahora va a necesitar que alguien que le traiga comida. Va a necesitar que alguien cambie su abrigo". El ayudante se anticipa a estas necesidades y las llena. Un ayudante está totalmente comprometido con la comodidad de su líder. La Biblia dice que todo lo que Josué quería hacer era ayudar a Moisés desde su juventud. Josué no se presentó buscando poder. Creció sirviendo. Eso es lo que lo calificó para ser el sucesor de Moisés.

Si usted es el jefe, mire a su alrededor. ¿Quién es así en su empresa, escuela o iglesia? Si usted es un líder en formación, ¿es un ayudante dispuesto como era Josué?

En la hora undécima

Tal vez usted ha leído este libro hasta aquí para darse cuenta que no tiene un sucesor en mente. No ha tutelado a nadie. El tiempo se acaba, y nadie está esperando entre bastidores, completamente preparado para sucederlo. Usted debe ir a trabajar, hacer algunos cambios, y encontrar a alguien que pueda abrazar como un potencial sucesor, mientras sigue habiendo un poco de tiempo.

Si usted es el CEO de una compañía o gerente de un departamento, su primera responsabilidad ante la junta es cumplir la misión y la expectativa de la empresa. Su primera obligación ante usted mismo, incluso a esta hora tardía, debe ser identificar a una persona a quien desee mentorizar para que tome su lugar. Quizás no tenga autoridad para elegir a su sucesor, pero desea por lo menos ser mentor de alguien que tome su lugar.

Dadas las circunstancias, no tiene que ser alguien que lo ame como he definido anteriormente en este libro. Si usted no ha tutelado a nadie, lo más probable es que no haya atraído todavía esa clase de amor o lealtad. Lo más probable es que durante los años que se apartó de los que lo siguen, le hayan pedido que fuera su mentor. Usted nunca reconoció cuán talentosos eran y cuán impacientes y dispuestos estaban. Muchos de ellos lo dejaron por otras oportunidades. Unos pocos se quedaron, pero usted nunca los preparó para grandes cosas, y la mayoría de ellos se estancó o se quemó. Ahora usted ya no tiene en proyecto uno que esté completamente preparado, y sus opciones son limitadas.

Tendrá que buscar a alguien que usted crea que tiene un gran potencial visionario, aspiraciones, o una gran capacidad intelectual. Una vez que haya identificado a la persona, es posible que tenga que ganarla. Inicie el debate. Invite a él o ella a su oficina para explicarle su deseo de mentorizarlo, y solicitar el interés de esa persona. Dígale: "Si usted está dispuesto a ser perfeccionado, estoy dispuesto a perfeccionarlo. Estoy de acuerdo en ayudarlo. ¿Usted está de acuerdo en dejarme hacerlo?"

La gente se sorprenderá cuando usted se le acerque de esta manera, pero el gesto le muestra que se preocupa por ellos. Creo que la genuina invitación a ser su mentor, el hecho de que usted le extienda la mano, puede ser la base de una relación afectuosa. Una vez que la persona está de acuerdo, proceda a mentorizarla basándose en los principios descritos en este libro. Con el tiempo eso puede llevar a la clase de "amor" que usted necesita en un sucesor, o por lo menos al respeto.

Sí, usted puede ser mentor al final del juego, pero ahora está mejor que nunca. Notifique a sus superiores que está mentorizando a esta persona. Ahora usted está abriendo la posibilidad de sucesión. Si usted responde a una junta, ellos lo respetarán por pensar más allá de su tiempo con la empresa. La junta también se sentirá segura al saber que, debido a que usted está mentorizando a alguien, no tendrá que ir fuera de la organización para reclutar a un potencial sucesor.

La junta directiva podría incluso optar por pagarle más por temor a que usted esté planeando irse. El hecho de que usted esté siendo sensible a las necesidades de la empresa para la sucesión hace de usted el tipo de persona que querrán mantener por un tiempo. Como gerente, usted obtiene una victoria en todos los lados. Tiene a alguien en formación para que lo reemplace, tiene una junta que podría sentirse más comprometidos con usted, y tiene un aumento de sueldo. Así, un acto de demostración de que desea ser mentor puede mejorar su relación con la empresa tanto como su cuenta bancaria.

Lance una amplia red

Si usted no es el principal de la organización, puede ser mentor de un sucesor para su cargo, pero no necesariamente para toda la organización. Si usted es el principal de la organización, tiene más autoridad sobre la mentoría y la sucesión. Sin embargo, todo el mundo puede ser mentor de alguien. Usted no necesita ser el presidente o el propietario. En el momento en que tenga una posición de autoridad, su primer acto es elegir a alguien para ser su mentor.

Si es posible, elija más de una persona para mentorizar y hágalos conscientes de que cada uno tendrá la oportunidad de avanzar y crecer bajo el programa de mentoría. Hágales saber que usted no es responsable por el futuro, ni puede garantizar una posición. Usted puede prometer que los va a posicionar para cualquier oportunidad que esté disponible. Esto reduce la posibilidad de celos y luchas internas una vez que su elección es clara.

Yo mentoricé cientos de personas en todo el mundo. También fui mentor de veintidós personas dentro de mi organización. Una de ellas es el que elegí como sucesor. Porque fui mentor de todos ellos, ninguno se puso celoso.

Jesús fue mentor de doce, pero había tres que eran sus favoritos. Por supuesto, tenemos un registro de Santiago y Juan pidiendo un lugar especial, y Jesús tuvo que corregirlos, todo el mundo tiene un lunar (véase Mateo 20:20-23 y Marcos 10:40). Creo que esto demuestra que su interés en ser mentor de los doce redujo la tensión y el espíritu de competencia entre ellos.

Ponga sus ojos en una persona que pueda ser un potencial sucesor, pero abra la mentoría a un círculo más amplio para fomentar el desarrollo de todos los dones que están bajo su influencia. Anime a quienes mentoriza a ser mentores. Se reducen el espíritu de competencia y la ansiedad cuando usted requiere a las personas que está ayudando que ayuden a algún otro. Usted encontrará que todos ellos desarrollan un espíritu de cuidado y respeto por el otro.

El mayor fracaso

El peor error que un líder puede cometer es no ser mentor de nadie, no elegir un sucesor, y no dejar ningún legado. El primer ejemplo de esto en la Escritura es el primer ser humano creado, Adán. Él murió sin ningún sucesor en forma. La Biblia no indica que haya sido mentor de nadie, ni siquiera de su esposa. Fue tan pobre en su mentoría de ella que su esposa estuvo sujeto a la persuasión por una fuerza satánica, y destruyó a toda su familia. Un hijo mató a su propio hermano. Esta es la peor forma de falta de mentoría.

El siguiente sería Josué, quien a pesar de haber sido eficazmente mentorizado, parece no haber dejado sucesor en forma. Así que Josué fracasó como líder. Después de la muerte de Josué, la Biblia dice que sucedió que los hijos de Israel le preguntaron al Señor: "¿Quién nos llevan ahora?"

> **Jueces 1:1:** "Después de la muerte de Josué, los israelitas le
> preguntaron al Señor: ¿Quién de nosotros será el primero
> en subir y pelear contra los cananeos?"

El libro de Josué no menciona ninguna persona en particular que él haya mentorizado: nadie asistió a Josué como él lo hizo con Moisés. Terminamos con un puñado de personas que no tienen organización. Israel nunca se recuperó totalmente.

Si no hacemos mentoría, creamos el caos. Otro ejemplo de mentoría débil es Salomón, que no preparó a nadie que lo siguiera. David fue mentor de Salomón, pero tras la muerte de Salomón, el reino fue dividido y destruido. En el Nuevo Testamento, la tendencia continúa. Jesús eligió a Pedro, pero Pedro no pudo designar a nadie, por lo que fue un caos. Pablo nombró a Timoteo, pero Timoteo no pudo designar a nadie.

A través de la historia fluye constantemente el principio de que donde no hay mentoría no hay sucesor. Donde no hay sucesor, no hay orden. Donde no hay orden, hay caos.

Siempre que se produce un vacío en la sucesión del liderazgo, siguen la dispersión y la descentralización. Dios tiene que comenzar todo de nuevo con la siguiente generación, diciendo en esencia: "Vamos a encontrar a alguien que entienda esto". Dios tiene que encontrar a alguien nuevo que pueda volver a empezar, llevar a cabo la obligación de ser mentor y elegir a un sucesor antes de que se acabe el tiempo.

¿Puede usted aceptar el reto de dirigir como si el futuro dependiera de ello? ¿Están sus sucesores en su debido lugar, capacitados y listos para actuar? Entonces retroceda, deles plena autoridad, y envíelos adelante para hacer grandes cosas. Su supervisión ya no es necesaria aquí, y usted también tiene mejores cosas que hacer.

Usted ha transmitido su visión, ha producido líderes, y les ha dado la oportunidad de aplicar sus habilidades a situaciones prácticas, a practicar la realización de milagros. Ahora confiamos en que ellos llevarán a cabo —no necesariamente su visión exactamente como usted la tiene—, sino una visión inspirada por, formada por , y conformada desde la suya. Usted tendrá un legado. Esta será la máxima prueba de su liderazgo. ¿Pueden sus sucesores perpetuar su propósito, llevar a cabo su visión, preservar su legado, y pasar a hacer cosas más grandes?

Cuando le llegue el momento de irse, usted podrá decir: "He transferido todo lo que tengo, mi gran visión, a mis sucesores. Yo viví para el acuerdo de mentoría. Los he entrenado bien. Ahora ellos deben correr". Su etapa de la carrera de relevos se ha terminado. Todo se ha cumplido.

El apóstol Pablo lo expresó de esta manera:

> **2 Timoteo 4:6-7:** "Yo, por mi parte, ya estoy a punto de ser ofrecido como un sacrificio, y el tiempo de mi partida ha llegado. He peleado la buena batalla, he terminado la carrera, me he mantenido en la fe".

Puntos a recordar:

La mayor obligación de un verdadero líder es transferir un depósito a la siguiente generación.

El peor error que un líder puede hacer es no ser mentor de nadie, no elegir un sucesor, y no dejar ningún legado.

Epílogo

Un mensaje para el Tercer Mundo

EL FRACASO EN mentorizar y producir sucesores en el liderazgo es mayor que en ninguna parte en el Tercer Mundo o países en desarrollo. Todos los días oímos sobre golpes de estado, rivalidades políticas, batallas por el botín del poder, y las realidades de actos tan vergonzosos e inhumanos como la limpieza étnica, los conflictos culturales y las guerras religiosas. Las guerras tribales y los conflictos religiosos son omnipresentes en estos dinámicos entornos y se suman a la fragilidad del liderazgo en las naciones emergentes.

¿Por qué es tan difícil para los líderes de estas naciones poscoloniales ser mentores de otros y considerar la posibilidad de dejar el poder a líderes que los sucedan? ¿Por qué existe la tentación de mantenerse en el poder y aun ir a los extremos en algunos casos, para aniquilar cualquier amenaza a la seguridad de liderazgo de uno? ¿Por qué los líderes de estas naciones con un potencial tan grande están dispuestos a sacrificar y subastar el futuro de sus pueblos en aras de mantener el poder? ¿Es el problema psicológico, social, económico, político, espiritual o étnico? Quizás la respuesta esté en la historia de estos pueblos y el mundo que los produjo.

Muchos científicos sociales y académicos están desconcertados por la situación de los retos del liderazgo en el mundo en desarrollo, y algunos han concluido que debe haber un defecto social o genético en el desarrollo psicológico de los líderes de estas regiones. Sin embargo, al ser un producto de la historia social, económica, política y espiritual de este mismo contexto, yo puedo apreciar la perspectiva singular que se gana después de experimentar el ambiente de opresión colonial. El mismo término "Tercer Mundo" que se utiliza para describir a los millones de personas que viven en estos territorios poscoloniales y en los países emergentes tiene sus consecuencias negativas y hace una desventaja psicológica en relación con un sano autoconcepto, autoestima, y una fuerte autovaloración.

El legado de la colonización

Los estados industriales no han apreciado adecuadamente el rol de la colonización en impedir el desarrollo de liderazgo de calidad en las economías emergentes y en desarrollo. Muchas de estas naciones industriales fueron las autoras de la colonización. La colonización fue la extensión de los reinos europeos más importante: Francia, Portugal, España, Bélgica, Holanda y Gran Bretaña.

La colonización fue motivada principalmente por actividades económicas y territoriales, para explotar la agricultura y extraer recursos naturales como oro, plata, diamantes, otras piedras preciosas, petróleo y madera. Los intereses llevaron al establecimiento de agricultura masiva, minería y proyectos de extracción de madera, que a su vez condujeron a la trata de esclavos y al sistema de criados ligados por contrato. Esto resultó en el movimiento de los pueblos desde sus tierras, desplazamiento de las familias, destrucción de lazos históricos y sociales y de las infraestructuras. Estas interrupciones crearon grave desorientación emocional, social y psicológica a millones de personas.

La realidad fue la opresión sistemática del potencial humano y la erradicación de la dignidad humana y la autoestima. El sistema redujo los seres humanos a productos, en lugar de reconocerlos como personas. Fueron considerados mercadería, en lugar de criaturas hechas a imagen de Dios. Esto constituye una gran proporción de la gente designada hoy como pueblos del "Tercer Mundo".

Este telón de fondo histórico sirve de referencia y contexto para muchos de los líderes que supervisan el proceso de las naciones en desarrollo. Muchos de estos líderes luchan con aspectos fundamentales que los líderes de muchos países industrializados no tienen que confrontar. No solo los líderes son desafiados, sino también las personas a quienes lideran. El impacto social, psicológico y económico de la colonización en los territorios poscoloniales es un componente muy importante cuando se consideran los retos relacionados con la falta de mentoría y la sucesión.

En muchos sentidos, la colonización sigue siendo una realidad. Es posible evaluar algunos de los efectos, como la falta de autoestima, baja autoestima, pobre concepto de sí mismo, y la pérdida de un sentido de la historia. Esto da lugar a la desorientación psicológica, produciendo una sensación de auto-odio, desconfianza, impotencia, y un espíritu de supervivencia del más fuerte entre la gente y el liderazgo.

Una de las mayores tragedias es que los arquitectos de la colonización bloquearon el desarrollo de liderazgo entre los pueblos de las colonias. El propósito de la colonización fue subyugar, no educar; dominar no empoderar. El objetivo era producir seguidores con el cerebro lavado, no líderes; crear servidores, no administradores; y tener dependientes, no pensadores independientes.

Cuando los territorios y colonias finalmente se liberaron del yugo de las potencias coloniales, las responsabilidades de gobierno a menudo cayeron en líderes no preparados, no entrenados, no calificados y sin experiencia que fueron arrojados a la sede del poder por el destino. Los defectos psicológicos del pobre concepto de sí mismos, baja autoestima y falta de autovaloración paralizaron más a estos líderes. El resultado es que los líderes luchan no solo con cuestiones políticas, económicas y sociales en las naciones emergentes, sino con problemas de habilidades y de conocimiento.

Tal vez esto es lo que el gran rey de Israel Salomón quiso decir cuando escribió: "¡Qué tristeza sufrirá el pueblo gobernado por un sirviente [esclavo]!" (Eclesiastés 10:16, NTV. Acotación entre corchetes añadida por el autor.)

En esencia, la nación está en peligro cuando el liderazgo tiene la mentalidad de un esclavo. Es injusto juzgar a estos líderes por las mismas normas que las de los países industrializados que han tenido la ventaja de cientos de años de legado de liderazgo.

Esperanza para el futuro

Tengo la esperanza de que los líderes de las naciones emergentes superen el daño mental y psicológico de una historia de opresión. Si se dedican a invertir en su propio desarrollo personal y a liberar al pueblo del mismo daño mental que los ha mantenido como rehenes de su pasado, van a tener éxito.

El futuro de las naciones del Tercer Mundo reside en la calidad de líderes que identifiquen, cultiven, capaciten, mentoricen e invistan de autoridad para servir a su generación con humildad y conciencia de su prescindibilidad. Que ellos puedan ser la nueva generación de líderes que ame servir más que ser servido, empoderar más que retener el poder, dar autoridad más que toma la autoridad, y producir líderes más que mantener seguidores. Que puedan ellos ser mentorizados y lleguen a ser mentores.

Nomenclatura empleada en la traducción al español

Mentoría: Modalidad de orientación y apoyo que consiste en una actividad interactiva que se establece entre un individuo con experiencia (el mentor) y otro con menos experiencia (el mentorizado), con el objetivo de facilitar y desarrollar las habilidades, conocimientos, confianza y socialización del mentorizado, incrementando así sus posibilidades de éxito.

Mentor: persona con mayor bagaje de conocimientos y experiencias, idónea para ayudar a otra que carece de dicho bagaje.

Mentorizado: persona que se necesita ciertos conocimientos, habilidades y experiencias para su desarrollo personal y profesional, y que decide, voluntariamente, recibir la ayuda y orientación de otra persona con mayor experiencia.

Fuente: Sánchez García, Marifé, Manzano Soto, Nuria, Martín Cuadrado, Ana. "Desarrollo de un sistema de orientación tutorial en la UNED. Programa de Mentoría. Resumen de la experiencia piloto". Universidad Nacional de Educación a Distancia (UNED), España. 2009. En http://www.upm.es/innovacion/cd/mencoac2008/presentaciones/Nuria_Manzano.pdf (Consulta en línea 02/02/2012.)

Otras referencias (entre muchas más consultadas):

Fundación del Español Urgente (Fundeu). V. "mentoría". http://www.fundeu.es/consultas-M-mentoria-5933.html (Consulta en línea 02/02/2012.)

Sánchez Ávila, Carmen. "Red de Mentoría en entornos universitarios: encuadre y objetivo." Universidad Politécnica de Madrid. III Jornadas Internacionales de Mentoring y Coaching Universidad-Empresa. Madrid, 18-19 de Noviembre de 2008. En http://www.upm.es/innovacion/cd/mencoac2008/presentaciones/Carmen_Sanchez.pdf (Consulta en línea 02/02/2012.)

Romero Rodríguez, Soledad (Coord.), Valverde Macías, Andrés, García Jiménez, Eduardo (U. de Sevilla); Sánchez Ávila, Carmen, Macías Guarasa, Javier (U. Politécnica de Madrid); García García, Mercedes, García Nieto, Narciso, Oliveros Martín-Vares, Laura y Ruiz de Miguel, Covadonga (U. Complutense de Madrid). "'Proyecto mentor: la mentoría en la universidad.' Ponencia definitiva." En http://lorien.die.upm.es/~macias/doc/pubs/aidipe03/PROYEC-TOMENTOR-Granada-Ponenciadefinitiva.doc (Consulta en línea 03/02/2012.)

Aguiar Bujalance, Eduardo José. "Programa Mentor de la Escuela Técnica Superior de Ingenieros de Telecomunicación (E.T.S.I.Telecomunicación) de la Universidad de Las Palmas de Gran Canaria. Valoración por los estudiantes mentorizados". En http://www.upm.es/innovacion/cd/mencoac2008/presentaciones/Eduardo_Aguiar.pdf (Consulta en línea 03/02/2012.)

García Jiménez, Eduardo, Romero Rodríguez, Soledad, Valverde Macías, Andrés. "La función tutorial en la Universidad de Sevilla. La mentoría como respuesta: el proyecto SIMUS." En http://www.redeseducacion.net/proyectosimus.htm (Consulta en línea 03/02/2012.)

MAITRE —Mentoring: Training Materials and Resources—. "'Manual de formación del mentor'. Paquete de materiales y recursos para la formación de mentores para la Unión Europea." En www.amitie.it/maitre/file/handbook_esp.pdf (Consulta en línea 05/02/2012.)

Rümler Bretón, Michelle. "Integrando el pasado en el desarrollo del presente: diseño de un instituto de mentores". (Tesis profesional sobre aplicación de la experiencia de jubilados a la mentorización de la juventud.) Universidad de las Américas, UDLA Puebla, México. En http://catarina.udlap.mx/u_dl_a/tales/documentos/lid/ruemler_b_m/ (Consulta en línea 07/02/2012.)

Universidad de Burgos, Programa Mentor, III Edición. En http://www.planocio.com/evento/11915/III-Edicion-del-Programa-Mentor-en-la-Universidad-de-Burgos-en-Burgos-del-01-Septiembre-2011-al-01-Mayo-2012 (Consulta en línea 04/02/2012.)

Universidad Complutense de Madrid. Mentoría en Grupos de investigación. En http://redaberta.usc.es/aidu/index2.php?option=com_docman&task=doc_view&gid=439&Itemid=8_(Consulta en línea 04/02/2012.)

Universidad Complutense de Madrid. III Jornadas Internacionales de Mentoring y Coaching. Universidad y Empresa. Programa de las Jornadas, 14 de noviembre de 2008. Varios trabajos presentados.

En http://www.upm.es/innovacion/cd/mencoac2008/pro.htm (Consulta en línea 04/02/2012.)

Universidad de Granada. Programa Mentor. En Redalyc, Vol 13, 2009, En http://redalyc.uaemex.mx/pdf/567/56711733015.pdf (Consulta en línea 04/02/2012.)

Universidad Nacional de Estudio a Distancia (UNED). Mentoría en educación a distancia. En http://www.revistaeducacion.educacion.es/re356/re356_30.pdf (Consulta en línea 04/02/2012.)